Werner Nachtigall

Vogelflug und Vogelzug

Rasch und Röhring Verlag

Hamburg–Zürich

Für Martha, Ine und Berni

CIP-Kurztitelaufnahme der Deutschen Bibliothek

*Nachtigall, Werner:*
Vogelflug und Vogelzug / Werner Nachtigall. –
1. Aufl. – Hamburg; Zürich: Rasch und Röhring, 1987.
 ISBN 3-89136-153-X

Copyright © 1987 by Rasch und Röhring Verlag, Hamburg
Schutzumschlaggestaltung: Studio Reisenberger
Satzherstellung: Utesch Satztechnik, Hamburg
Druck- und Bindearbeiten: J. Ebner, Graphische Betriebe, Ulm
Printed in Germany

# Inhaltsverzeichnis

Hochstartender Marabu beim ersten Aufschlag

# Vorbemerkung

Vogelflug – man denkt sofort an Schwingenbewegung, Luftkrafterzeugung, Aerodynamik. Das ist freilich eine wesentliche Facette des Problemkreises, und diesen Fragen habe ich mein Buch »Warum die Vögel fliegen« (Rasch und Röhring, 1985) gewidmet. Vogelflug ist aber mehr als das. Gleit- und Segelflug dürfen nicht vergessen werden, aber auch nicht die phänomenalen Flugleistungen der langstreckenfliegenden Zugvögel. »Vogelflug und Vogelzug« gehören damit funktionell zusammen.

Der Vogelzug als Phänomen ist denn auch in einem großen Hauptabschnitt behandelt. Auch Fragen der Orientierung sind angesprochen, aber ohne den Versuch einer »Zusammenschau«. Diese Fragen gehören heute praktisch schon in eine eigene Disziplin, über die es bereits vorzügliche, auch allgemeinverständliche Literatur auf dem Markt gibt, zum Beispiel ein neues Taschenbuch von Schmidt-Koenig (1987).

Die sinnesphysiologischen Aspekte habe ich daher nur als Zusatzinformation gebracht. Den roten Faden für dieses Buch stellt vielmehr die energetische Seite des Vogelflugs dar.

Welche Flugtreibstoffe verbrennt ein Vogel? Wie arbeitet sein Flugmotor; wie weit kommt er mit einer bestimmten Treibstoffmenge, wie schnell kann er fliegen? Wann und wo muß er auftanken? Wie kann er sein Energiebudget entlasten? Spielen Gleit- und Segelflüge, zum Beispiel das Wandern von Thermik zu Thermik, eine ausschlaggebende Rolle? Um solche zentralen Fragen geht es in diesem Buch.

Es bietet sich dabei die besonders günstige Gelegenheit, Labormessungen und Felduntersuchungen zusammenzuführen.

Ich habe diesem Buch aber auch ein ausführliches Kapitel zur Geschichte der Erforschung des Vogelflugs vorangestellt. Diese Darstellung ist mir wichtig; sie gibt neben den rein geschichtlichen Aspekten eine ganze Reihe zusätzlicher Informationen und gilt für die beiden Vogelflug-Bände in gleicher Weise. Mit zwei Anhängen, einem praktischen, der sich an die Tierfotografen wendet, und einem theoretischen für diejenigen Leser, die sich für die wissenschaftlichen Grundlagen der Bioenergetik interessieren, wird die Darstellung abgerundet.

In meiner Arbeitsgruppe konzentriert sich die Aktivität traditionsgemäß auf Labormessungen. Wir haben Vögel dazu gebracht, mehrere Stunden lang in Windkanälen zu fliegen, können über geeignete Apparaturen ihren Stoffwechsel bestimmen, wissen über die verbrannten Treibstoffe und die Leistungsbilanzen Bescheid. Ich berichte also in einem der Schwerpunkte dieses Buchs über das, was der Physiologe von seinem meßtechnisch orientierten Standpunkt zum Problemkreis »Vogelflug« beitragen kann. Es ist dabei nicht nur an extreme Langstreckenflüge und die eigentlichen Zugstrecken gedacht. Wenn ein Vogel auch nur 100 oder 200 km fliegt – und dies tut beispielsweise eine fütternde Blaumeise jeden Tag –, befindet er sich bereits in einer Art stationärem Flugzustand, wie er für Langstreckenflüge typisch ist. Seit einigen Jahren erst gehen Ökophysiologen und Verhaltensforscher in die Sahara, bestimmen beispielsweise den Fettgehalt dort gefangener Vögel und haben bereits verblüffende Ergebnisse erhalten. Demnach ist es wohl nicht allgemein so, daß die kleinen Zugvögel die Sahara oder sogar das Mittelmeer und die Sahara in einem Stück überfliegen. Oftmals wird gelandet, und es hängt von den jeweiligen Fettvorräten ab, ob ein Vogel am nächsten Tag weiterfliegt oder erst einmal »auftankt«. Die so lebensfeindlich erscheinende Sahara hält tatsächlich an erstaunlich vielen Stellen solche »Auftankplätze« bereit.

Letztendlich treffen sich Labormessungen und Feldmessungen bei angewandt-ökologischen Aspekten. Natürlich ist es für sich interessant und für den Physiologen auch »Selbstzweck«, Lebensvorgänge zu untersuchen, in diesem Fall also die physiologischen Vorgänge bei Langstreckenflügen. Und ebenso natürlich hat der Ökophysiologe, der in der Sahara Felduntersuchungen anstellt, seine eigenen, speziellen Fragestellungen. Erst wenn man alles zusammennimmt, schält sich allerdings eine angemessene Beschreibungsmöglichkeit für Langstreckenflüge und Vogelzüge heraus. Und die Kenntnis dieser Zusammenhänge ist ausschlaggebend wichtig für angewandten Vogelschutz. So kann jetzt schon als sicher gelten, daß künstliche Rastplätze angelegt werden müssen, wenn man die Zugvögel erhalten will, nachdem die natürlichen derartigen Plätze langsam, aber sicher zerstört werden. An welchen »strategischen Punkten« hier eingegriffen werden muß, das wird bereits in naher Zukunft eine sehr wichtige Frage sein. Die Lage und Eigenart solcher Rastplätze zu optimieren, das bedarf nicht nur Daten über die reinen Zugstrecken, also klassische Ergebnisse der Vogelzugforschung,

wie sie aus Beringungsexperimenten des längeren gewonnen werden. Mehr und mehr zeigt sich, daß physiologische und ökophysiologische Kenngrößen unabdingbar sind. Diese Erkenntnis ist relativ neu, erst einige wenige Jahre alt. Beachtliche Erfolge sind bereits erzielt worden, doch tut weitere Forschung auf diesem Gebiet not, sowohl im Labor als auch im Gelände.

Dieses Buch ist nicht nur ein Forschungsbericht und eine allgemeinverständliche Zusammenfassung der Problematik. Es stellt auch einen Aufruf dar. Das gesellschaftliche Umfeld wird immer forschungsfeindlicher. Man erkennt das beispielsweise an dem neuen Tierschutzgesetz, das zwar die brutalen Geflügel-Intensivhaltungen nicht antastet und den ungeheuren »Tiermaterialverbrauch« in der Pharmaforschung nicht prinzipiell in Frage stellt, dafür aber die Grundlagenforschung in einer Weise behindert wird, daß sie bei eng gefaßten Ausführungsbestimmungen in unserem Land auf manchen Gebieten durchaus zum Erliegen kommen könnte.

Es wird dabei vergessen, daß die Grundlagenforschung nicht nur ein Kulturauftrag ist, sondern daß sie – und nur sie – diejenigen Informationen zur Verfügung stellt, die zur Entwicklung einer Überlebensstrategie für die auf unserem hochtechnisierten Planeten stark bedrohte Tierwelt nötig sind. Die wenig positive Einstellung in breiten Bevölkerungskreisen gegenüber der Grundlagenforschung ist wohl in nicht geringem Maße auch darauf zurückzuführen, daß man zu wenig weiß, was der Forscher in seinem Labor oder im Freiland mit den Tieren nun wirklich anstellt. Information tut also not. Zu leicht wird Forschung sonst mit Tierquälerei verwechselt. Und Information will dieses Buch denn auch anbieten.

Meine an den Messungen beteiligten Mitarbeiter sind im Text jeweils genannt. Herr Dr. W. Biesel und Herr Dr. Bairlein/Köln haben freundlicherweise die ihre Forschungen betreffenden Abschnitte kritisch durchgesehen. Frau Dr. und Herrn Prof. Wiltschko/Frankfurt habe ich für die Durchsicht des Kapitels über die Zugorientierung und für förderliche Kritik zu danken.

Die unsere Arbeiten illustrierenden Abbildungen stammen aus unserem wissenschaftli-

chen Bildarchiv, zu dem insbesondere die Damen A. Presser, A. Jahner und W. Pattullo (Zeichnungen) sowie R. Math (Fotos) beigetragen haben. Frau H. Fuchs und Frau I. Schwarz haben den Text geschrieben. Besonderer Dank gebührt auch unserer Werkstatt (Herrn R. Jacobi und Herrn E. Dobratz) für zahlreiche technische Beiträge. Unseren »großen« Saarbrücker Windkanal hat im wesentlichen Herr R. Jung in den frühen siebziger Jahren gebaut.

Saarbrücken, im Frühjahr 1987
Werner Nachtigall

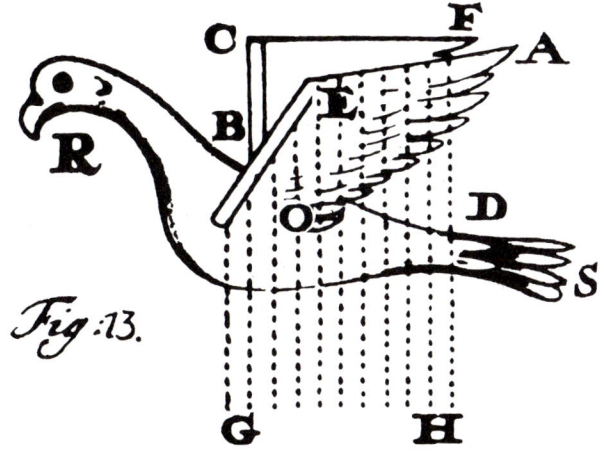

Fig. 13.

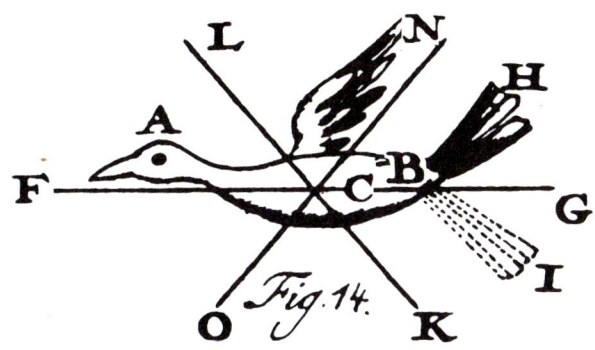

Fig. 14.

# Forschungsgeschichte

## Sagen und Mythen

Eine jede Wissenschaft hat ihre Geschichte. In der Geisteswissenschaft sind die historischen Aspekte oft essentiell, ja, manche Disziplin lebt geradezu davon (»Wann sagte welcher Philosoph was zu welchem Problem?«). In den Naturwissenschaften sind historische Betrachtungen nicht so unbedingt wesentlich. Zu schnell veralten die Dinge und sind dann eben nur noch »historisch interessant«. Und trotzdem kann das Nachspüren darüber, wie sich eine Disziplin entwickelt hat, ungemein anregend sein, ja faszinierend. In der Vogelflugforschung ist das nicht anders. Da sich in der Anfangsphase der wissenschaftlichen Erforschung des Vogelflugs ausgesprochen unausgesprochenermaßen immer auch der Wunsch eingeschlichen hat, fliegen können wie ein Vogel, sind die alten Berichte aus diesem Fachgebiet auch ein gutes Stück Technik-Historie.

Es ging ja selten allein um die klassischen Fragen: »Warum fällt ein Vogel nicht herunter, wenn er sich durch die Luft bewegt, und wie kommt er vorwärts? Wie schafft er es, auf seinen Zügen so große Strecken zu fliegen?« Mit diesen Fragen ist im Grunde die gesamte Wissenschaft vom Vogelflug auf einen kurzen Nenner gebracht. So trivial sie erscheinen: Sie haben doch Generationen von Forschern bewegt. Es ist beeindruckend zu verfolgen, wie die Erforschung des Vogelflugs Hand in Hand geht mit den technischen Kenntnissen und

Gegenüberliegende Abbildung: oben: alter Holzschnitt, Dädalus und Ikarus, unten: »Fledermausmenschen« von Francisco Goya. Abbildung auf Seite 13: Stiche Borellis

den Meßmöglichkeiten der Zeit. Von besonderem historischen Interesse ist dabei die Tatsache, daß sich bei der Interpretation der Flugvorgänge auch all die vielen Neben- und Irrwege widerspiegeln, die die technische Flugmechanik besonders im 18. und im beginnenden 19. Jahrhundert gegangen ist.

Der alte Menschheitstraum, fliegen zu können wie ein Vogel, hat auch heute – im Zeitalter der Düsenjets – nichts von seiner Faszination eingebüßt; Drachenflieger können ein Lied davon singen. Wenn sie durch Körperverlagerung steuern, vergessen sie manchmal, daß sie an einem technischen Gestell hängen, fühlen sich selbst wie ein Wesen der Lüfte. Betrachtet man heute einen Drachenflügel, dieses scheinbar so simple technische Gerät, so will einem nicht in den Kopf, warum es nicht schon im alten Ägypten erfunden worden ist.

## Naturbeobachtung

Die ersten Empiriker waren der Sage nach Dädalus und Ikarus. Sie verfertigten sich aus Vogelflügeln und Pech flügelartige Gebilde und ruderten, Vögeln gleich, durch die Luft. Ikarus kam der Sonne zu nahe; die Flügel lösten sich unter ihren wärmenden Strahlen, und ihr Träger stürzte ins Meer. In Wieland dem Schmied und anderen Gestalten findet diese mediterrane Sage ihr nördliches Gegenstück. Von beiden legendären Fliegern wird berichtet, daß sie den Flug großer Vögel jahrelang genau beobachtet und ihre Flügel einem Vogelflügel genau nachgebaut haben (Abb. Seite 14 oben).

Antike Vasendarstellungen fliegender Vögel

Eines ist zweifellos richtig: Die vorwissenschaftliche Beobachtung des Vogelflugs hatte schon in früheren Kulturen ihre Meister. Wir sind heute mehr daran gewöhnt, mit Instrumenten zu beobachten. In Zeiten, da die Sinne die einzigen »Instrumente« waren, wurde wahrscheinlich viel intensiver zugeschaut, erlebt und registriert, als wir uns das heute vorstellen können. Das mögen auch die Legenden von Dädalus und Ikarus und von Wieland dem Schmied ausdrücken: Man wußte »qualitativ« sicher vieles über Flügelbewegungen, Flugstellungen und so weiter. Die unerhört vielfältigen Darstellungen des fliegenden Vogels in der altorientalischen, ägyptischen, kretisch-mykenischen und griechischen Kunst sprechen ein beredtes Wort. Auf Vasen und Wandgemälden findet man unter anderem typische Darstellungen des Gleitens, des Landeanflugs und des Kurvenflugs! Man vergleiche auf der nebenstehenden Darstellung die sehr treffende Beobachtung des dritten Vogels von oben, der offensichtlich mit gegen den Handfittich angelegtem Armfittich die Flächenbelastung verkleinert und dabei in einen Sturzflug gerät!

Vom Mittelalter bis in unsere Zeit hat es nie an Versuchen einzelner Enthusiasten gefehlt, mit »Vogel-« oder »Fledermausflügeln« aktiv zu fliegen oder zumindest doch zu gleiten. Berblinger, der »Schneider von Ulm«, der nach geglücktem Abflug von der Ulmer Borstei wegen Strebenbruchs unter den schadenfrohen Augen seiner Mitbürger in die Donau stürzte, ist ein bekanntes Beispiel. Nicht besser mag es de Bacqueville um 1742 ergangen sein, der sich flügelähnliche Gebilde an Arme und Beine schnallte. Bezeichnenderweise fanden solche frühen Flugversuche meist über Flüssen statt – wer ins Wasser fällt, bricht sich nicht so schnell die Glieder.

Vogelbeobachtung kann, muß aber nicht die Voraussetzung für die Konstruktion von Flugapparaten gewesen sein. Nicht jeder mag es sich so einfach gemacht haben wie jener Träumer, der sich bei seinen Reisen in einer Art Drachengestell von Gänsen hochhieven und vorwärtstreiben ließ. (Interessanterweise ließ er seine Gänse in der typischen Keilformation fliegen, also Energie sparen!) Als Tierfreund hatte er allerdings noch ein großes Bugsegel vorgesehen, um die Schubkraft des Windes auszunutzen.

Andere frühe Gedankenpioniere der Luftfahrt haben freilich keine Vögel bemüht, sondern von vornherein technische Konstruktionen angepeilt, interessanterweise werkstoffmäßig dem jeweiligen Metier angepaßt. Der Schneider von Ulm hat natürlich mit Stoffen gearbeitet und ein leichtes (und offensichtlich

Traumvision, »Flug durch Vögel«

Flugversuch de Bacquevilles (1742)

prinzipiell gar nicht so schlechtes) Fluggerät gebastelt. Von einem Schmied stammt wohl die Überlegung, an einem Schultergestänge aus Eisen große Metallplatten anzuhängen, die sich beim Niederschlag öffnen und »auf die Luft drücken«, beim Aufschlag (über Seile von den Beinen bewerkstelligt) dagegen zusammenlegen und möglichst wenig – nun schädliche – Luftkräfte erzeugen. Diese Idee ist gar nicht so abwegig, wie sie der Skizze nach erscheinen mag. Mit geeigneter technologischer Umsetzung ginge das sogar, zumindest im Modellbereich. Leonardo da Vinci hat so etwas Ähnliches bei der Überdeckung der Vogelfedern festgestellt, und manche Vögel arbeiten tatsächlich mit ähnlichen Überdeckungs- und Durchströmeffekten.

Vogelbeobachtungen und Menschenflug aus eigener Kraft (zumindest Schlagflug) haben sich, das zeigt der Blick in die Frühzeit der Überlegungen und Konstruktionen, freilich in keiner Weise gegenseitig so befruchtet, wie das vielfach erhofft worden ist. Das auch heute noch ungelöste (und wahrscheinlich unlösbare) Problem »Menschenflug mit Schlagflügeln aus eigener Kraft« hat bisher zur Erforschung des Vogelflugs kaum etwas beigetragen, und auch die Beobachtung fliegender Vögel hat sich als wenig hilfreich für die technische Flugmechanik erwiesen. Erst als es der

Mensch aufgab, schlagende Vogelflügel nachzuahmen, hatte er seine Chance. Die Entwicklung der ersten Flugzeuge lief demnach auch in ganz andere Richtung: Während der Vogelflügel hebende und forttreibende Kräfte zur selben Zeit erzeugt, hat die Technik die Probleme aufgeteilt; Tragflügel erzeugen den Hub und Propeller den Schub. Die Tragflügel sind starr und wirken damit aerodynamisch stationär. Zur Schuberzeugung kann man mit größtem Vorteil das technische und in der Natur (mit einer Ausnahme) nicht verwirklichte Prinzip der schnellen Rotation einsetzen: Das war der technologische Durchbruch. Er gelang erst zu Beginn des zwanzigsten Jahrhunderts.

Aber auch hier lassen sich in vielen Fällen zumindest andeutungsweise die Wurzeln der Naturbeobachtung nicht verleugnen, wie beispielsweise die vogelflügel- oder fledermausähnlichen Gleitapparate eines Otto Lilienthal zeigen (Abb. Seite 32 und 33). Ingo Etrich setzte Lilienthals Versuche nach dessen tödlichem Absturz im Jahre 1896 fort und baute die nach ihm benannte »Etrichtaube«, das erfolgreichste Motorflugzeug der damaligen Zeit, das in der Gestaltung der Flügelenden und des Schwanzes noch starke Ähnlichkeit mit einem Vogel hatte. Wie die Vögel und die ersten Gleiter der Gebrüder Wright, konnte auch die Etrichtaube durch Flügelverwindung Kurven fliegen. Naturbeobachtung und Naturnachahmung im späten neunzehnten Jahrhundert also – trotz stürmischer technischer Eigenentwicklung! Die lange Tradition der Vogelflugbeobachtung läßt sich nicht verleugnen. Einer ihrer hervorragendsten Vertreter war Leonardo da Vinci.

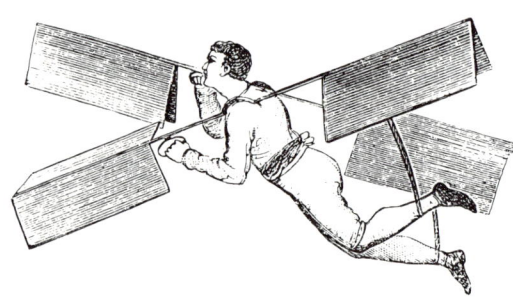

Vorstellung, mit sich öffnenden Metallklappen zu fliegen

## Leonardo da Vinci

Wissenschaftliche Arbeit bedeutet beobachten, beschreiben, analysieren, messen, prüfen, abstrahieren, physikalisch und mathematisch formulieren, die physikalischen Grundgesetze beobachten und abwandeln.

Nach diesen Kriterien war Leonardo da Vinci (1452–1519), das Genie des ausgehenden 15. Jahrhunderts, zweifellos der erste wissenschaftliche Bearbeiter des Vogelflugs. Die Resultate seiner scharfsinnigen Beobachtungen und Experimente hat er in der Schrift »Sul volo degli uccelli« (Über den Flug der Vögel) zusammengefaßt, die im Jahre 1505 in Florenz erschienen ist.

Die Vogelflugforschung, auch die Beobachtung von Libellen und Fliegenden Fischen, war für Leonardo ein schmaler Sektor seiner universellen Bemühungen. Sie wurde, wie seine Forschung über den Bau und die Funktion des menschlichen Körpers, unter den gleichen naturwissenschaftlich-kausalanalytischen Aspekten betrieben, wie seine Untersuchungen und Entwürfe über Fragen der Physik und des technischen Maschinenbaus. Es wird daher nicht müßig sein, mit einigen Zitaten Leonardo als Naturforscher zu charakterisieren.

Die Anwendung der Kausalanalyse, der induktiven Denkmethode und des Experiments auf biologische Systeme, war etwas durchaus bahnbrechend Neues. Leonardo hielt wenig von reinen Theoretikern: »Ich erinnere dich, daß du deine Behauptungen... durch Beispiele erhärtest und nicht durch Behauptungen, was zu einfach wäre, du wirst also sagen: Experiment.« Die Mathematik oder jedenfalls ein mathematisch-logisches, naturwissenschaftlich nüchternes Argumentieren war für ihn Richtschnur: »Keine Gewißheit dort, wo man nicht eine der mathematischen Wissenschaften anzuwenden vermag...« Der Verallgemeinerung seiner eigenen Experimente gegenüber war er stets außerordentlich kritisch.

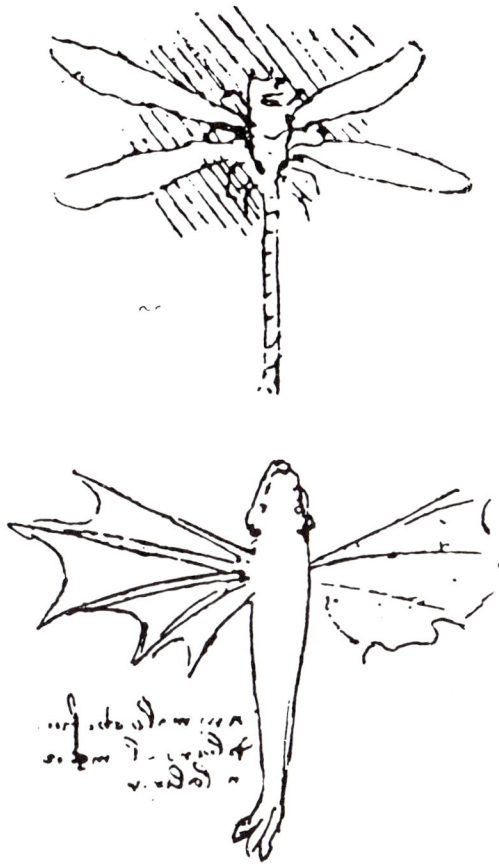

Skizze einer Libelle und eines Fliegenden Fisches von Leonardo da Vinci

Am Vogelflügel studierte Leonardo beispielsweise die Federansätze genau. Ganz erstaunlich ist seine durchaus richtige Beschreibung
der Lagerung und Überlappung der Handschwingen und ihrer Spaltbildung mit Durchströmeffekten.

Genialistische Vorstellungen, die ihrer Zeit
weit voraus sind, finden sich auf fast jeder
Seite in Leonardos Arbeiten über den Vogelflug, etwa auch die Druckpunktwanderung
und Änderung der Flächenbelastung durch
Vor- und Rückverschiebung, Spreizen und
Anlegen der Flügel. Schließlich hat dieser genialistische Beobachter sogar die Bedeutung
der Alula, des kleinen »Vorflügels«, als Fein-
steuerorgan richtig erkannt, ebenso als Hilfs-
mittel zur Erhaltung des Gleichgewichts beim
Segeln »auf der Stelle« im Hangaufwind und
in anderen Flugzuständen. Man wird in Gia-
comettis Zusammenstellung über Leonardos
Schriften zum Vogelflug eine Fülle von Details finden, die richtig beschrieben oder doch
zumindest richtig erahnt worden sind, freilich
auch sehr viele Einzelheiten, die heute als
nicht zutreffend erkannt sind. Insgesamt aber
bleiben die Beiträge Leonardos ein phänome-
naler Auftakt zu Beginn der wissenschaftlichen Vogelflugforschung.

Abgespreizter Daumenfittich: Skizze Leonardos

## Johann Alfonso Borelli

Ein Jahrhundert mußte vergehen, ohne daß
der Vogelflug wissenschaftlich weiterbearbei-
tet worden wäre. Erst Johann Alfonso Borelli
(1608–1679), Professor in Florenz und Pisa,
später Lehrer an der Klosterschule St. Panta-
leon in Rom, gelangte einen Schritt weiter. Er
veröffentlichte in den Jahren 1680–1681 sein
zweibändiges Werk »De motu animalium«
(Über die Fortbewegung der Tiere). Damit
wurde er zum Begründer der »Iatromathema-
tischen Schule«: Er führte die Lehre der Me-
chanik, die strenge mathematische Beweisführung und die induktive Untersuchungsme-
thode in die Medizin und Biologie ein. Dabei
kam er zu einer Reihe von physikalischen Erkenntnissen, deren gesetzmäßiger Charakter
erst sehr viel später richtig gedeutet worden
ist. Beispielsweise hat er die Newtonsche Formulierung »Actio et reactio sunt aequales«
(Erstes Newtonsches Gesetz) vorweggenommen durch die am schwingenden Vogelflügel
gewonnene Erkenntnis, daß ». . . die vom Flügel auf die Luft ausgeübte Kraft gleich ist der
entgegengesetzten Widerstandskraft«. Borelli war von profunder Eigenständigkeit; die
Arbeiten Leonardo da Vincis dürfte er nicht
gekannt haben.

Neben vielen geistvollen, heute aber als nicht
zutreffend erkannten Ansätzen stellte Borelli
auch Überlegungen an, die mit den Vorstellungen unserer Tage im Einklang stehen. Die
Abbildung erläutert seine Überlegungen über
die Wirkung des Vogelschwanzes als Höhensteuer.

Legt sich der Schwanz B G in die Stellung
B H, so kippt der Kopf des geradlinig horizon-

tal fliegenden Vogels auf, und der Rumpf dreht sich in die Stellung L K. Ein Modellversuch (unerhört für die damalige Zeit!) bestätigte die Überlegung: Ein an einen Schwimmkorken D gehängtes Eisenstück C in einem Gefäß, an das ein schräg nach oben gestelltes Plättchen B G geklebt worden ist, kippt in die Richtung L K, wenn es horizontal gegen F bewegt wird.

Auch derartige Modellbetrachtungen und die Einführung des analogen Experiments zur Klärung biologischer Vorgänge im Bereich des Vogelflugs gehen auf Borelli zurück. Mit dieser Betrachtungsweise hat er den entscheidenden Schritt getan von der vorwissenschaftlichen zur wissenschaftlichen Analyse des Tierflugs und zur Begründung der Biomechanik: Man fing an zu *erkennen*, welche Größen flugmechanisch bedeutsam sind. Erst mehr als ein Jahrhundert später begann man damit, diese Größen für eine quantitative Bearbeitung des Phänomens zu *messen* (Cayley und andere).

Immer wieder ging Borelli zurück, beobachtete die Natur, vergewaltigte sie nicht durch aus der Luft gegriffene Theorien. Charakteristisch ist die Stelle, in der er belegt, daß der Vogelschwanz kaum als Seitsteuer wirken kann, denn Tauben mit gestutztem Schwanz und Fledermäuse überhaupt ohne Schwanz könnten ohne weiteres horizontale Kurven fliegen: »Tandem sine cauda columbi sicut vespertiliones cauda carentes commode aerem torquentur et curvem volatum horizontalem conficiunt.«

Und wieder mußte ein Jahrhundert vergehen, denn Borelli war seiner Zeit ebenso voraus wie Leonardo.

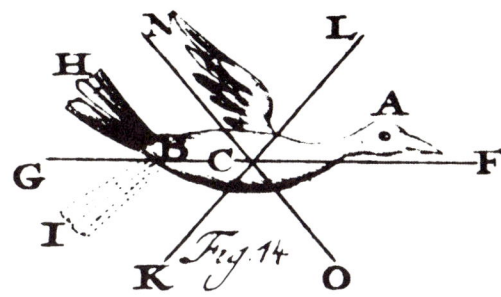

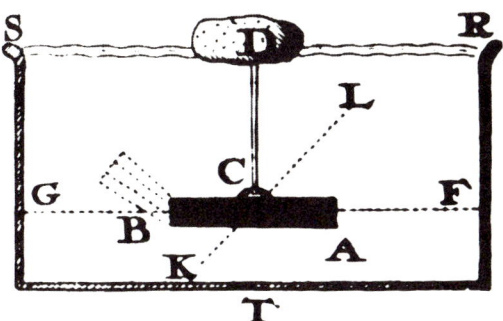

Der Vogelschwanz als Höhensteuer: Erklärende Skizze und Modellversuch von Borelli

## Sir George Cayley

Cayleys Werke erschienen zwischen 1796 und 1855. Wie Borelli ging er von der Beobachtung und Messung aus und ergänzte sie durch technische Experimente. Er verwendete dazu aerodynamische Rundläufe – Vorläufer unserer heutigen Windkanäle – und bastelte zahlreiche flugfähige Modelle. Von Cayley stammte auch die erste saubere Druckpunktmessung und das erste Plattenanemometer

(1849), ein Instrument, das sehr große Ähnlichkeit hat mit dem Gerät auf einer Zeichnung Leonardos. (Es folgt einem Prinzip, an das wir uns in meiner Arbeitsgruppe heute noch halten, wenn es nicht gelingen will, geeignete Windmesser im Handel zu erstehen.) Auf Cayley gehen zahlreiche technische Grunderkenntnisse zurück. Da ist zum einen die Trennung von Auftriebs- und Vortriebserzeugung in Form funktionell selbständiger Systeme: Tragflügel und zusätzlich Schlagflügel oder Schraube. Zum anderen ist es die Flugstabilisierung durch den Einfluß von Leitwerken. Trotzdem Cayley letztendlich zu derartigen zukunftssicheren technischen Prinzipien kam, fiel er immer wieder in technische Sackgassen, und es ist interessant zu sehen, daß ihn gerade das Studium des Vogelflugs dahinein manövriert hat.

Cayley hatte sich stets für Konstruktionen der Natur interessiert. Er deutete als erster die Rotationsbewegung der Ahornfrucht als Mechanismus zur Fallverzögerung: durch einen Seitenwind kann die langsam herunterwirbelnde Frucht weit vom Baum weggetragen werden (1808). Er untersuchte den Rumpf der Forelle durch Zerlegung gefrorener Exemplare in einer Serie von Querschnitten und konstruierte daraus einen technischen Ersatzkörper minimalen Widerstands (1809). Mit der gleichen Absicht untersuchte er den Delphin. Einem Ballonentwurf gab er im Jahre 1816 die widerstandsarme Konfiguration eines Spechtrumpfes, so, wie dieser im Flug erscheint. Das Studium des Vogelflugs führte ihn schließlich zum Entwurf einer Reihe von Flugmaschinen mit Schlagflügeln, die also Hub und Schub mit einem einzigen System zu

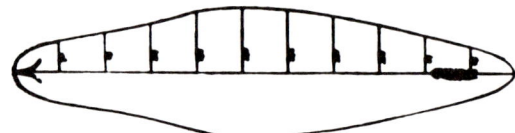

Spechtrumpf-Konfiguration eines Luftballons. Skizze von Cayley (1773–1857)

erzeugen hatten. Die Entwürfe waren zunächst reichlich naiv. Später wurden sie differenzierter. In den Jahren ab 1859 erschienen zusammengesetzte Konstruktionen mit zwei schirmartigen Flügelpaaren, deren Sektoren sich beim Abschlag schließen, beim Aufschlag öffnen, wie es Cayley den Handschwingen schwirrfliegender Vögel abgesehen hatte, und die im Prinzip an die vorwissenschaftlichen Spreizflügel-Überlegungen anschließen, zu denen auf Seite 18 eine Skizze abgebildet ist. Alle diese vom Vorbild Natur inspirierten »Vögel« konnten nur auf dem Papier funktionieren. Der technisch zukunftssichere Durchbruch gelang Cayley erst, als er den entscheidenden Schritt tat, sich vom Vogelflugprinzip zu lösen und Hub- und Schuberzeugung zu trennen.

Der Entwicklungsweg Cayleys ist symptomatisch für die technisch orientierten Forschungstendenzen der Frühzeit. Das Schlagflügelprinzip der Natur war immer wieder das Vorbild, das es zu studieren und zu übernehmen galt. Aber erst, als man sich von diesem Vorbild löste und technologisch sinnvolle Eigenentwicklungen ausführte, gelangte man zu Erfolgen im technischen Luftfahrzeugbau. Hand in Hand damit gab man das Interesse am Studium des Vogelflugs auf.

»Flitzbogen-Hubschrauber«: Vogelfeder-Modell von
Cayley

Auf dem Weg zur Flugmaschine ging Cayley
zunächst von dem experimentellen Nachweis
aus, daß schräg angestellte, horizontal bewegte Einzelfedern großer Flügel »Auftrieb« erzeugen können. Er baute etwa um das Jahr
1826 einen kleinen zweischraubigen Helikop-
ter, dessen Schrauben aus je vier Vogelfedern
bestanden und die über einen Flitzbogen in
gegenläufige Umdrehung versetzt werden
konnten (schon 1784 hatten Launoy und
Bienvenu ein ähnliches System fliegen lassen;
ihre Rotoren waren aber seidenbespannte
Drahtskelette).
Über den Vogelflug selbst hatte Cayley zu-

nächst unrichtige Vorstellungen. Um 1801 etwa nahm er an, daß die Flügel senkrecht nach
unten schlagen. Er konnte sich aber nicht vorstellen, daß Hub und Schub zur selben Zeit
entstehen, und war deshalb der Meinung, daß
der Vogel bei einem Abschlag Hub, beim
nächstfolgenden Schub und dann wieder Hub
erzeugt und so weiter. Diese technologisch
kaum nachahmbare Vorstellung muß ihn
schließlich so sehr frustriert haben, daß er sie
im Jahre 1804 verließ und zu Flugmodellen
mit festen Tragflächen überging. Das Schlag-
flügelsystem des Vogels hat ihn aber auch
später immer wieder beschäftigt und zum
Entwurf von »Ornithopter«-Flugapparaten
verführt. Im Jahre 1808 untersuchte er einen
Reiher und fertigte Skizzen seiner Flügel an.
Er berechnete seine Flächenbelastung (»0,75
Pfund pro Quadratfuß«) und wunderte sich
über den geringen Wert. Die Reiherflügel
sind viel länger als breit und außerdem in der
Rückansicht bogenförmig gewölbt. Cayley
vermutete – durchaus richtig, wenn auch noch
nicht begründet –, daß solche Flügel für den
Streckenflug geeigneter sind als die breiten
und kurzen Flügel von Fasanen und Rebhüh-
nern. Das erste Mal in der Geschichte der
Flugmechanik wird hier intuitiv die Bedeutung der Flügelstreckung erkannt. Große
Gleiter, etwa der Albatros, haben extrem
langgestreckte, schmale Flügel. Die kleinen,
rundflügeligen Formen können dagegen rasant wegstarten, sind aber nicht für einen langen, stetigen Streckenflug geeignet. Lorenz
bezeichnete Rebhuhn und Fasan zutreffend
als »Beschleunigungsrüttler«.
Sir George Cayley, für den das Studium des
fliegenden Vogels immer nur Mittel zum

Zweck war, gilt heute als einer der Pioniere der Bionik. Sein stetes Interesse an der Naturbeobachtung und am Umsetzen der Beobachtungen in technisch verwertbare Apparate war immer kennzeichnend für ihn. So skizzierte er noch 1829 nach der Beobachtung der Früchte des Wiesenbocksbarts den Entwurf eines Fallschirms, der mit seinen schräg nach oben gerichteten Rippen autostabil sein sollte, so, wie es die Bocksbartfrucht ist.

Die Zahl der Autoren, die sich im neunzehnten Jahrhundert mit dem Vogelflug befaßt haben, ist Legion. In den meisten Fällen sind ihre Beiträge allerdings kaum von wissenschaftsgeschichtlichem, geschweige denn von tatsächlich klärendem Wert. In dieser Zeit wurde über flugmechanische Gesetzlichkeiten selbst noch sehr viel gerätselt. Die Übertragung nichtzutreffender aerodynamischer Theorien auf den Vogelflug hat so wenig zur Klärung dieses Naturphänomens geführt, wie die Übertragung vermuteter aeromechanischer Eigenschaften des Vogelflugs auf die Technik zur Weiterführung rein technischer Fragen beigetragen hat. Langsam entwickelten sich die beiden Fragenkomplexe – hier Natur, hier Technik – auseinander. Und allmählich setzte sich die Erkenntnis durch, daß man Vogelflug auch studieren kann, ohne gleich die technische Nachahmung im Auge zu haben: Das Naturstudium wurde Selbstzweck.

Eines der Hauptprobleme, die es zu überwinden galt, war die Tatsache, daß die Flügelschläge so schnell ablaufen. Mit bloßem Auge läßt sich wenig erkennen. Man brauchte Registriergeräte. Filmaufnahmegeräte gab es damals noch nicht. Also mußte man welche erfinden und bauen. Mareys »photographische Flinte« ist ein früher Vorläufer der Kinematografie, konstruiert und gebaut allein zum wissenschaftlichen Zweck der Erforschung des Vogelflugs. Marey hat damit Prinzipien ausgearbeitet oder aber vorweggenommen, die später die Welt-Unterhaltungsindustrie beherrschen sollten.

## Jules Étienne Marey

Marey (1830–1904) war Bewegungsphysiologe, befaßte sich mit dem Laufen, Fliegen und Schwimmen von Tieren. Daneben (und dafür) war er ein äußerst ideenreicher Gerätetechniker, der viele eigene Entwicklungen zur Analyse von physiologischen Vorgängen vorgelegt hat, neben seiner berühmt gewordenen »photographischen Flinte«, die seinerzeit nicht minder bekannte »Mareysche Kapsel«, ein pneumatischer Transducer, über den noch zu sprechen sein wird. Die »photographische Flinte« bestand aus einem Teleobjektiv, auf einen Gewehrkolben montiert, in dessen Brennebene eine runde fotografische Platte ruckweise rasch bewegt wurde. Mit dieser Flinte konnte man im Bruchteil einer Sekunde elf scharfe Aufnahmen gewinnen. Diese ließen sich zeichnerisch auswerten. Bekannt geworden sind Mareys Rekonstruktionen, Gußmodelle aus Metall, die die einzelnen Flugphasen von Vögeln nachbilden.

Im frühen neunzehnten Jahrhundert gab es als Kinderspielzeug eine Art bewegter Bilder: eine auswechselbare Scheibe mit mehreren Bewegungsphasen, beispielsweise eines seilspringenden Knaben. Man setzte sie auf einer

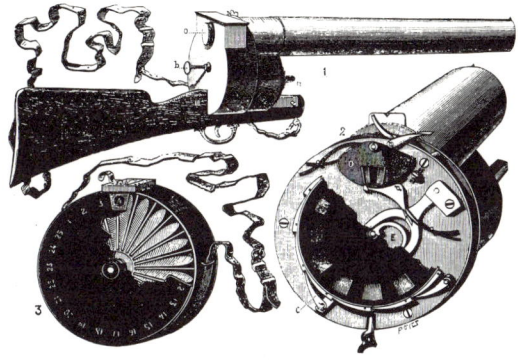

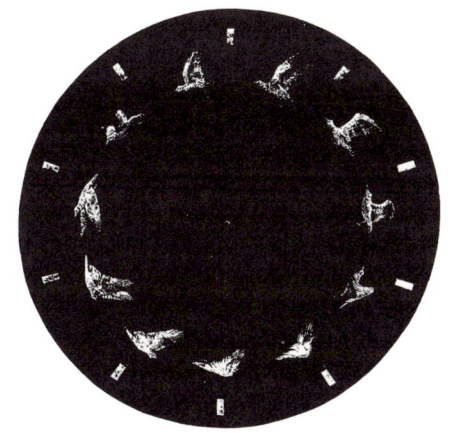

Photographische Flinte und Rundplatte von Marey

aufgebaut waren. Betrachtet man sie bei rotierendem Zylinder durch die Schlitze, so sah man sie scheinbar fliegen. In steter Wiederholung ein und desselben Vorgangs konnte man sich so eine gute Vorstellung von den Flügelbewegungen einer Möwe, einer Taube oder eines Bussards machen.

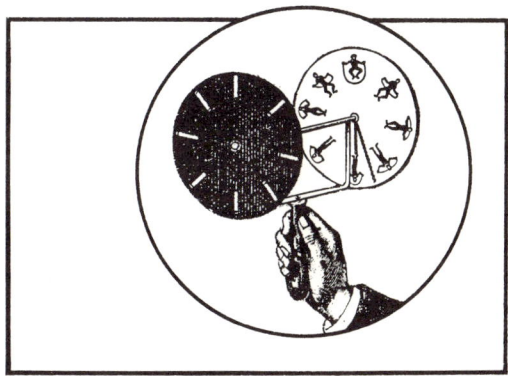

Schlitzscheiben-Tachyskop aus dem frühen 19. Jahrhundert

Achse in Rotation und betrachtete sie durch eine mitlaufende Schlitzscheibe mit ebenso viel Schlitzen wie Bilder da waren. Man sah dann eine – leicht verzerrte – fließende Bewegung; der Knabe springt im Beispiel tatsächlich Seil.

Marey entwickelte dieses Prinzip zum sogenannten »Tachyskop« weiter, einen Zylinder mit senkrechten Schlitzen, in dem Modelle

Zylinder-Tachyskop von Marey

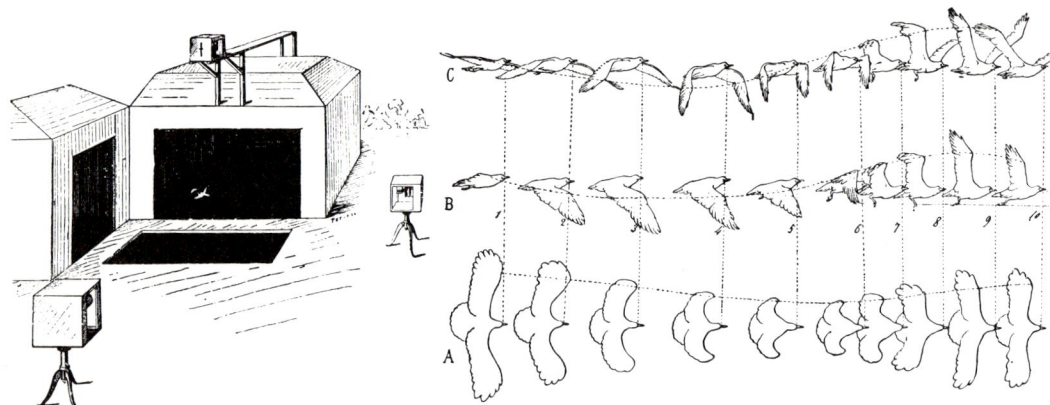

Aufnahme eines freifliegenden Vogels mit drei senkrecht zueinander orientierten Filmkameras und deren zeichnerische Auswertung nach Marey

Marey mag aber selbst eingesehen haben, daß dies nur ein Anfang, ein vorwissenschaftliches Stadium war. Die genaue Rekonstruktion der Flügelbahnen im Raum verlangt hochfrequenz-stereokinematografische Aufnahmemethoden, die zur damaligen Zeit nicht zu realisieren waren. (Mit der wünschenswerten Genauigkeit sind sie erstmals 1969 meinen Mitarbeitern D. Bilo und W. Zarnack und mir geglückt.) Marey versuchte die Frage durch eine Dreitafelprojektion anzugehen. Er fotografierte den Flug einer Taube gegen schwarzen oder graduierten Hintergrund mit drei Kameras, deren Achsen zueinander senkrecht orientiert waren (s. die obenstehende Abb.). Auf diese Weise erhielt er zur selben Zeit Bilder der Taube von vorne, von der Seite und von oben. Die zeichnerische Auswertung und das Nebeneinanderzeichnen der drei Projektionen ergaben eine gute Möglichkeit, sich eine räumliche Vorstellung von der Bewegung der Flügel wäh-

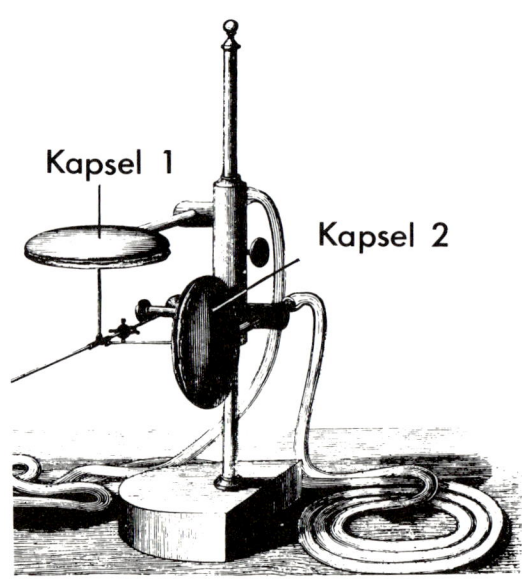

Zwei Mareysche Kapseln

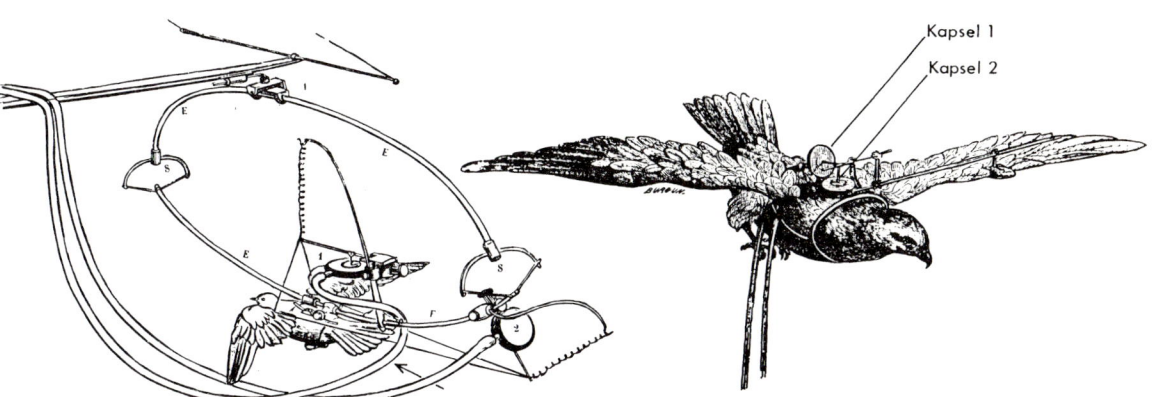

Zwei klassische Versuche von Marey, die Flügelbewegung über pneumatische Transducer (Mareysche Kapseln) aufzuzeichnen. Links Flug an einem Rotationsarm, rechts freier Flug

rend einer Schlagphase zu machen. Insbesondere konnte man daraus die mittlere Bahnrichtung, die Bewegung der Flügelspitze, der Arm- und Handfittiche zueinander, die peitschenartige Rückrollbewegung des Handfittichs und so fort recht gut entnehmen.

In Ergänzung zu diesen fotografischen Analysen freifliegender Vögel versuchte Marey fotografische und kymografische Registrierungen bei Vögeln, die an einem Rundlauf flogen. Eine auschlaggebende Rolle dabei spielte seine »Mareysche Kapsel«, ein früher pneumatischer Transducer. Die Skizze zeigt zwei derartige Kapseln, senkrecht zueinander montiert. Bewegt sich die nach links herausragende Stange nach oben, so beult sie die obere Kapsel (eine membranbespannte Dose) aus, bewegt sie sich nach rechts, so wirkt sie auf die rechte. Damit wird das Luftvolumen in den Kapseln zusammengedrückt, und in anschließenden Schläuchen herrscht ein Überdruck. Schließt man am anderen Ende

der Schläuche wieder solche Kapseln in umgekehrter Richtung an, so drücken diese über ihr Gestänge einen Schreibhebel hin und her. So kann man eine Bewegung abnehmen, übertragen und schließlich wieder erscheinen lassen. Läßt man den Schreibhebel an einem berußten Papier entlanggleiten, das auf einem langsam sich drehenden Zylinder sitzt (einem sogenannten »Kymographion«), so wird die schwarze Rußschicht durch den schwingenden Hebel kurvenförmig weggekratzt, und das zutage tretende helle Papier schreibt, wie die Repros auf den Seiten 28 und 30 zeigen, einen wunderschönen Graphen. (Noch vor wenigen Jahren verwendeten wir solche kymographischen Registrierungen in unseren physiologischen Anfängerkursen.) Doch zurück zu Marey. Er hängte seine Vögel an ein ausgeklügeltes Rundlaufgestell, mit dem sie sich bei der wirkenden Fliehkraft richtiggehend in die Kurve legen konnten. Die Auf-Ab- und Vor-Rück-Bewegung der

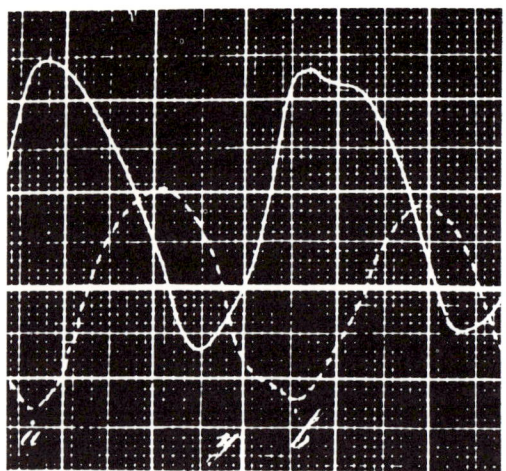

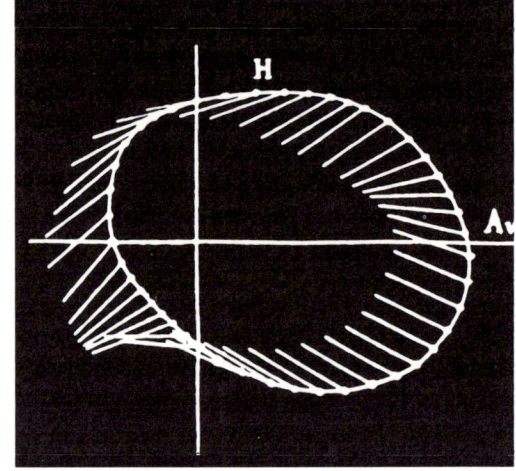

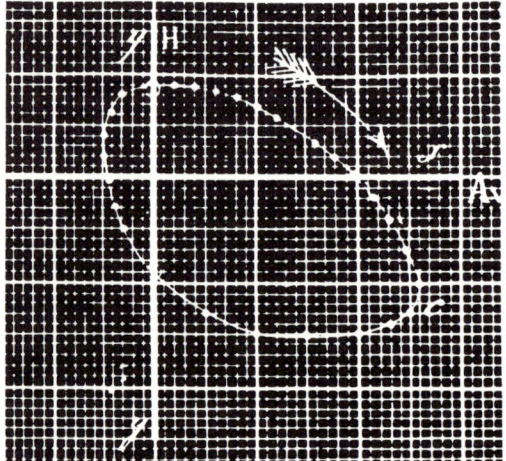

Links oben und unten: Kymographische Spuren und daraus rekonstruierter Graph; rechts oben: Lage der Flügelspreite zur Flügelspitzenbahn. Analysen von Marey

Flügel wurde über mehrere Mareysche Kapseln abgegriffen und über Schläuche auf ein Kymographion übertragen. Besonders mit Bussarden und Tauben gelang dieses etwas brutal erscheinende Verfahren in erstaunlicher Weise. Der Vogel trug eine Art Brustharnisch aus feinen Lederriemen und darauf ein Gestell mit den beiden zueinander senkrecht orientierten Kapseln. Aus den kymographischen Spuren kann man die Raumbewegung der Flügel zurückrechnen. Die linksstehende Skizze zeigt oben zwei Spuren (eine ausgezogen, eine gestrichelt) der Auf-Ab- und Vor-Rück-Bewegung des Flügels. Darauf folgt die aus den beiden Spuren rekonstruierte geschlossene Kurvenbahn der Flügelspitze. Aus den fotografischen Registrierungen wußte man ungefähr, wie der Flügel relativ zu den Körperachsen steht, und konnte nun in seine Bewegungsbahn die Stellung der Spreite in etwa einzeichnen: Bild

Skizzen Leonardos: Lage der Flügelspreite zur Spitzenbahn und Flügelschnitte

S. 28 oben rechts. In erstaunlicher Weise erinnert dies an Skizzen von Leonardo da Vinci, der – vierhundert Jahre früher – ganz ähnliche Überlegungen angestellt hat, wie die obenstehende Abbildung zeigt.

Marey analysierte mit dieser Methode sowohl Vögel, die am Rundlauf flogen, als auch solche, die von einem Tisch frei wegstarteten und dann immerhin über Sekundenbruchteile frei fliegen konnten, solange die Schläuche reichten.

·Man muß Marey sehr bewundern, hatte er doch mit den Mitteln seiner Zeit das Äußerste an Information aus seinen Versuchstieren herausgeholt und dabei für damalige Verhältnisse durchaus neuartige Meß- und Registrierinstrumente entwickelt und eingesetzt. In einem sehr frühen Stadium hat er sich bereits Gedanken über die Unterschiede der Flügelbewegung bei verschiedenen Vögeln gemacht. Der untere Teil der Abbildung auf

Seite 30 zeigt Kymogramme der Flügelbahnen bei einer Taube (II), einem Kanarienvogel (III), einer Weihe (VI) und einem Bussard (V). Ganz oben ist eine Zeitmarken-Schwingung mit abgebildet. Man sieht Unterschiede im Aufschlag (a) und Abschlag (b), kann aber keine näheren Zuordnungen treffen und damit letztlich keine klaren kinematischen Analysen ausführen.

Der entscheidende Fortschritt, den Marey im letzten Drittel des neunzehnten Jahrhunderts bewerkstelligt hat, liegt darin, daß er fotografisch und physiologisch *am biologischen Objekt selbst* gemessen hat. Wir wissen heute, wie wesentlich dieses Verfahren ist. Modellmessungen und Übertragungen aus der technischen Physik sind zwar meist außerordentlich hilfreich, geben aber nie biologisch eindeutige Aussagen. Marey hatte sich ganz von technischen Fragestellungen gelöst, war reiner Bewegungsphysiologe und Biologe. Dies hätte beispielhaft sein können für die Erforschung des Tierflugs. Doch blieb dieser genialistische Experimentator ein Einzelgänger. Nicht minder berühmte Forscher des neunzehnten Jahrhunderts wandten sich wieder dem Gegensatzpaar Natur–Technik zu. Der wichtigste unter ihnen ist Otto Lilienthal.

Die Abbildung auf Seite 30 zeigt oben einen Freiflugversuch, unten die Spuren von vier unterschiedlichen Vögeln (vgl. den Text). Nach Marey

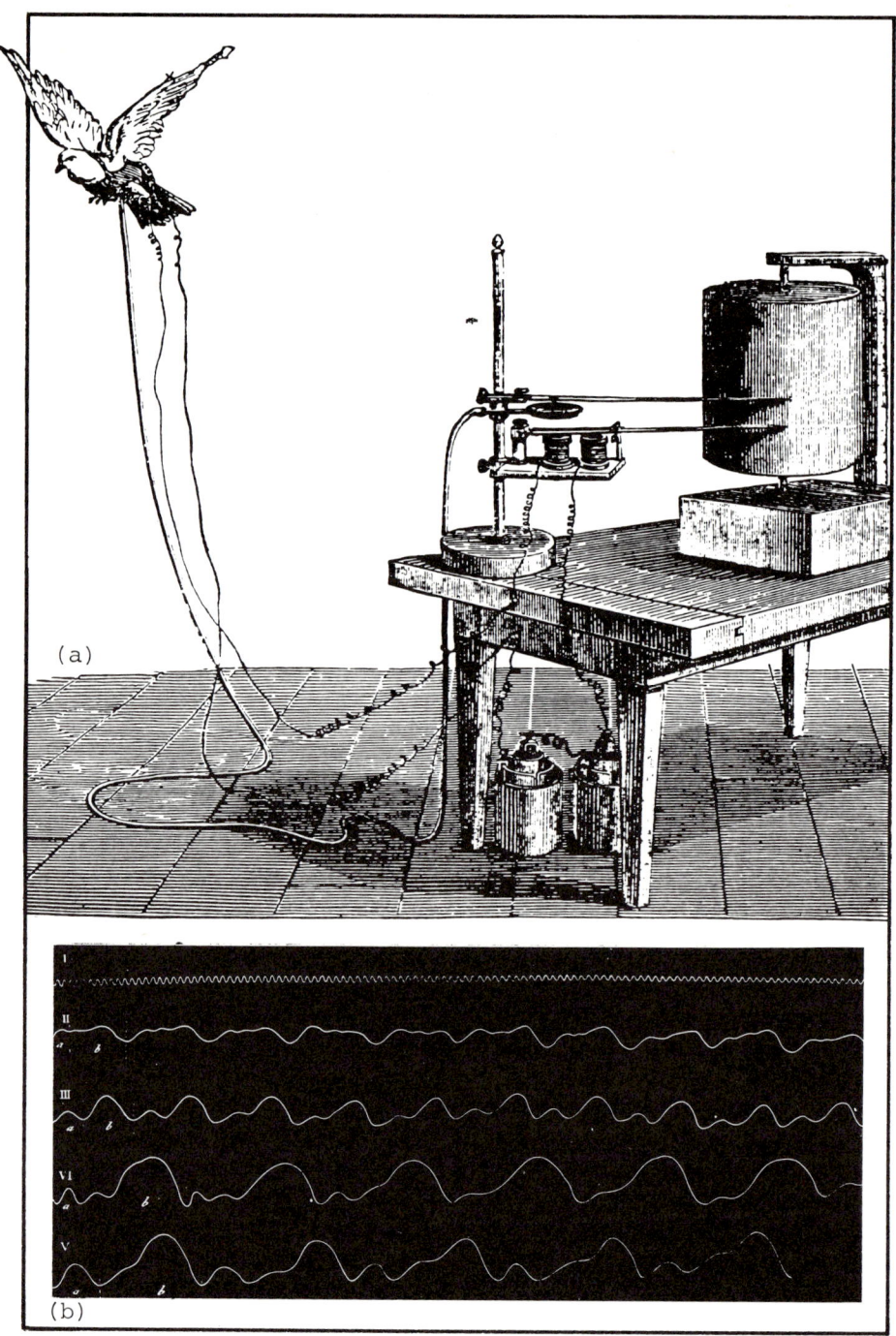

(a)

(b)

# Otto Lilienthal

Eigentlich wollte Otto Lilienthal (1848–1896) manntragende Schwingenflugzeuge bauen. Viele vor ihm haben das versucht und sind mehr oder minder gescheitert, z. B. – vgl. Seite 32 – Pénaud (1872). Der Wiener Uhrmacher Jacob Degen ist (um 1809) zwar tatsächlich geflogen, doch wird in den zeitgenössischen Stichen meist schamhaft verschwiegen, daß er mit seinem Flugapparat an einem austarierten Luftballon hing und durch Flügelbewegungen mittels gegeneinandergestemmter Arme und Beine nur etwas zusätzlichen Hub erzeugte, der das Ganze dann leicht ansteigen ließ. Nicht mangelnde Intuition oder Zähigkeit ließ Lilienthal aber zunächst – sein früher Tod 1896 beim Absturz mit einem Gleiter machte die eigentlichen Pläne zunichte – mit Gleitflugzeugen experimentieren, sondern eher einen Hang zum systematischen Vorgehen. Der Gleitflug war eben leichter zu durchschauen und auch technologisch leichter zu bewerkstelligen.

Lilienthal war Fabrikant. Zusammen mit seinem Bruder Gustav betrieb er bei Berlin eine Fabrik für den Bau von schnellaufenden Dampfmaschinen und der von ihm patentierten, schnell anheizbaren und gefahrlosen »Schlangenrohrkessel«. Der Neigung nach praktischer Techniker und Ingenieur war er aber doch stets Idealist im besten Sinne. Er beteiligte nicht nur seine Arbeiter am Reingewinn der Fabrik – damals ein ganz unübliches Verhalten eines Unternehmers –, er opferte auch einen nicht unbeträchtlichen Teil seiner Einkünfte für flugtechnische Studien. Sein Interesse am Vogelflug war bereits in der Schulzeit sehr stark: »In einer Jugendschrift . . . erregte die Schilderung des Storchenflugs mächtig unser empfängliches Gemüt und überzeugte uns von der Möglichkeit, solch ein Schweben ohne Anstrengung ebenfalls mit einfachen Mitteln zu erreichen.«

Lilienthal war zweifellos auch ein Schwärmer: »Wenn die Lerche als Punkt im Äther steht und mit lautem Jubelsang ihre Freude am Dasein verkündet, dann ergreift auch den Menschen eine gewisse Sehnsucht, sich hinaufzuschwingen und frei wie der Vogel über lachende Gefilde, schattige Wälder und spiegelnde Seen dahinzugleiten . . .« Aber solch schwärmerische Sehnsucht ist doch der schönste und innerste Antrieb für die reine Forschung. Dazu kommt bei Lilienthal das wissenschaftliche Ethos: ». . . unsere Pflicht ist es, nicht eher zu ruhen, als bis wir die volle wissenschaftliche Klarheit über die Vorgänge des Fliegens erlangt haben.« Schließlich spricht aus ihm der echte, nüchtern und vorurteilslos denkende Wissenschaftler, wenn er sich zum Ziel setzt: ». . . wie es die Wissenschaft erheischt, ohne alle Voreingenommenheit zu untersuchen, was der Vogelflug ist, wie er vor sich geht und welche Schlüsse sich aus ihm ziehen lassen.«

Die Schlüsse nun, die Lilienthal aus seinen Vogelflugforschungen zog, benutzte er unverzüglich dazu, nach dem natürlichen Vorbild manntragende technische Gleitapparate zu bauen und auszuprobieren.

Hier nun war er ganz der Techniker, dem es stets darauf ankam, theoretisches Wissen in die Praxis umzusetzen. Zudem aber war er intuitiv, tatkräftig, zäh und sportlich. So treffen sich in ihm die nötigen Wesenszüge für die Forscherpersönlichkeit, die es einmal geben

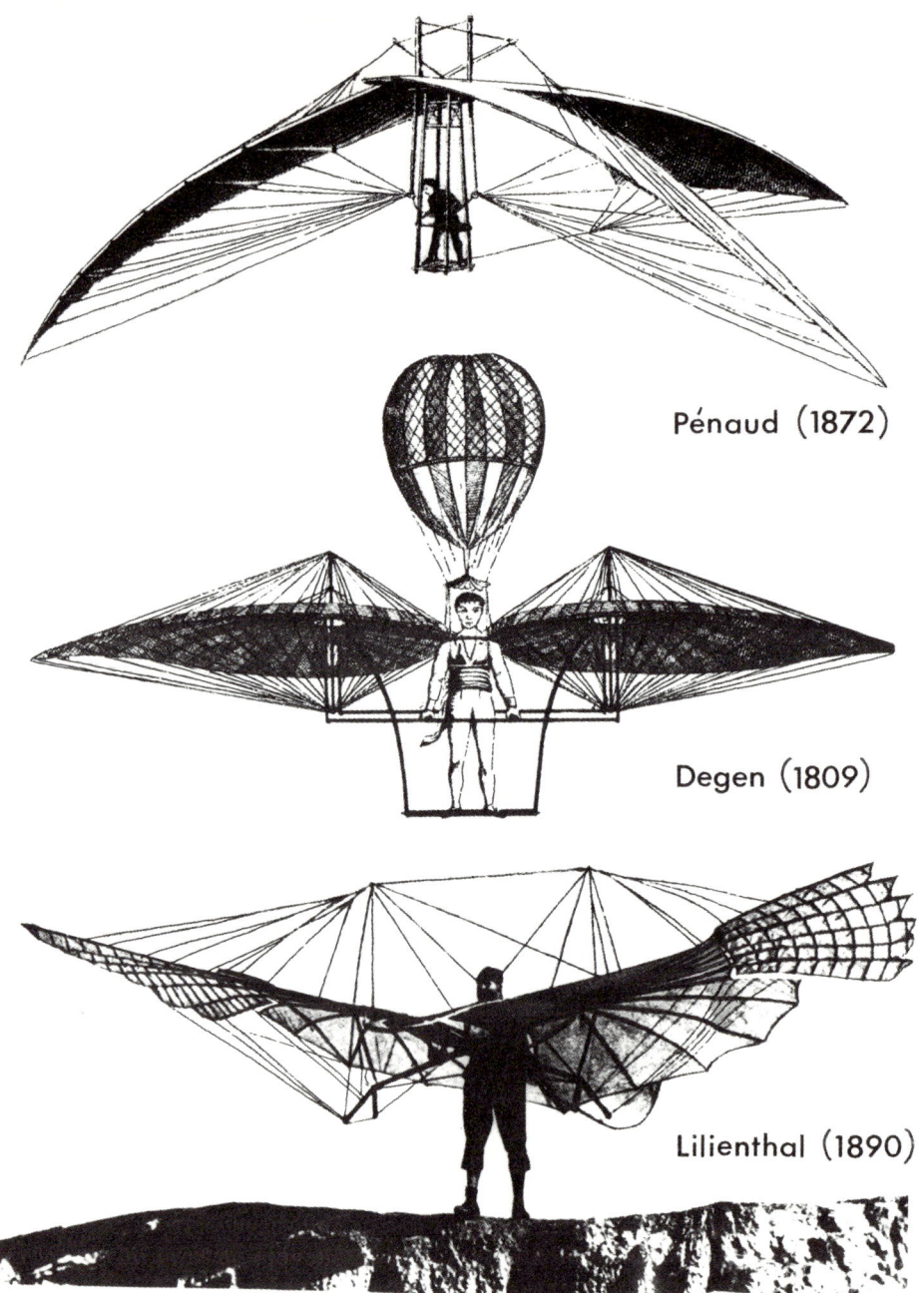

Pénaud (1872)

Degen (1809)

Lilienthal (1890)

Die Abbildung zeigt klassische Flugversuche des 19. Jahrhunderts mit Schlagflügeln (oben und Mitte) sowie starren Flügeln (unten)

Fotogramme von zwei Flugapparaten Otto Lilienthals

dann weitere fünfunddreißig Publikationen über Theorie und Praxis des Gleitflugs sowie Bemerkungen zum Motorflug.

Lilienthals Messungen sind noch zwanzig Jahre nach seinem Tod als Grundlagen für Flugzeugkonstruktionen verwendet worden. Die Art seiner Meßwertdarstellungen in »Polardiagrammen« hat sich in der Aerodynamik allgemein durchgesetzt. Weiter werden viele Details über den Vogelflug im Prinzip heute noch als richtig akzeptiert.

So betrachtete er den Vogelflügel zum Beispiel als einen Hebel. Alle Luftkraftkomponenten der einzelnen Flügelteile lassen sich zu einer Resultierenden zusammenfassen, deren Angriffspunkt (»Centrum« in der untenstehenden Abbildung) durch Rechnung zwi-

mußte, die der Erforschung des Vogelflugs die Basis des nüchternen, reproduzierbaren Serienexperiments gegeben hat. Seine Meßergebnisse und Erklärungsversuche wirken bis in unsere Tage, bisweilen recht suggestiv. Im Jahre 1889 veröffentlichte er bei Gaertner in Berlin sein berühmt gewordenes Buch »Der Vogelflug als Grundlage der Fliegekunst«.

Es ist charakteristisch, daß dieses Buch die erste flugtechnische Veröffentlichung Lilienthals war, dessen Messungen im größeren Rahmen immerhin seit dem Jahre 1861 liefen. Er wollte eben Phänomene immer wieder durch Messungen sichern, bevor er publizierte. Aus den Jahren 1890 bis 1899 stammen

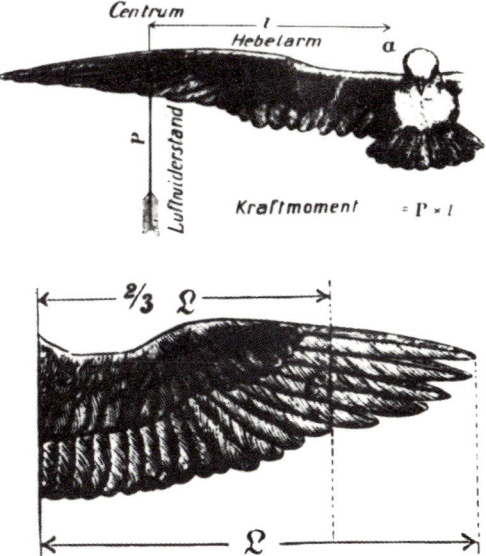

Lilienthals Skizzen zum Angriffspunkt der Luftkraftresultierenden

schen der 0,75fachen (Rechtecksflügel) und
der 0,6fachen (Dreiecksflügel) Flügellänge
lokalisiert ist. Seit dieser Grenzbetrachtung
ist es üblich, den Angriffspunkt etwa in einem
Abstand von zwei Dritteln der Flügellänge,
von der Basis her gesehen, anzunehmen. Dies
gilt für Schlagflügel ebenso wie für Propeller.
Lilienthal war der Ansicht, daß der vom Angriffspunkt ausgehende »hebende Widerstand« möglichst groß sein müsse, und berechnete ihn im Verhältnis zu »gleichmäßigen
Drehbewegungen« als fünfundzwanzigmal
höher. Für eine gegebene Flugsituation könnte der Flügel damit also langsamer geschlagen
werden (als beispielsweise ein Propeller gedreht werden könnte), so daß die Flugarbeit
drastisch absinken müßte, nach Lilienthals
Vorstellungen auf rund ein Fünftel. Darin sah
er eines der »Geheimnisse des Vogelflugs«.
Es ist heute schwer zu rekonstruieren, welche
Fehler sich in dieser zweifellos unzutreffen-
den Aussage aufsummiert haben. Die Messungen erscheinen korrekt, aber die theoretische Beweisführung kann nicht zutreffend
sein. Es zeigte sich damit sehr früh, daß die
absolut im Raum stehenden »richtigen« Meß-
daten soviel wert sind wie die Theorie, in die
sie eingebettet werden. Zum anderen bestätigt sich bereits bei diesen frühen Experimenten das auch heute noch tiefbegründete Miß-
trauen des Biologen bezüglich der Übertrag-
barkeit von Modellmessungen auf die Verhältnisse des Originals.
Diese Bemerkungen schmälern Lilienthals
Verdienste keineswegs. Die Forschungsgeschichte ist stets eine Kette verschlungener
Wege. In einer Arbeit, deren Resultate nach
den Erkenntnissen einer späteren Zeit unzu-

treffend sind, kann ein Autor ein bewun-
dernswertes Maß an Geist und Überlegung
investiert haben.
Von ganz außerordentlicher Wichtigkeit für
das Verständnis des Vogelflugs wie für die
technische Flugmechanik war Otto Lilienthals Entdeckung der besonderen aerodynamischen Eigenschaften gewölbter Flächen.
Wie die Skizze zeigt, hatte Lilienthal vollkommen richtig erkannt, daß die gewölbten
Flügelprofile unter einem positiven Anstellwinkel zur Bewegungsbahn stehen müssen

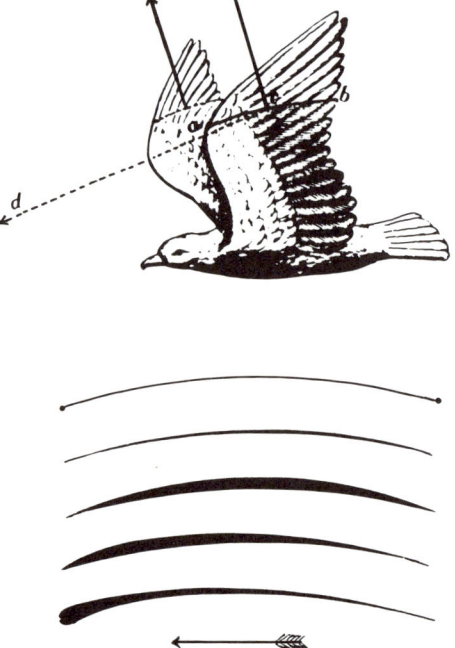

Gewölbte Flügelprofile und deren Anstellung zur
Schlagbahn eines Taubenflügels; Auftriebserzeugung
eingezeichnet. Stahlstiche Lilienthals

Flugaufnahmen von Otto Lilienthals Lieblingsobjekt, dem Weißstorch (Ciconia ciconia). Die Aufnahmen wurden mit einer Motorkamera von Bord eines Tragflügelboots gemacht, das mit etwa vierzig Stundenkilometern auf einem Donauarm bei Tulcea/Rumänien fuhr. Der Storch überholte das Boot sehr langsam. Von links oben nach rechts unten: Beginnender Abschlag, zweimal Mitte des Aufschlags, Durchlaufen des unteren Umkehrpunkts, Mitte des Abschlags und schließlich Durchlaufen des oberen Umkehrpunkts. Man beachte die Spreizung und Abbiegungsrichtung der freien Handschwingen und dann eine hohe Seitkraft senkrecht zur Bahn (den »Auftrieb«) entwickeln, nicht nur eine (unerläßliche) Widerstandskomponente entgegengesetzt zur Bewegungsrichtung. Aus Widerstand und Auftrieb setzt sich die Luftkraftresultierende zusammen, wie im ersten Band »Warum die Vögel fliegen« näher ausgeführt worden ist.

Die beiden Komponenten hat Lilienthal nun mit verschiedenen Rundläufen gemessen, an die er unterschiedlich gewölbte und unterschiedlich profilierte Flügelbätter angesetzt hatte. Schwere Fallgewichte trieben den horizontal rotierenden Arm mit den endständigen Meßflächen auf einer Kreisbahn herum. Lilienthal hat verschiedene derartige Apparate mit Armdurchmessern zwischen zwei und sieben Metern gebaut und im Freien bei Windstille in Betrieb genommen. Es zeigte sich, daß gewölbte Flächen auftriebsmäßig günstiger sind als ebene und daß »profilierte« Flügel mit der größeren Dicke an der Vorderkante besonders günstig waren. Von den fünf auf Seite 34 abgebildeten Querschnittsformen ist die untere die beste. Sie erinnert an ein weiter außen am Flügel liegendes Vogelflügelprofil. Damit war Lilienthal den Prinzipien der Tragflügelprofile auf der Spur. Erstaunlicherweise hat er aber gerade solche Formen nicht weiterverfolgt, sondern statt dessen mit symmetrisch gewölbten Profilen mit spitzer Vorderkante experimentiert.

Nach langen Untersuchungen versuchte Lilienthal schließlich eine Zusammenschau aller beobachteter Phänomene zur Klarstellung der Luftkraftverhältnisse beim Flügelschlag seines Lieblingsobjektes, des Weißstorches. Er ging dabei folgendermaßen vor: Die Flügel eines vier Kilogramm schweren Storches wurden in der Aufsicht ausgebreitet und in vier Zonen A, B, C, D eingeteilt. Jede Zone hat eine charakteristische Form, Breite, Fläche und Profilierung und wird über eine bestimmte Strecke und daher mit einer bestimmten Absolutgeschwindigkeit geschlagen. Sie überstreicht eine bestimmte Raumbahn, die in einer der Teilabbildungen durch Gerade symbolisiert ist. Mit dieser geometrischen Konfiguration und Bewegungskoordination muß der Storch nun während einer Schlagperiode den nötigen Hub (entgegengesetzt gleich seinem Körpergewicht) und den nötigen Schub (entgegengesetzt gleich seinem Gesamtwiderstand) bei gegebener Fluggeschwindigkeit erzeugen.

Lilienthal wählte in verschiedenen Beispielrechnungen willkürliche Anstellwinkel der Flächenanteile A bis D, so, wie sie die Grobbeobachtung mit unbewaffnetem Auge suggeriert. Daraus setzte er unter Benutzung seiner Polaren gewölbter Flächen die Größen und Richtungen der Luftkraftkomponenten bei den einzelnen Schlagphasen zusammen. Nach diesen Rechnungen fand er tatsächlich verschiedene mechanisch und physiologisch mögliche Konstellationen für das geforderte Kräftegleichgewicht »Hub ist gleich Gewicht, und Schub ist gleich Widerstand«. Von diesen Möglichkeiten nahm er die kräftesparendsten als besonders wahrscheinlich an.

Dieses Vorgehen hat nun ganz und gar keinen beweisenden Charakter. Der Vogel könnte sich wohl dieser Koordinationen bedienen – physikalische Meßwerte und anatomische Gegebenheiten und Schlüsse aus Direktbeobachtungen würden dies erlauben –; es ist aber

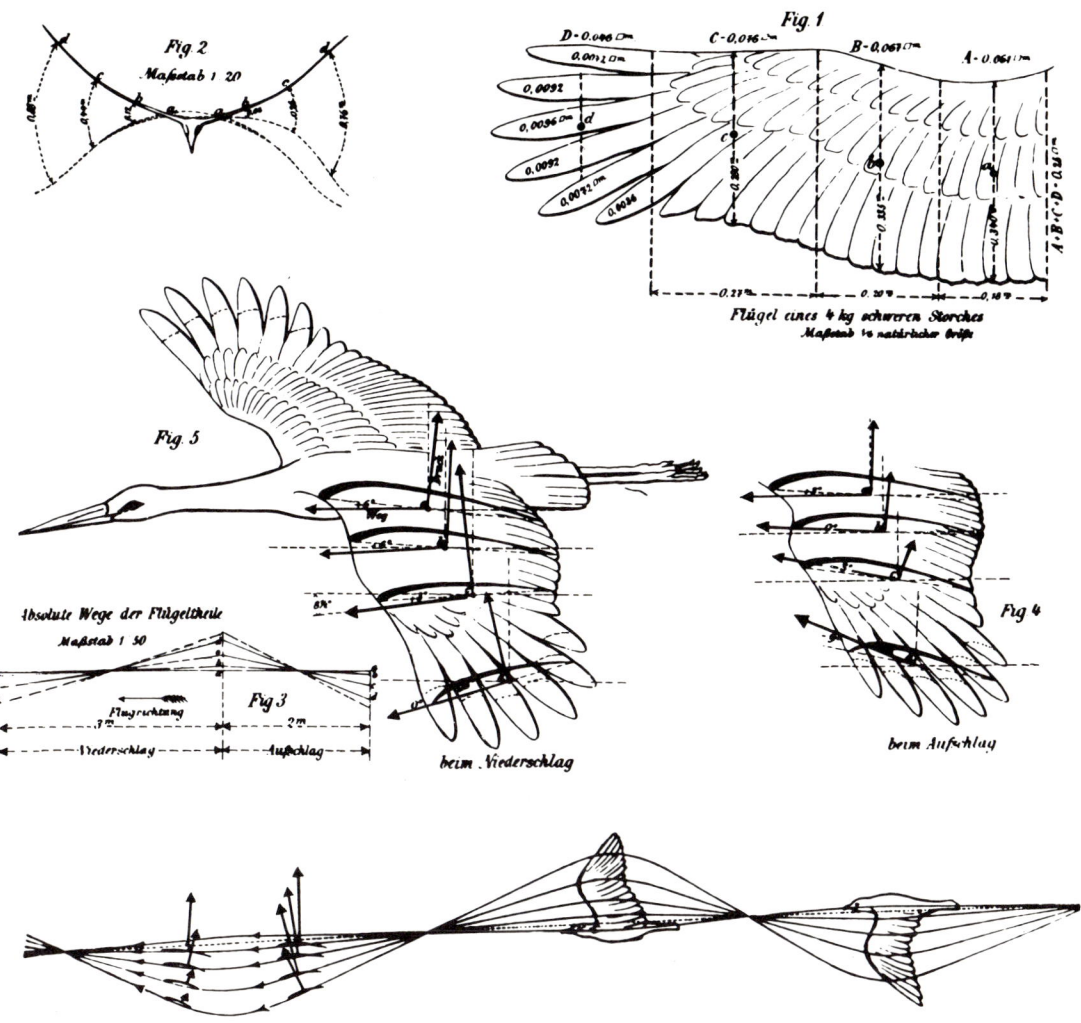

Klassische Darstellung aus dem Vogelflugbuch Lilienthals (1889): Flügelbewegung von vorne gesehen, gedachte Flügelschnitte und ihre gegenseitige Verdrehung sowie Bewegung und Luftkrafterzeugung der Flügelschnitte auf ihren Bahnen

nicht zu sichern, ob er das auch wirklich tut. Immerhin ist das Verfahren als tastendes Abstecken von Möglichkeiten und Grenzen originell und brauchbar, solange es nicht verallgemeinert und überschätzt wird. Und das hat Lilienthal, der nüchterne Techniker und kritische Experimentator, beileibe nicht getan. Nach seiner ausführlichen Rechnung stellt er zusammenfassend fest: »Der Storch kann also unter diesen Bewegungsformen horizontal bei Windstille fliegen.« Und gleich darauf: »Der Storch kann aber nicht bloß bei den gewählten Verhältnissen fliegen, sondern es lassen sich noch viele andere Kombinationen der Flügelneigung heraussuchen, bei denen das Fliegen möglich ist. Die gewählte Art wird aber annähernd das Minimum an Arbeit geben.«

Von besonderem Interesse ist die untere Teilabbildung der auf Seite 37 reproduzierten Tafel. Man sieht die Raumbahn, die verschiedene Flügelschnitte beschreiben. Nach der Neigung der Kraftresultierenden erzeugen die weiter innenliegenden Flügelteile (Armfittich) sowie die außenliegenden Teile (Handfittich) beim Abschlag starken Hub (Vertikalkomponente der Luftkraftpfeile) und schwächeren Schub (Horizontalkomponente dieser Pfeile), der Armfittich stärker als der Handfittich (längere Pfeile). Beim Aufschlag erzeugt der Armfittich ebenfalls Hub, wenn auch weniger als beim Abschlag, und zusätzlich etwas Rücktrieb. Der Handfittich erzeugt hier nach den eingezeichneten Pfeilen nur sehr geringe Luftkräfte mit Rücktriebs- und Hubkomponenten. Lilienthal spricht hier ausdrücklich von einer möglichen Annahme. Er konzidiert auch die Möglichkeit, daß »die

äußeren Flügelteile ... aufwärts durch die Luft gezogen werden«, so daß sie dabei »den denkbar geringsten Widerstand beim Aufschlag erhalten«.

Diese Erkenntnis von der Arbeitsteilung und der einzelnen Flügelabschnitte – grob gesprochen zwischen Arm- und Handfittich – und von ihrer unterschiedlichen Wirkung beim Ab- und Aufschlag ist von fundamentaler Bedeutung. Sie wird heute nahezu unverändert akzeptiert. Ein halbes Jahrhundert später hatte Erich von Holst ein ähnliches Luftkraftschema gegeben. Dies stellt in allen seinen wesentlichen Teilen nichts anderes als die Lilienthalsche Formulierung dar.

Mit den genannten Beispielrechnungen und der Darstellung des, wie man sieht, sehr suggestiven Kräfteschemas enden die eigentlichen flugbiophysikalischen Mitteilungen in Lilienthals epochemachendem Werk. In der Folge wandte er sich der Umsetzung seiner Erkenntnisse beim Bau von Gleitflugapparaten zu. Obgleich Techniker, hat er den einzig erfolgversprechenden Weg aufgezeigt, wie man dem Phänomen »Vogelflug« näherkommen kann: Beobachtung, mathematisch-physikalische Theorie und biotechnisches Experiment müssen aufeinander aufbauen. Ausgehend von diesem Hintergrund, hat er die Luftkraftverhältnisse am Arm- und Handfittich eines schwingenden Flügels im Prinzip richtig erkannt und beschrieben – vor mehr als hundert Jahren! Wir sind heute mit der »Erklärung« des Vogelflugprinzips auch nicht viel weiter, zumal in den ersten Jahrzehnten unseres Jahrhunderts kaum Wesentliches zum Vogelflug erschienen ist.

# Erich von Holst

Konrad Lorenz, der bekannte Verhaltensforscher, befaßte sich, was wenige wissen, in seiner Doktorarbeit mit dem Vogelflug. Als unbestechlicher Beobachter und Fachbiologe beschrieb er eine Menge bemerkenswerter Details, doch blieben seine theoretischen Erklärungsversuche nicht unwidersprochen. Erich von Holst, ein damals junger, aufstrebender Physiologe, mokierte sich über gewisse physikalisch nicht haltbare Formulierungen. Was selten vorkommt: Die beiden von unterschiedlichen Standpunkten ausgehenden Wissenschaftler fanden zueinander, Lorenz, der geniale Beobachter, und von Holst, der unbestechliche Experimentator, Ordner und Denker, den man als einen der prägenden Physiologen des zwanzigsten Jahrhunderts bezeichnen darf.

Der Vogelflug war für Erich von Holst nur ein Randgebiet, doch offensichtlich eines, das ihn von Kindesbeinen an fasziniert hat. Als er nach der Gründung des Max-Planck-Instituts für Verhaltensphysiologie in Seewiesen (zusammen mit Lorenz) am Zoologischen Institut der Universität München begann, Vorlesungen zu halten, hatte ich das Glück, seine unkonventionellen (und didaktisch auch nicht immer umwerfenden, stets jedoch äußerst anregenden) Vorträge hören zu können. Er berichtete kurz auch über den Vogelflug und ließ seine berühmt gewordenen Modelle im Hörsaal fliegen – ein faszinierendes Erlebnis für mich, zumal ich damals schon sicher war, daß ich später über das Fliegen von Insekten und Vögeln wissenschaftlich arbeiten würde. Von Holst hat nie an lebenden Vögeln flug-

biologisch experimentiert, also nie das versucht, was ich heute mit meiner Arbeitsgruppe als unumgänglich betrachte. Er ist einen prinzipiell anderen Weg gegangen. Er hatte Ideen, baute dann Modelle, die nach seinen Vorstellungen flogen – und dies nach äußerem Anschein wie die Vögel. Als ausgeprägtem Logiker und Theoretiker, der er auch war, war ihm selbstredend klar, daß Modellexperimente keine direkte Beweiskraft haben. Man kann mit anderen Worten nicht sagen, daß man den Flug eines Vogels verstanden hätte, wenn ein äußerlich diesem Vogel nachgebautes Modell sich so bewegt, daß es vorwärtskommt und nicht herunterfällt. Modellexperimente haben aber eine starke heuristische Komponente; man kann an ihnen Überlegungen testen und – tastend – die richtige Denk- und Arbeitsrichtung herausdestillieren.

Wie Otto Lilienthal ging Erich von Holst davon aus, daß die einzelnen Flügelquerschnitte unterschiedliche Bahnen im Raum beschreiben, während der Flügel ab- und aufschlägt. Auch er betrachtete im wesentlichen die Mitte des Handfittichs im Vergleich zur Mitte des Armfittichs und stellte Raumbahnen der Flügelschnitte auf. Insgesamt muß über eine vollständige Ab- und Aufschlagperiode Kräftegleichgewicht (besser: Impulsgleichgewicht; vgl. »Warum die Vögel fliegen«) herrschen, und das Zusammenspiel der Luftkrafterzeugung von Hand- und Armfittich bei Ab- und Aufschlag muß dies bewerkstelligen. Angenommen, ein Flügelteil erzeugt beim Aufschlag Rücktrieb. Dann sollte dieser beim nächsten Abschlag durch zusätzlichen Vortrieb kompensiert werden, der nicht notwen-

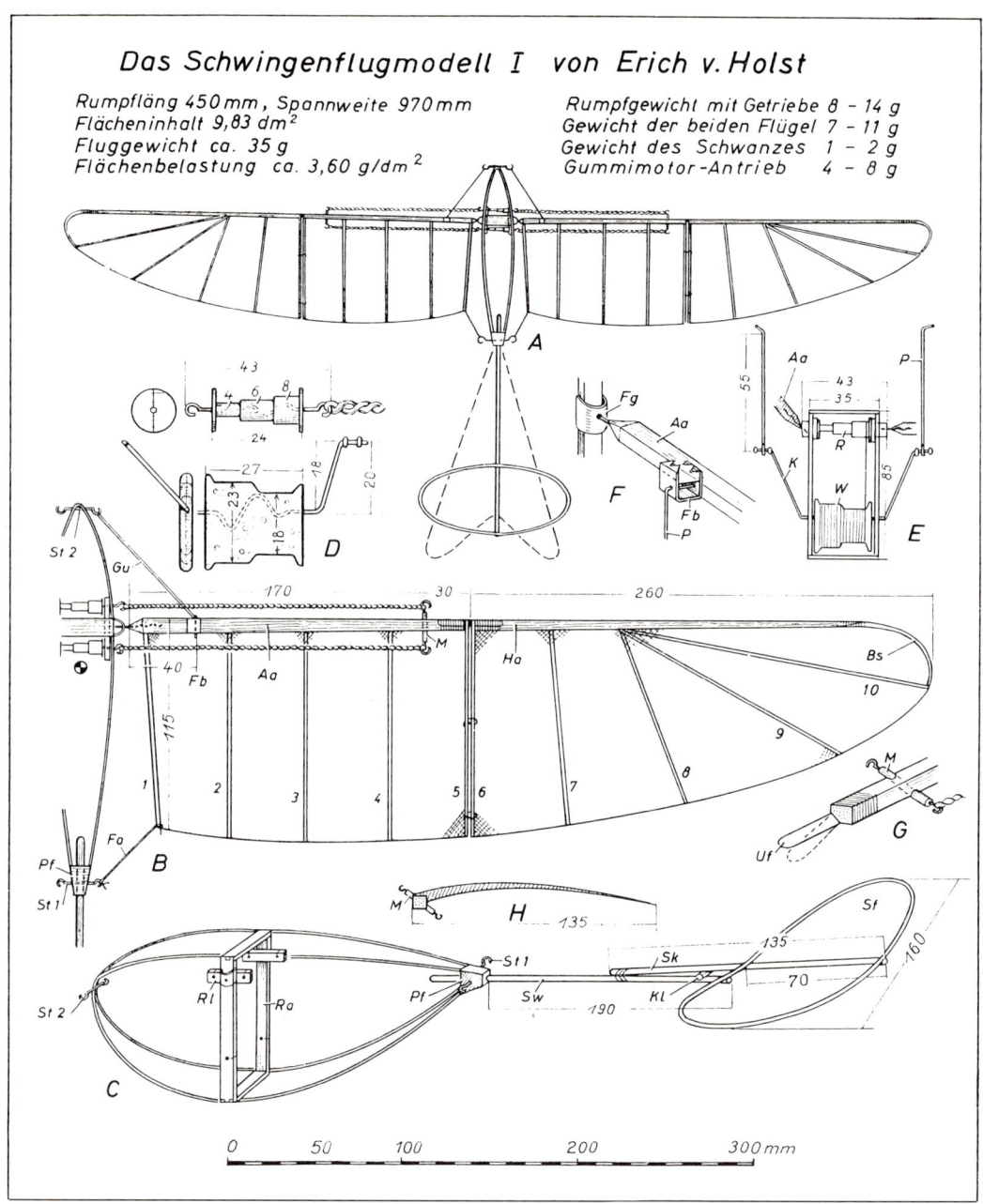

# Das Schwingenflugmodell I von Erich v. Holst

| | |
|---|---|
| Rumpfläng 450 mm, Spannweite 970 mm | Rumpfgewicht mit Getriebe 8 – 14 g |
| Flächeninhalt 9,83 dm² | Gewicht der beiden Flügel 7 – 11 g |
| Fluggewicht ca. 35 g | Gewicht des Schwanzes 1 – 2 g |
| Flächenbelastung ca. 3,60 g/dm² | Gummimotor-Antrieb 4 – 8 g |

Die Abbildung zeigt Konstruktionszeichnungen zu einem Schwingenflugmodell Erich von Holsts nach einer Zeichentafel von Karl Herzog

digerweise vom selben Flügelteil stammen muß. Erzeugt also beispielsweise der Armfittich beim Aufschlag einen Rücktrieb, so könnte dieser beim folgenden Abschlag durchaus vom Handfittich wieder ausgeglichen werden. Dies hat, mit anderen Worten, schon Otto Lilienthal gefordert. Erich von Holst versuchte nun, mit seinen flugfähigen Modellen herauszukriegen, was welcher Flügelteil bei welcher Schlagphase nun tatsächlich tut, ging also wieder einen Schritt weiter. Durch die Messungen von Bilo und anderen Mitarbeitern aus meiner Arbeitsgruppe wissen wir seit drei Jahren, wie bei der im Windkanal horizontal fliegenden Haustaube Hub und Schub über einen Ab- und Aufschlagszyklus schwanken, bei welcher Flügelstellung die beiden Kraftkomponenten maximal sind und wann sie, was auch vorkommt, negativ werden und damit einer Folgekompensation bedürfen. Wie dies auf das Zusammenspiel zwischen Arm- und Handfittich zurückzuführen ist, läßt sich aber immer noch nicht genau angeben.

Von Holst hatte meist den richtigen Riecher für Probleme, und für ihn waren manche Dinge sonnenklar und abgeschlossen, auch wenn sie im Sinne des Wortes experimentell noch nicht bewiesen worden waren. Er fand auch häufig eine eingängige, allgemeinverständliche Sprache, um komplizierte Sachverhalte darzustellen. Zum Problem des Zusammenwirkens von Hand- und Armfittich hatte er einmal ein Gedankenmodell beschrieben, zwei miteinander verbundene Schlitten, die nebeneinander auf unterschiedlich welliger Bahn gleiten. Ein Knabe sitzt auf einem der Schlitten und wechselt zum richtigen Moment

auf den anderen, dann wieder auf den ersten zurück und so fort, verlagert also sein Gewicht auf zwei Auflageflächen. Was hat das mit dem Vogelflug zu tun?

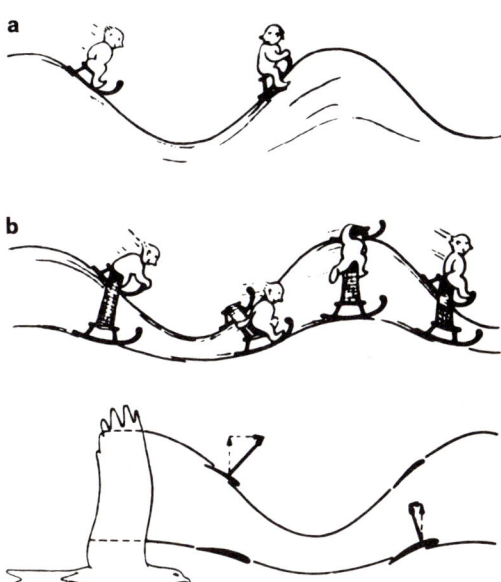

Von Holsts Skizze zur Erläuterung des Ruderflugprinzips

## Originalton Erich von Holst:

Denken Sie sich bitte diese Wellenbahn des Flügels erstarrt zu einer Kette gleichmäßiger schneebedeckter Hügel; und denken Sie sich den Vogel sinngemäß ersetzt durch einen kleinen rodelnden Knaben. Dieser Knabe möchte, ebenso wie es der Vogel scheinbar kann, ohne Aufenthalt über einen nach dem anderen dieser Hügel hinweggleiten. Doch zu seiner Enttäuschung muß er entdecken, daß sein Schwung nicht ausreicht – er bleibt immer schon vor dem Gipfel des nächsten Hügels stehen (a). Nun ist unser Knabe ein helles Bürschchen und hat folgenden Einfall: Mit einem langen Brett wird ein zweiter Schlitten parallel an dem ersten befestigt, der neben diesem im flacheren Hügelgelände mitfährt (b). Zwischen diesen beiden Schlitten wechselt der Knabe nun ab. Bergab sitzt er auf dem ersten, im Tal rutscht er behende auf den zweiten, und nun reicht der Schwung mit Leichtigkeit aus zur Überwindung der viel flacheren Steigung. Oben angekommen, klettert er schnell wieder auf den ersten Schlitten, und das Spiel wiederholt sich von neuem. Genauso kann es auch der Vogel machen!

In den Kriegsjahren war Flugmodellbau ein verordneter, trotzdem aber beliebter Jugendsport. Kein Wunder, daß die Von-Holst-Modelle gut ankamen. Auf der Tafel auf Seite 40 ist nach Zeichnungen von K. Herzog, der diese Flugmodelle in seinem Buch über Biologie und Biophysik des Vogelflugs ausführlich dokumentiert hat, das Schwingenflugmodell I wiedergegeben. Es läßt sich sowohl der gesamte Flügel in seinem basalen Gelenk bewegen als auch der äußere »Handfittich« gegen den inneren »Armfittich«. Angetrieben wird

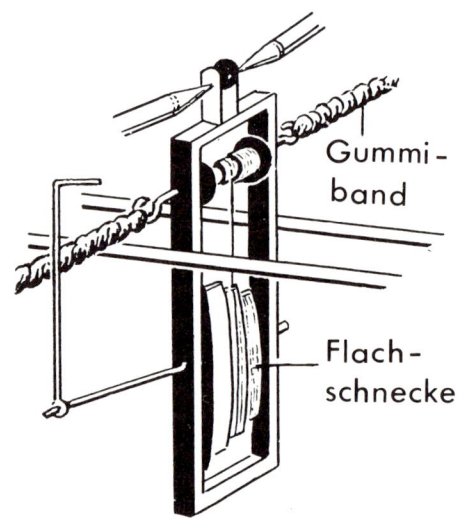

Von Holsts Gummizug-Schlagflügelantrieb

mit einem damals sehr beliebten System, einem aufgeknäuelten Gummizug. Zum Drehmomentenausgleich wird ein Prinzip der Uhrmacher verwandt, nämlich eine von einer Rolle auf eine Schnecke aufgewickelte Saite oder Schnur. Der »flapsige«, ungleichmäßige Flügelantrieb wird nun genialerweise über eine »abgeflachte Schnecke« bewerkstelligt, wie es die Skizze erläutert.

Zahlreiche solcher recht raffinierten Ideen stecken in den von Holstschen Modellen. Wie die historischen Fotos zeigen, flogen sie fantastisch, zeigten die Flügelverwindung in sich, das leichte Schwanken der Rümpfe und anderes mehr. Bei Vorführungen in Hörsälen und auf Kongressen – von Holst war ein unermüdlicher Kongreßbesucher – haben sie manchen Begeisterungssturm hervorgerufen. Erich Stresemann, der berühmte Ornithologe, soll – etwas kurzsichtig – sogar einmal ein solches Modell mit einer Lachmöwe verwechselt haben, so »typisch« war dieser technoide Flugstil.

Wir stehen heute zu den von Holstschen Flugmodellen wie folgt: Diese nach heuristischen Prinzipien äußerst wertvollen Gebilde können wesentliche flugphysiologische Hinweise geben, müssen aber die Tatsachen nicht treffen. Ein Vogel kann ganz anders fliegen, auch wenn das ihm (beispielsweise unter vollkommen anderen Flächenbelastungen stehende) nachgebaute Modell so zu fliegen scheint wie sein Vorbild. Endgültiges läßt sich zur Zeit noch nicht sagen, doch würde mich nicht wundern, wenn Erich von Holst in geradezu seherischer Weise von richtigen (wenngleich nicht bewiesenen) Annahmen ausgegangen wäre. Die weitere Forschung wird dies zeigen.

Originalfotos freifliegender Flugmodelle von Erich von Holst

Wir können heute Modelle aus Kunststoffolie kaufen, die, mit Gummiband-Kurbelaufzug angetrieben, im Hörsaal herumfliegen – äußerlich vogelähnlich, aber ohne jede Profilierung, wie sie für den Vogelflügel typisch ist. Diese hübschen Dinger gehen nicht nur auf die von Holstschen »künstlichen Vögel« zurück (auch »künstliche Flugsaurier« hat er gebaut), sondern auch auf Untersuchungen des deutschen Flugmodell-Pioniers Alexander Lippisch.

## Alexander Lippisch

Auch Lippisch hatte in den späten dreißiger und in den vierziger Jahren Flugmodelle gebaut (sie freilich nicht als künstliche Vögel bezeichnet), die über Kurbelwellenantrieb eine Handschwinge gegen eine starre Armschwinge rotieren ließen. Sie waren insofern noch flugzeugähnlicher, als sie über Höhen- und Seitensteuer verfügten. Wie die Skizze auf Seite 44 zeigt, hatte sich Lippisch auch Vorstellungen über den Verlauf des Auftriebs (wir sagen heute besser: des Hubs) und des Vortriebs bei einer gesamten Ab-Auf-Schlagperiode gemacht. Auch er nahm beim Aufschlag einen Rücktrieb an, der beim Abschlag durch überstarken Vortrieb kompensiert werden muß. Im Vergleich zu den Analysen von Bilo und Mitarbeitern aus meiner Arbeitsgruppe ergibt sich ein wesentlicher Unterschied: Das Flugmodell kann mit seinem Schlagflügelteil beim Aufschlag zwar Hub erzeugen, dafür aber keinen Schub, sondern, im Gegenteil, nur Rücktrieb. Bei der fliegenden Taube ist es so, daß auch beim

Aufschlag neben Hub ein Schubanteil erzeugt wird, allerdings gegen Ende auch ein Rücktriebsanteil. Der rasch verstellbare Vogelflügel ist also schlagtechnisch diesen Näherungsmodellen weit überlegen. Wie er wirklich schlägt – das weiß man erst, seitdem es möglich ist, Zeitlupenaufnahmen von freifliegenden Vögeln herzustellen.

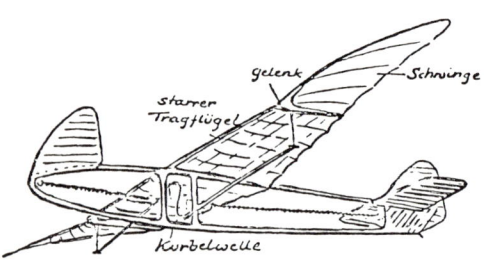

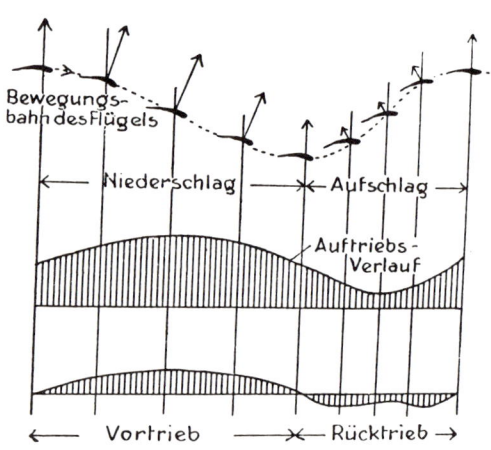

Schlagflügel-Flugmodell und Verteilung der Luftkraftkomponenten während einer Schlagperiode mit Originaleinzeichnungen von Alexander Lippisch

## Zeitlupenanalysen

Filmanalysen von schnell bewegten Vorgängen fordern oft eine beträchtlich hohe Bildfrequenz. Außerdem kann man nicht mit einer schweren Kamera einem Vogel hinterherfliegen und ihn dann noch formatfüllend aufnehmen. So nimmt es nicht wunder, daß die ersten Zeitlupenaufnahmen an schwirrfliegenden Kolibris und Nektarvögeln gewonnen worden sind: Stolpe und Zimmer 1939. Solche Vögel sind es gewöhnt, schwirrfliegend vor einer Blüte zu stehen und Nektar zu saugen. Bietet man ihnen im Labor aus einer »Kunstblüte« Zuckerwasser an, so saugen sie das mit ihren langen Schnäbeln. Man weiß also, auf welche Stelle man die Kamera einzustellen hat, und die Aufnahmen sind relativ problemlos.

Ein kleiner Kolibri kann ohne weiteres fünfzig Flügelschläge pro Sekunde machen. Will man jeden Ab- und jeden Aufschlag in nur je zwanzig Bildern auflösen, so braucht man schon $2 \cdot 20 \cdot 50 = 2000$ Bilder pro Sekunde. Erst in den dreißiger Jahren war die Filmindustrie soweit, derartige Zeitlupengeräte herzustellen. Bei den Olympischen Spielen in Berlin 1936 setzte man Askania-Normalfilm-Zeitlupenkameras ein, die bis zu zweitausend Bilder pro Sekunde schafften. Die rechtsstehende Abbildung zeigt die Umzeichnung eines mit solchen Kameras aufgenommenen Kolibris in der Draufsicht. Beim Abschlag wird die Flügeloberseite gesehen. Dann rotiert er; beim Aufschlag wird die Unterseite gesehen (in der Abbildung dunkel gefärbt). Anschließend rotiert der Flügel in die Abschlagstellung wieder zurück. Eine Schlagschwingung und eine Rotationsschwingung sind also gekoppelt, und der Flügel wird beim Abschlag oder Vorschlag gegen die morphologische Unterseite angeströmt, beim Aufschlag oder Rückschlag gegen die morphologische Oberseite. Das setzt voraus, daß er symmetrisch profiliert ist, eine Anströmung von der einen wie von der anderen Seite auch wirklich aerodynamisch verträgt.

Schlüsse dieser Art lassen sich aus zweidimensionalen Filmaufnahmen, wie sie etwa Rüppell oder Piskorsch vorgelegt haben, durchaus ziehen. Die Zahl der Zeitlupenaufnahmen von fliegenden Vögeln wurde in den folgenden Jahren Legion. Ich habe beispielsweise mit meinem damaligen Mitarbeiter Kempf 1971 den Landeanflug der Haustaube analysiert und die Bewegung des Daumenfittichs filmisch sichtbar gemacht; nach den Aufnahmen konnte man Modelle bauen und diese am Windkanal vermessen.

Bei all dem kann man die genauen Bahnen von Flügelpunkten oder Flügelschnitten im Raum, wie sie für kinematische Analysen unerläßlich sind, aus solchen Aufnahmen prinzipiell nicht entnehmen. Man muß zum Beispiel eine Dreitafelprojektion mit drei synchron laufenden Kameras wählen, wie sie Marey schon hundert Jahre früher verwirklicht hat (Abb. auf Seite 26). Mit einer solchen Projektion – mit Umlenkspiegeln allerdings und nur einer einzigen Kamera, deren Bild in vier Sektoren aufgeteilt war – habe ich in meiner Habilitationsarbeit die reißend schnelle Bewegung von Fliegenflügeln analysiert. Erst seit ganz kurzer Zeit gibt es Hochfrequenz-Sperrgreifer-Kameras im Handel, die sich exakt synchronisieren lassen. Damit kann man

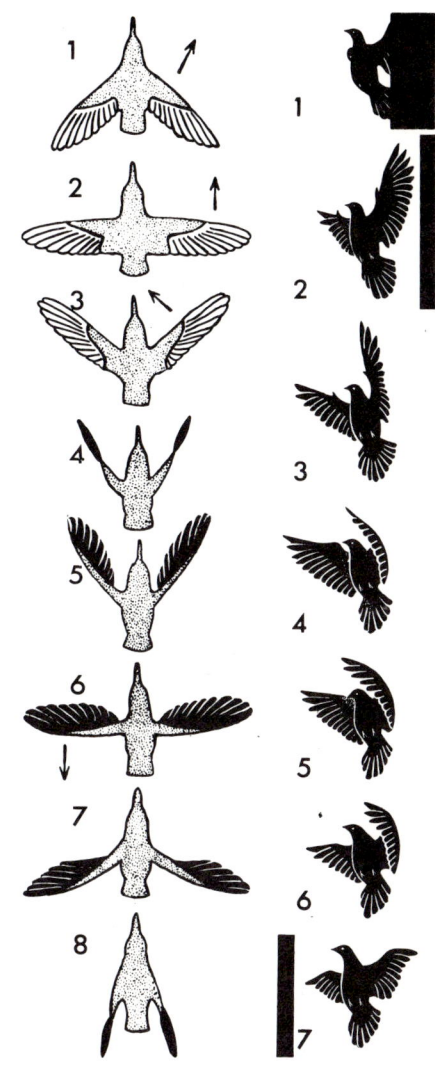

z.B. Schwirrflug Kolibri
(Stolpe u. Zimmer 1939)

z.B. Landeanflug Taube
(Nachtigall u. Kempf 1971)

Beispiele für Zeitlupen-Filmanalysen im zwanzigsten Jahrhundert

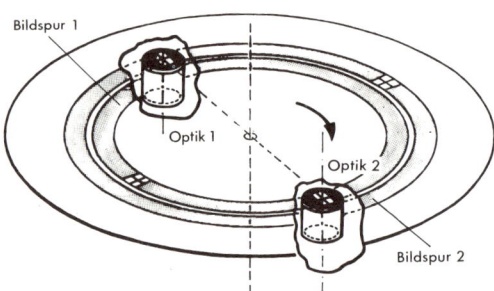

Prinzip der Rotationsplatten-Kamera von Zarnack, Bilo und Nachtigall aus den sechziger Jahren

drei Kameras senkrecht zueinander aufbauen und einen Vogel beispielsweise von der Seite, von oben und von vorn filmen, wobei jede Kamera das Bild genau dann belichtet, wenn auch die Verschlüsse der anderen Kameras offen sind. Daraus läßt sich die Flügelbahn im Raum, bei Anfärbung der Strömung mit Partikelchen auch die Flügelumströmung, sichtbar machen. Wir sind sehr glücklich, daß die Deutsche Forschungsgemeinschaft uns vor zwei Jahren ein derartiges, mehrere hunderttausend Mark kostendes System zur Verfügung gestellt hat. Vorarbeiten dazu wurden in meiner Arbeitsgruppe allerdings vielfach geleistet. So haben Zarnack und Bilo bereits 1970 nach meinen Vorstellungen ein spezielles, höchst präzises Drehplatten-Kamerasystem entwickelt. Zwei Objektive zeichnen bei Blitzbeleuchtung eine Serie konzentrischer Bilder auf einen Planfilm, der auf einer rasch rotierenden Platte aufgeklebt ist.

Kennt man die genaue Geometrie, also beispielsweise Objektivabstand, Objektabstand und mehrere »Kamerakonstanten«, bildet man weiter Fadenkreuze mit ab, so läßt sich die Bahn von Flügelpunkten im Raum hoch-

präzise ausmessen. Dietrich Bilo hat damit seine Doktorarbeit über die Flügelbewegung des Haussperlings gefertigt (1969/1970). Aus dieser Arbeit stammt die auf der gegenüberstehenden Seite abgebildete, sehr bekannt gewordene Tafel. Der Haussperling wurde dressiert, vor der Düse eines Windkanals zu fliegen. Nur eine Hälfte eines jeden aufgenommenen Bildpaares ist abgebildet. Auf Seite 48 sind drei ausgewählte Bildpaare vergrößert dargestellt. Man sieht den Sperling beim Beginn, in der Mitte und gegen Ende des Abschlags. Hat man einen kleinen Stereobetrachter zur Hand, so sieht man die Flügelstellungen räumlich und kann sich so erstmals ein wirklich verläßliches Bild von der Stellung der einzelnen Flügelteile, der Bewegung der Federn etc. machen. Dies gelingt besonders gut über Stereo-Anaglyphenbilder, die man mit einer Rot-Grün-Brille betrachtet. (Erst 1985 konnten wir diese Darstellungen, dank der Kostenübernahme für die sehr teuren Anaglyphen durch einen Sponsor, publizieren.)

Die Analyse des Flügelabschlags und Aufschlags beim Haussperling durch Dietrich Bilo, nun auch schon Teil der Forschungsgeschichte, stellt einen bisher nicht wieder erreichten Meilenstein in puncto Exaktheit und Aussagekraft der Beschreibung dar. Eine wichtige Voraussetzung für derartige Analysen war nicht nur die Konstruktion von Zeitlupenkameras, sondern auch die Anwendung der Windkanaltechnik auf den Vogelflug.

Die gegenüberliegende Fototafel zeigt einen Ab-, Auf- und weiteren Abschlag eines vor dem Windkanal »stationär« fliegenden Haussperlings. Bildabstand 1/500 Sekunde. Aufnahme: Dietrich Bilo

## Windkanaluntersuchungen

Windkanäle bestehen im Prinzip aus einer Rohrkonstruktion und einem Gebläse. Die Gebrüder Wright sollen, kurz vor der Jahrhundertwende, einen der ersten derartigen Kanäle auf Kitty Hawk zur Untersuchung ihrer Flügelprofile gebaut haben. Im biologischen Bereich wurden kleine und große Windkanäle zur Analyse des Insekten- und Vogelflugs verwendet. Die Schema-Skizze zeigt oben den ersten neigbaren Windkanal des amerikanischen Biologen Tucker, in der Mitte den »Münchner Typ« von Nachtigall und Bilo und unten die von Pennycuick in Afrika eingesetzte Konstruktion als Beispiel für klassische Versuche, die Windkanaltechnik zur Erforschung des Vogelflugs zu nutzen. Unser Kanal und der Pennycuicksche waren Druckkanäle, der Tuckersche war ein Saugkanal. Sind die Kanäle neigbar, so lassen sich auch Situationen des Steig- und Sinkflugs simulieren.

Bei all diesen technischen Hilfsmitteln sollte man die Schwierigkeit der reinen Biologie nicht unterschätzen. So wollte es Bilo und mir Ende der sechziger Jahre in München einfach nicht gelingen, Kleinvögel vor unserem (aerodynamisch sehr guten) Druckkanal zum Fliegen zu bringen. Wir verbesserten immer mehr die Druckverteilung in der Meßstrecke, die Staudruckkonstanz, die Laminarität. Schließlich ging ich nach Amerika zu Tucker, von

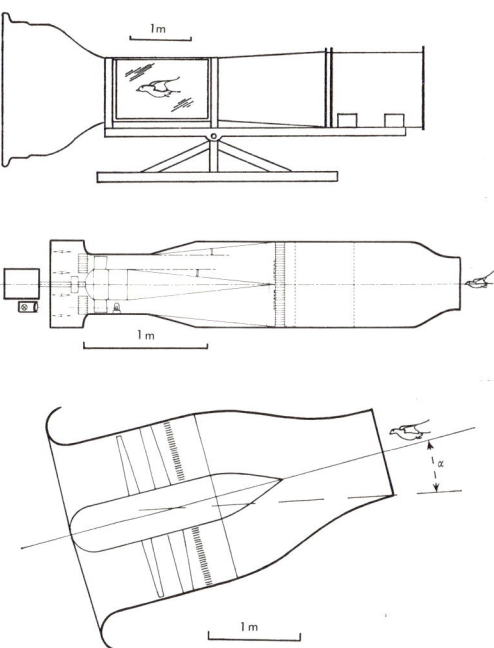

Klassische Windkanäle der sechziger und frühen siebziger Jahre. Oben: nach Tucker, Mitte: nach Nachtigall und Bilo, unten: nach Pennycuick

Die gegenüberliegende Abbildung zeigt Beispiele für Stereo-Meßbildpaare (zur Betrachtung mit einem Stereoskop), die der auf Seite 47 abgebildeten Fototafel entnommen sind

dem ich wußte, daß er Wellensittiche problemlos im Kanal fliegen ließ, und war baß erstaunt zu sehen, daß sein Kanal aerodynamisch an unseren nicht reichen konnte. Die Wellensittiche flogen trotzdem hervorragend. Es zeigte sich, daß man die Vögel handzahm aufziehen, sich jeden Tag ein paar Stunden mit ihnen beschäftigen, sie stundenlang trainieren und dressieren muß. Dann fliegen sie auch unter ungünstigen physiologischen Bedingungen. Tucker brachte es sogar fertig, einem Wellensittich eine Art »Gasmaske« aufzusetzen und über einen feinen, ableiten-

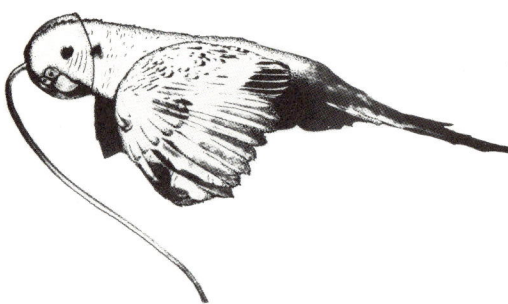

Tuckers Wellensittich mit Respirationsmaske und Atemschlauch, in einem Windkanal fliegend

## Freifluguntersuchungen

Windkanäle haben große Vorteile. Man kann die Apparatur ortsfest aufbauen und über Schläuche oder Elektrokabel mit dem Vogel verbinden, der bei guter Dressur gerne und problemlos im Kanal fliegt (solange er nicht mausert – dann wird er unkooperativ). Nachteile des Kanals liegen darin, daß der Vogel eine Flugsituation vor sich hat, die nicht identisch mit der freien Natur ist, und daß sich seine optische Umgebung nicht bewegt. Läßt man aber einen Vogel frei fliegen, so fliegt er kaum jemals über längere Zeit in ein und demselben Flugzustand, und man muß alle Meßergebnisse telemetrieren, das heißt über

den Schlauch die Sauerstoffaufnahme und die Kohlendioxidabgabe des fliegenden Vogels (tatsächlich im freien Flug, wenn auch im Kanal) zu messen. Wir haben diese Methode aufgegriffen, abgewandelt und verfeinert. Im Abschnitt über den Flugstoffwechsel ist näheres dazu ausgeführt.

Vögel von Gänsegröße sind ohne weiteres in der Lage, einen mehrere Dutzend Gramm wiegenden Sender über längere Freiflugstrecken mitzutragen

winzige eingebaute Sender erst einmal abgreifen und dann einem Empfänger mitteilen.

Die beiden Methoden ergänzen sich. Was die eine nicht kann, leistet die andere. Während die Windkanaltechnik momentan in der Hauptsache von unserer Arbeitsgruppe vertreten wird, und zwar in ausgefeilter Form, hat sich um P. J. Butler in England der Schwerpunkt der Telemetrie an freifliegenden (und freitauchenden) Vögeln angesiedelt. Diese Meßdisziplin allerdings ist erst im Aufbruch, freilich in einem rasanten; mit der Verfeinerung und der größeren Sicherheit der verwendeten Elektronik, insbesondere aber durch die Miniaturisierung und damit Gewichtsersparnis wird in den nächsten Jahren manches meßbar werden, was zur Zeit noch Utopie ist.

Neben den »Schulen« gibt es allerdings immer wieder »Einzelkämpfer«, die oft verblüffend unkonventionelle Ideen haben. Vor allem aus Geldmangel ergibt sich so mancher eigenständige Ansatz. Ein Beispiel dafür ist die folgende Meßmethode.

Der deutsche Biologe M. Polus ließ Tauben frei fliegen und band ihnen ein feines Kautschuksäckchen mit einem genial-simplen und funktionsfähigen »Abwurfmechanismus« um. In dieses Säckchen atmet die Taube während der ersten hundert Flugmeter Luft ein. Dann wird es automatisch verschlossen und abgeworfen. Man kann es aufsammeln, über eine Stechpipette das Gas entnehmen und dieses dann im Labor in aller Gemütsruhe untersuchen. Auf diese verblüffende Weise lassen sich energetische Aussagen machen (die mit unseren Windkanalmessungen und mit theoretischen Berechnungen von Oehme

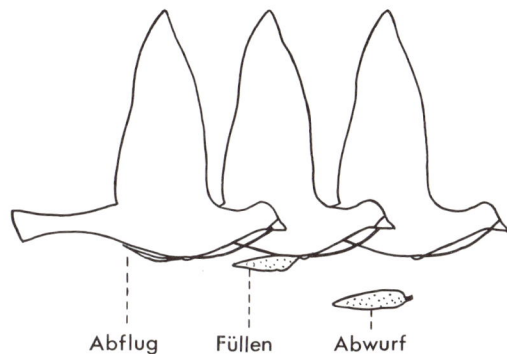

Drei Phasen des »Ballonabwurfs« der Polusschen Taube

gut übereinstimmen). Diese Arbeiten wurden zusammen mit anderen Ergebnissen von Symposiumsteilnehmern 1985 in einem Berichtsband unseres Instituts (BIONA-report Nr. 3/1985) publiziert.

Das war der Istzustand vor zwei Jahren. Das Gebiet entwickelt sich aber rasant weiter. In vielen neueren Arbeiten finden sich allerdings Gedankengänge, Meßprinzipien und Aussagen wieder, die von den frühen Forschern – von der Renaissance bis zum ausgehenden neunzehnten Jahrhundert – vorweggenommen worden sind. Ein genauerer Überblick über dieses Fachgebiet zeigt, daß vieles irgendwie schon einmal dagewesen ist und daß sich Gedanken neuerer Bearbeiter oft auf Vermutungen oder Ergebnisse älterer Autoren zurückführen lassen, von denen heute gemeinhin niemand mehr spricht.

# Gleit- und Segelflug

## Gleitflugparameter

Eine Möglichkeit der Energieeinsparung für Langzeit- und Langstreckenflüge besteht im Einschalten von Phasen des Gleit- und Segelflugs. Während des Gleitens braucht der Vogel keine Stoffwechselenergie zur Bewegung »über Grund«; hier übernimmt die Erdanziehung den Antrieb. Doch gilt dies nur für die reine Gleitstrecke. In Bodennähe angekommen, muß der Vogel wieder hochsteigen, und das kostet natürlich Stoffwechselenergie, so daß im Endeffekt nichts gespart ist. Einsparungen wären nur dadurch möglich, daß das Tier in geeigneter Weise äußere Kräfte zum Hochhieven »anzapft«. Dies ist der Fall beim Thermiksegeln, beschrieben auf Seite 65. Afrikanische Geier nutzen diese kostenlosen Lifte beim Überlandflug denn auch weidlich aus, ja, sie könnten ohne »Thermikstraßen« mit gefülltem Kropf gar nicht mehr zum Nest heimkehren.

Eine wesentliche Kenngröße zur Beschreibung des Gleit- und Segelflugs ist die Sinkgeschwindigkeit $v_{sink}$. In Biologie wie Technik geht die Tendenz dahin, diese Sinkgeschwindigkeit möglichst klein zu halten. Es sei an dieser Stelle nochmals das Gleitdiagramm aus dem ersten Band aufgegriffen. Die obere Teilzeichnung erläutert die Einstellung einer Gleitfläche zur Gleitbahn und die wesentlichen Strecken; in der unteren Teilzeichnung sind die relevanten Geschwindigkeiten angegeben. In beiden Zeichnungen ist der Gleitwinkel $\beta$ eingezeichnet, und als sein Cotangens ergibt sich $\cot \beta = l/h = v_{grund}/v_{sink} = A/W = \varepsilon$. Diese wichtige Kennzahl $\varepsilon$ wird auch als Gleitzahl bezeichnet. Sie sollte möglichst groß sein. Dann gleitet der Vogel aus gegebener Ausgangshöhe h in eine große Strecke l über Grund, beziehungsweise seine Sinkgeschwindigkeit ist bei gegebener Geschwindigkeit über Grund möglichst klein.

Welche Möglichkeiten existieren nun zum Einstellen einer möglichst geringen Sinkgeschwindigkeit? Neben der Flächenbelastung (auf die tragende Fläche bezogenes Tiergewicht bzw. bezogene Tiermasse) ist vor allem die sogenannte Streckung $\lambda$ der Tragflügel wesentlich. Sie berechnet sich für Rechteckflügel einfach zu $\lambda = b/t$, für geometrisch nicht leicht bestimmbare Flügel kann sie zu $\lambda = b^2/F$ angesetzt werden (b Flügelbreite, t Flügeltiefe, F Flügelfläche). Beide Begriffe sind im ersten Band auch in ihrer Relevanz für biologische Gleiter ausführlich diskutiert worden. Hier soll das dort angeschnittene Thema einmal weitergeführt werden. Ich möchte dem Leser an diesem einen Beispiel (und es gäbe Dutzende) vorführen, wie vorsichtig man bei solchen Ansätzen argumentieren muß. Sicherlich gehen die Überlegungen am Anfang und am Ende dieses Abschnitts »Gleit- und Segelflug« etwas stark ins Detail, und man kann sie ohne weiteres auch überlesen, wenn man die etwas verschlungenen Gedankengänge nicht nachvollziehen will. Doch sollte man sich klarmachen, daß der Vogel dieser Problematik sozusagen nicht entkommt: Was der Mensch in Formeln festlegt, das sind ja nur die kürzestmöglichen Fassungen von Naturgesetzlichkeiten, die auf den Vogel wirken. Will er mit möglichst geringer Energieausgabe lange Strecken fliegen und Gleit- und Segelphasen zu diesem Zweck benutzen, so bleibt ihm nichts übrig, als so zu fliegen, daß

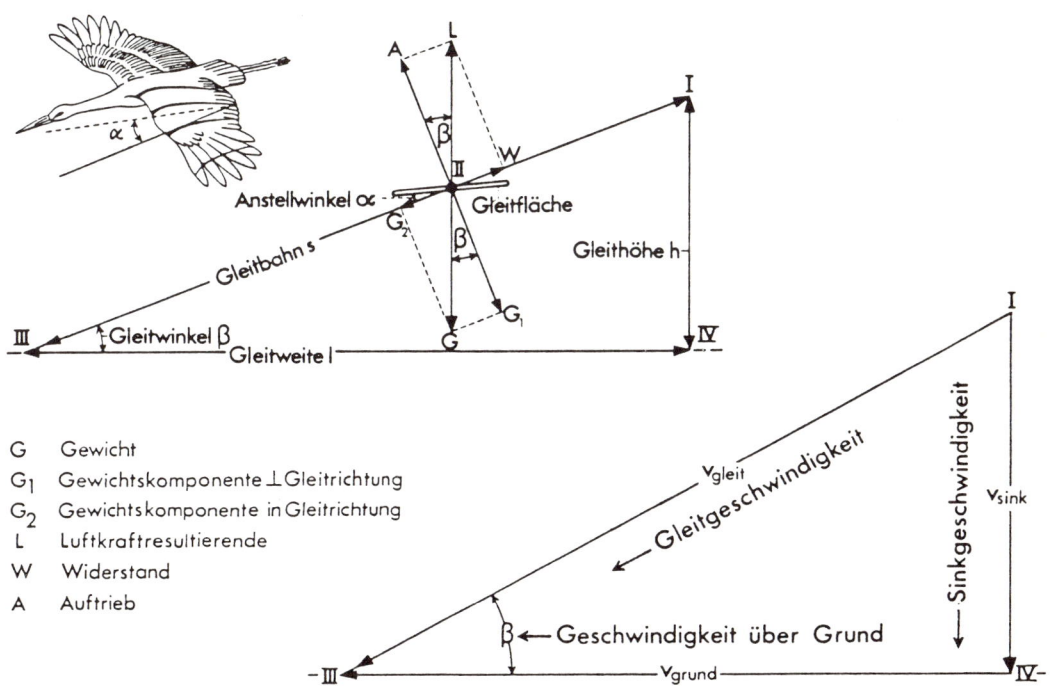

G       Gewicht
$G_1$     Gewichtskomponente ⊥ Gleitrichtung
$G_2$     Gewichtskomponente in Gleitrichtung
L       Luftkraftresultierende
W       Widerstand
A       Auftrieb

Skizzen zum Gleitflug. Oben: Kräfte, unten: Geschwindigkeitsdreieck. Erläuterung im Text

diejenigen physikalischen Kenngrößen optimiert werden, mit denen der Mensch die Fluggüte formuliert. Sind die Zusammenhänge komplex, so bedeutet das für den Vogel, daß er unter einer Vielzahl von Einstellmöglichkeiten die bestmöglichen heraussuchen und zusammenstellen muß. Und es zeigt sich, daß für den einen Flugzustand diese Kombination, für einen anderen (beispielsweise einen schwereren Vogel und eine größere Gleitgeschwindigkeit) die andere Kombination günstiger ist: typische Optimierungsprobleme sowohl für die Evolution als auch für das verhaltensphysiologische und biokybernetische Agieren des einzelnen Vogelindividuums. Dies einzusehen kann die folgende Betrachtung helfen. Nach dem »gesunden Menschenverstand« müßten für einen »Weitgleiter« große Streckung und geringe Flächenbelastung, für einen »Steilgleiter« gerade das Umgekehrte günstig sein.

Die beiden Denkextreme können sich auch in ein und demselben Vogel verwirklicht finden. Vögel können durch mehr oder minder starkes Anziehen ihrer Flügel (die vollautomatische »Falttechnik« dieses Vorgangs wurde im

Turmfalk mit unterschiedlich gespreizten Flügeln im scharfen Sturzflug, beim mäßig raschen Angleiten und beim typischen Gleitflug

vorhergehenden Band skizziert) sowohl ihre Flügelfläche, und damit die Flächenbelastung, als auch ihre Streckung verändern. Durch Vor- und Zurücknahme der Flügel beeinflussen sie zudem noch ihr Auftriebsmittel und damit den Gleitwinkel. Wie extrem die Verhältnisse sein können, zeigen die nebenstehenden Fotos von ein und demselben Exemplar eines Turmfalken. Beim Kreiseziehen streckt er die Flügel maximal ab, beim Gleiten legt er sie etwas an, beim steilen Gleiten werden die Flügel stärker angelegt und mehr nach hinten gezogen, und beim steilsten Sturzflug (Beutefang, manchmal auch »spielerisch« erscheinendes Abstürzen bis in Nestnähe) werden die Handfittiche ganz nach hinten gekippt, und das Gebilde sieht aus wie eine stürzende Bombe mit Leitwerk! Von unten nach oben betrachtet, sinkt bei den fotografierten Flugsituationen die Streckung, steigen die Flächenbelastung und der Gleitwinkel. Auch dies deutet wieder in die genannte Richtung. Und trotzdem stimmt die Überlegung nicht notwendigerweise!

## Sinkgeschwindigkeit

Über einige aerodynamische Grundgleichungen erhält man die folgende Beziehung:

$$v_{sink} = p_1 \cdot \frac{F}{G} \cdot v_{gleit^3} + p_2 \cdot \frac{G}{F} \cdot \frac{1}{\lambda} \cdot \frac{1}{v_{gleit}}$$

($p_1$, $p_2$ Konstanten, G Gewicht, F Fläche, $\lambda$ Streckung, $v_{gleit}$ Gleitgeschwindigkeit, $v_{sink}$ Sinkgeschwindigkeit)

Was besagt diese Formel?

Für einen guten Gleitflieger sollte die Sinkgeschwindigkeit aus naheliegenden Gründen möglichst klein sein. Sie ist dann klein, das heißt günstig, wenn beide Terme rechts des Gleichheitszeichens klein sind. Der erste Term ist aber klein, wenn die Gleitgeschwindigkeit klein, die Fläche klein und die Flächenbelastung groß sind. Der zweite Term hingegen ist klein, wenn die Gleitgeschwindigkeit groß, die Fläche groß und die Flächenbelastung klein sind; zudem wird er klein, wenn die Streckung groß ist – das reinste Verwirrspiel. Gleitgeschwindigkeit, Fläche und Flächenbelastung spielen also die beiden Terme gegeneinander aus, und man kann sich vorstellen, daß sich irgendwo ein Optimum ausbildet. Bei einer ganz bestimmten Kombination und damit Gleitgeschwindigkeit wird also die Sinkgeschwindigkeit am kleinsten (günstigsten) sein, bei kleinerer und größerer Gleitgeschwindigkeit dagegen wieder ansteigen! Ähnliches gilt für die Flächenbelastung. Nun kann man allerdings noch weiter überlegen. Der erste Term wird groß und damit gefährlich und ungünstig, wenn die Gleitgeschwindigkeit groß wird. Klein gehalten werden kann er nur durch eine kleine Fläche und große Flächenbelastung. Wenn der Vogel schnell gleiten und dabei nur langsam sinken will, sollte er also eine kleine Fläche bzw. große Flächenbelastung einstellen. Der zweite Term wird dann groß und damit gefährlich, wenn die Gleitgeschwindigkeit besonders klein wird. Klein gehalten werden kann er nur dadurch, daß die Fläche möglichst groß und damit die Flächenbelastung möglichst klein gemacht wird, außerdem auch noch durch eine große Streckung.

## Flügeleinstellung und Gleitgeschwindigkeit

Wenn der Vogel sehr langsam gleiten und dabei gleichzeitig möglichst wenig absinken will, wird er also seine Flügelfläche möglichst vergrößern. Damit wird sich die Flächenbelastung verkleinern und gleichzeitig die Strekkung vergrößern. Gleitende und segelnde Geier benutzen diese Möglichkeiten sehr feinfühlig. Es ist also keineswegs so, daß durch mehr oder minder starkes Flügelanlegen automatisch die Sinkgeschwindigkeit vergrößert oder verkleinert wird. Es kann vielmehr auch unter Wahrung einer bestimmten Sinkgeschwindigkeit die Gleitgeschwindigkeit variiert werden, wobei bei großem $v_{gleit}$ der Flügel mehr angelegt, bei kleinem mehr gestreckt werden sollte. (Zieht der Vogel allerdings die Flügel bei gleichem Abspreizungsgrad mehr nach vorn oder mehr nach hinten – die Abbildung auf Seite 58 erläutert dies –, so kann er auch noch den Gleitwinkel und damit das Zusammenwirken von Sink- und Gleitgeschwindigkeit von Grund auf ändern. Dieses Verhalten erfaßt die Simulationsgleichung natürlich nicht mehr.) Summa summarum: Der scheinbar so außerordentlich simple Zusammenhang »Flügelzusammenlegen ↔ Steil- und Schnellgleiten« löst sich in ein reichlich komplexes Zusammenspiel auf. Für jede Änderung in der Gleitbahn, der Gleitgeschwindigkeit und der Sinkgeschwindigkeit muß der Vogel ein vollkommen anderes Flächen-, Gewichts-, Momenten- und Kräftespiel zusammenstellen. Oder: Ändert er an einer dieser gut ein halbes Dutzend möglichen Grundparameter etwas, än-

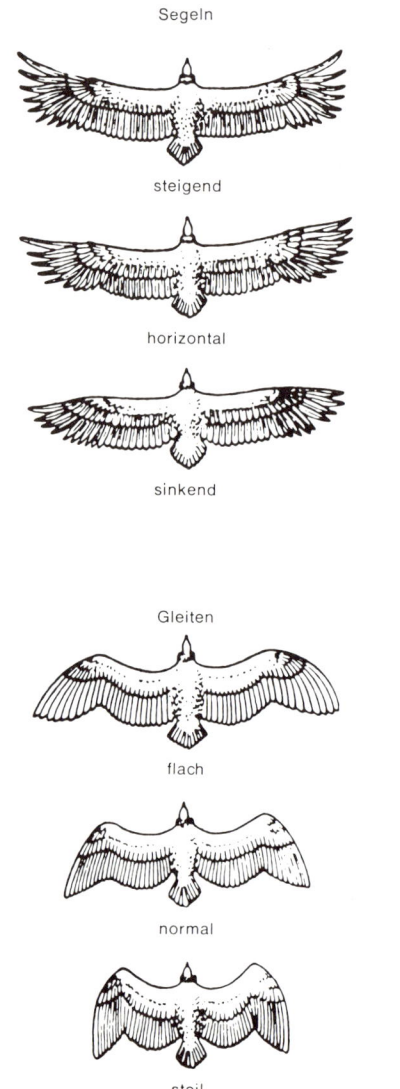

Halbschematische Darstellung der Flügeleinstellung für unterschiedliche Segel- und Gleitflugtechniken bei einem afrikanischen Geier

dern sich auch alle anderen, und er muß ein neues Optimum suchen.

So betrachtet, gewinnen die gerne etwas beiseite geschobenen Überlegungen zur Neurokybernetik der Lage- und Flugsteuerung, wie sie im letzten Abschnitt des vorhergehenden Bandes geschildert worden sind, bereits bei so einfachen Flugzuständen wie dem Gleitflug eine unvermutete Bedeutung. Das Einstellen bestimmter Gleitwinkel kann nötig sein, um einen bestimmten Punkt anzusteuern, sei es eine Beute oder der Nistplatz. Dies kann schnell geschehen müssen, wie beim Sturzflug auf die Beute, oder behutsamer, wie beim Anlanden und Eintragen von Nahrung. In jedem Fall wird eine Vielzahl von Regelkreisen zusammenspielen müssen. Die reine Flugmechanik trifft eben nur die halbe Seite der Story. Der Vogel ist halt kein oder nicht nur ein »automatisch sich steuerndes Flugzeug« (Gröbbels), sondern auch ein komplexes System mit schnellen neurophysiologischen Reaktionen.

## Minimale Gleitgeschwindigkeiten

Wie groß sind die minimal möglichen Gleitgeschwindigkeiten?

Diese sind proportional der Wurzel aus der Flächenbelastung; $v_{gleit\ min} \sim \sqrt{\dfrac{M}{F}}$ (genau: $v_{gleit\ min} = \sqrt{\dfrac{2\,M \cdot g}{\varrho \cdot F \cdot c_{A\ max}}}$ (M Masse, g Erdbeschleunigung, $\varrho$ Luftdichte, F tragende Fläche [2 Flügel + Mittelstück + Schwanz], $c_{A\ max}$ maximaler Auftriebsbeiwert). Rechnet man mit runden Werten von $g = 10\ m\ s^{-2}$, $\varrho =$

$1,2 \, \text{kg m}^{-3} \, c_{A \, max} = 1,5$, so ergibt sich: $v_{\text{gleit min}}$

$$= 3,33 \cdot \sqrt{\frac{M}{F}} \quad (\text{v in m s}^{-1}, \, \text{M in kg, F in m}^2).$$

Hiermit ergibt sich beispielsweise für einen Vogel mit kleiner Flächenbelastung, den Prachtfregattvogel ($M = 1,40 \, \text{kg}$, $F = 0,33 \, \text{m}^2$, $M/F = 4,20 \, \text{kg m}^{-2}$) eine minimale Gleitgeschwindigkeit von $6,8 \, \text{m s}^{-1}$, für den hoch flächenbelasteten, großen Albatros ($M = 4 \, \text{kg}$, $F = 0,39 \, \text{m}^2$; $G/F = 18 \, \text{kg m}^2$), ein $v_{\text{gleit min}}$ von $14 \, \text{m s}^{-1}$.

Ganz anders die leichte, extrem gering flächenbelastete Noddy-Seeschwalbe ($M = 150 \, \text{g}$, $F = 0,075 \, \text{m}^2$, $M/F = 2,0 \, \text{kg m}^{-2}$). Sie kann noch bei $v_{\text{gleit min}} = 4,7 \, \text{m s}^{-1}$ gleiten (Urdaten nach Rüppell).

Für 6 Individuen der Haustaube habe ich mit J. Wieser die folgenden Flächenbelastungen bestimmt: $11,39 - 10,93 - 9,58 - 12,25 - 11,69 - 9,85 \, \text{kg m}^{-2}$. Mit dem Mittelwert von $10,95 \, \text{kg m}^{-2}$ ergibt sich $v_{\text{gleit min}} = 11,0 \, \text{m s}^{-1}$.

(Anmerkung: Man kann die Flächenbelastung als Masse [wie hier geschehen] oder als Gewicht per Fläche angeben).

## Variable Flügelstellungen

Bei den kleinsten Gleit- und damit auch Sinkgeschwindigkeiten sollten, wie die Formelbetrachtung gezeigt hat, die Flügelfläche besonders groß, die Flächenbelastung damit besonders klein und die Streckung besonders groß sein. An Stadttauben, Turmfalken und Mäusebussarden, besonders gut auch an Seevögeln, läßt sich dies immer wieder beobachten. Nach Messungen von Pennycuick an Wind-

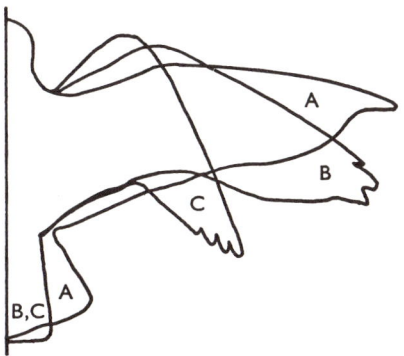

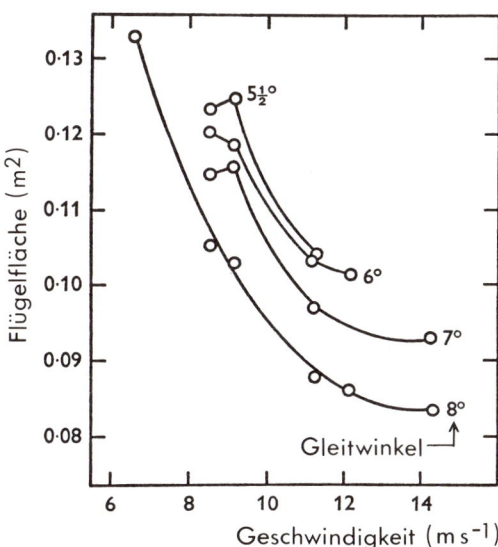

Mit zunehmender Geschwindigkeit und zunehmendem Neigungswinkel des schräg angestellten Kanals legt die in Richtung der Kanallängsachse gleitende Haustaube die Flügel und den Schwanz stärker zusammen ($A \rightarrow C$) und verkleinert somit Streckung und Flächenbelastung. Der Pennycuicksche Kanal ist auf Seite 49 abgebildet

kanaltauben, denen ein bestimmter Gleitwinkel (durch Kanalneigung) aufgezwungen war, ergaben sich die Werte der Abbildung auf Seite 59. Bei kleinerer Gleitgeschwindigkeit spreizt die Taube die Flügel stärker ab, wodurch sich die Flügelfläche vergrößert, die Flächenbelastung verkleinert, die Streckung vergrößert und schließlich auch die Trimmung verändert: Ein weiteres Vorziehen der Flügel läßt das Tier vorne aufkippen, wodurch eine geringere Gleitbahnneigung eingestellt wird.

Der eben genannte Autor beobachtete Eissturmvögel, Fulmarus glacialis, an Englands Küstenklippen. Da diese gerne im Hangaufwind den Küstenrändern entlangsegeln und dazu sehr neugierig sind, den Beobachter und Fotografen umspielen, sind sie ganz ideal für solche Beobachtungen. Bei den geringsten Gleitgeschwindigkeiten sind die Flügel voll gestreckt und etwas nach vorne gepfeilt (kopfaufrichtendes Moment). Bei größeren Gleitgeschwindigkeiten werden die Flügel mehr und mehr gefaltet und nach hinten gepfeilt. Damit verkleinert sich die tragende Fläche und erhöht sich die Flächenbelastung, wie die Formel fordert. Gleichzeitig ergibt sich ein abkippendes Moment. Bei besonders steiler Gleitbahn benutzt der Eissturmvogel seine sonst im Gefieder verborgenen Füße als »Luftbremsen«. Auch der Schwanz spielt eine Rolle bei der Gleitanpassung. Bei geringen Gleitgeschwindigkeiten ist er ausgebreitet und dient als zusätzlicher Auftriebserzeuger, insbesondere beim Landeanflug. Auch beim normalen Schlagflug kann der Schwanz mit seinen mehr oder minder abspreizbaren Federn ein wichtiges Steuerelement sein.

## Vogel und Gleitflugzeug

Vergleicht man die sogenannten Sinkpolaren für den Eissturmvogel und ein Segelflugzeug (s. »Warum die Vögel fliegen«, S. 92), so ergibt sich eine deutliche Überlegenheit des letzteren, doch ist auch der Eissturmvogel nicht schlecht: Ein kleinster Gleitwinkel von knapp sieben Grad und kleinste Sinkgeschwindigkeiten von etwa $1,3\,\mathrm{m\,s^{-1}}$ sind erreichbar. Auf indirekte Weise wurde auf einen höchstmöglichen Auftriebsbeiwert von 1,8 geschlossen (was ein wenig übertrieben erscheint); mit voll ausgestrecktem Flügel könnte der Eissturmvogel dann immerhin eine minimale Gleitgeschwindigkeit von etwa $7,7\,\mathrm{m\,s^{-1}}$ erreichen.

Den Vergleich der Sturmvogel-Gleitpolare mit der des Segelflugzeugs sollte man nicht überbewerten. Das Flugzeug ist *nur* auf Segeln optimiert, der Vogel muß dagegen alles mögliche können, und Pennycuick schreibt zu Recht: »A gliding fulmar is not a glider but a powered aircraft with its motor idling and in this context its performance is by no means trivial.«

## Segelflug

Segelflug ist ganz einfach Gleitflug in aufsteigender Luft. Angenommen, ein gleitfliegender Vogel kommt in eine aufwärts gerichtete Luftströmung, deren Steiggeschwindigkeit $v_{\text{steig}}$ gleich ist der Sinkgeschwindigkeit $v_{\text{sink}}$ des Vogels. Dann gleitet er über Land, ohne

Die rechtsstehende Abbildung zeigt einen im Küstenaufwind gleitenden Eissturmvogel

an Höhe zu verlieren. Je nachdem, wie groß $v_{steig}$ im Verhältnis zu $v_{sink}$ ist, werden sich die folgenden Möglichkeiten ergeben:

$v_{sink} > v_{steig}$: Absinken mit der (auf den Erdboden bezogenen) Geschwindigkeit $v = v_{sink} - v_{steig}$ unter Verlängerung der Gleitweite.

$v_{sink} = v_{steig}$: horizontal Gleiten ohne Höhenverlust.

$v_{sink} < v_{gleit}$: schräges Aufsteigen mit der (auf den Erdboden bezogenen) Geschwindigkeit $v = v_{steig} - v_{sink}$.

Ohne aufsteigende Luft gleitet ein Vogel stets schräg abwärts; ansonsten wäre er ja ein Perpetuum mobile. Vorausgesetzt ist dabei, daß er mit konstanter Geschwindigkeit gleitet. Beobachtet man bei absoluter Windstille und Thermikfreiheit einen Vogel, der keine Höhe verliert, so verstößt er allerdings nicht gegen das Energieerhaltungsgesetz: Er kann sich so einstellen, daß er Geschwindigkeit verliert, also verzögert. Mit diesem Trick kann er ganz kurze Zeit tatsächlich horizontal gleiten. Aber das ist ein Sonderfall.

## Vertikalströmungen

Überlegt man, wo überall in der Natur aufwärts gerichtete Luftströmungen vorkommen können, so kommt man auf insgesamt drei »gängige« Situationen und einen Sonderfall, die allesamt von den Vögeln benutzt werden. Mehr oder minder horizontale Luftströmungen können von einem Hang nach oben umgelenkt werden: Aufwindsegeln. Durch Lufterwärmung entstehen aufsteigende Schläuche

oder Ballen von Warmluft: Thermiksegeln. Hinter Gebirgswellen entstehen Schwingungsmuster von Luftströmungen, die auch aufwärts gerichtete Teile haben: Leewellensegeln.

Der erwähnte Sonderfall ist die sehr eigentümliche Nutzung von Windgrenzschichten über dem Meer, die die Albatrosse bei ihrem perfekten »dynamischen Segeln« ausnutzen. Hier allerdings handelt es sich nicht um die Nutzung aufsteigender Luft, wie weiter unten beschrieben wird.

Außerdem muß man sich nicht vorstellen, daß die Segelflieger unter den Vögeln lediglich genau vertikal aufsteigende Luftmassen nutzen können. Es reicht, wenn die Strömung schräg nach oben gerichtet ist und somit eine Vertikalkomponente aufweist. Am besten läßt sich dies beim Hangaufwind demonstrieren.

## Aufwindsegeln

Bekannt ist das Rütteln der Turmfalken, das auch in absolut ruhiger Luft durchgeführt werden kann und zum aktiven Schlagflug zählt. Gelegentlich kann man Turmfalken aber auch beobachten, wie sie mit ausgebreiteten, aber etwas V-förmig nach oben angestellten Flügeln scheinbar bewegungslos in der Luft hängen, nur mit winzigen Ausgleichsbewegungen tarierend. Man kann dann wetten, daß sich unter oder schräg unter dem Vogel irgendeine Bodenwelle, ein kleiner Hang, Felsabfall oder sonst etwas findet, das den horizontalen Wind nach schräg oben umlenkt. Am Rande des Saarbrücker Flugha-

Im Aufwind einer Felsbank »ortsfest« gleitender Turmfalk

fens sieht man Mäusebussarde oft in ähnlicher Weise in der Luft stehen, ein ungewöhnliches Bild. Schuld daran ist eine an den Hängen des aufgeschütteten Rollfelds hochsteigende, recht stetige Luftströmung. Wir simulieren dieses Verhalten in unserem Gleitkanal (s. »Warum die Vögel fliegen«, S. 68), in dem Tauben und Stare gegen schräg aufwärts gerichtete Luftströmung schräg abwärts gleiten und bei Geschwindigkeitsausgleich vor der Düse »ortsfest« stehen.

Verläßt ein gleitender Turmfalk den Bereich des Hangaufwinds, so verliert er prompt wieder an Höhe. Nun sind Bodenwellen, Felsabstürze, Dünenkämme, Küstenfelsen und ähnlich geeignete »Windumlenker« ja meistens langgestreckt. Bei günstiger Schrägeinstellung zum Wind können Aufwindsegler diesen langgestreckten Bodenerhebungen entlanggleiten, ohne Höhe zu verlieren. Und das

kann über mehrere Kilometer gehen, wie Seevögel an den Kreidefelsen Englands demonstrieren, aber auch beispielsweise Heringsmöwen an Dünenkämmen und Turmfalken, Mäusebussarde und Schwarze Milane an den Molassefelsen-Abhängen des Überlinger Sees. Selbstredend nützen Vögel den Aufwind von Gebirgskämmen, wie man bei Adlern beobachten kann. Solche Kämme bilden gelegentlich »Leitlinien« für ziehende Greife. Es wird berichtet, daß vor allem Bussarde den langgestreckten Apallachenketten Amerikas in südwestlicher Richtung folgen.

## Nutzung anthropogener Aufwinde

Auch künstliche Gebilde des Menschen werden von aufwindsegelnden Vögeln gerne angenommen. Stadtbewohnende Turmfalken gleiten Hunderte von Metern an Häuserzeilen entlang. Turmfalken haben es überhaupt in sich. Ich kannte einmal einen, der bei geeigneten Windverhältnissen sehr regelmäßig einen Bahndamm im Flachland entlangpatrouillierte – kilometerlang ohne sonderliche Flügelschläge: Er hatte sich die schön geometrische »Aufwindzeile« zunutze gemacht. Offensichtlich werden Kleinvögel gelegentlich von Zügen erfaßt, denn der Falke hatte sich sogar angewöhnt, mit Zügen mitzusegeln – vielleicht sogar im Aufwind, den Lokomotiven oder Triebwagen bei der Luftverdrängung erzeugen.

Der englische Ornithologe P. J. Butler dressierte zum Zwecke der Radiotelemetrie Barnacle-Gänse darauf, einem Lastwagen hinterherzufliegen. Die schlauen Tiere merkten bald, daß sich vor der Führerkabine eine Aufwindregion einstellt, benutzten diese zum »Hanggleiten« und ließen sich so flügelschlagslos »mitschieben«. Sie sparten damit eigene Stoffwechselenergie auf Kosten der Motorenleistung des Lastwagens! Ähnlich machen es ja die berühmten Delphine beim Bugwellenreiten. Sie setzen sich vor die Bugwelle eines Schiffes und tarieren sich so aus, daß sie im schrägaufwärtsströmenden Wasser »abwärts gleiten«. Auch sie sparen Stoffwechselenergie, hier auf Kosten des Schiffsantriebs.

## Hangwindsegeln

Ist die Aufwärtsströmung an natürlichen und künstlichen Hindernissen stark, so können auch Vögel mit hoher Flächenbelastung, das heißt auch hoher minimaler Gleitgeschwindigkeit, »Hangwindsegeln«. Über einem Kliff bewegungslos in der Luft stehen können allerdings nur Vögel mit geringer Flächenbelastung. Es ist auch einzusehen, warum: Ihre minimale Gleitgeschwindigkeit ist dann klein. Da sie ja nicht größer sein darf als die nicht allzu ausgeprägte, aufwärts gerichtete Luftströmungskomponente, kann die letztere in günstigen Fällen gerade ausreichen. Ein solches »Wie angenagelt in der Luft stehen« sieht man dann im Binnenland prompt auch nur bei nicht zu geringen Windgeschwindigkeiten und niemals bei Vögeln mit hoher Flächenbelastung. Abgesehen von hochaufragenden Küstenfelsen bei kräftigem Landwind wird auch das »Leitliniengleiten« im Aufwind Windgeschwindigkeiten kaum unter zehn

Meter pro Sekunde und nicht zu hohe Flächenbelastung voraussetzen. Höher als einige wenige hundert Meter über dem Kamm wird ein Vogel aber auch dann nicht kommen; weiter oben sind die Aufwärtskomponenten des Hangaufwinds zu klein geworden. Vögel mit hoher Flächenbelastung, Tölpel oder Kormorane, wird man nur an steilen Meeresklippen bei kräftigem Wind aufwindsegeln sehen. Warum sie das tun? Zur Nahrungsbeschaffung sicher nicht. Pennycuick, der gewiefte Beobachter, meint, es mache den Vögeln einfach Spaß. Vielleicht gilt das auch für die Alpendohlen und Alpenkrähen, wenn sie an Bergkämmen ihre Kapriolen schlagen.

## Wellensegeln

Eine Kuriosität gibt es noch: Mittlere und kleinere Seevögel geringerer Flächenbelastung bringen es bei günstigen Winden tatsächlich fertig, weit weg vom nächsten Land »Hangaufwind-Segeln« zu bewerkstelligen: Sie nutzen nämlich die Windablenkung durch die langgezogenen Wellen der Hochseedünung. Das kann so weit gehen, daß sie sich in den Aufwind setzen, den eine dahinlaufende Welle auch bei Windstille selbst erzeugt! Sie wandern dann mit dem Wellenkamm mit und ziehen letztlich Energie aus der Wellenbewegung, ganz ähnlich wie ein Surfbrettfahrer, wenn er sich geschickt auf der Flanke einer landeinwärts rollenden Welle hält.

# Thermiken

Man hat lange Zeit gemeint, daß die Aufwinde über heißen Landstrichen oder auch nur stärker erwärmten Flächen in unserer Kulturlandschaft stetig nach oben gehen. Bereits in den vierziger Jahren hat sich aber gezeigt, daß dies nicht der Fall ist. Es lösen sich vielmehr riesige, blasenförmige Warmluftballen vom Boden ab, die aufsteigen und dabei wie ein gigantischer Ringwirbel in sich rotieren. Das Ablösen kann im übrigen relativ regelmäßig, in Form eines Musters, erfolgen. Solche Thermikblasen – hoch oben gelegentlich durch Wolkenbildungen gekennzeichnet – liegen dann perlschnurartig oder gar flächendeckend nebeneinander. Segelflugzeugpiloten, auf der Suche nach neuen Rekorden, und über Land gleitende Geier sind ganz wild auf diese Thermiken, erlauben sie doch ein Überlandsegeln über Hunderte von Kilometern: Man sucht eine Thermikblase, schraubt sich darin mit ihr hoch, verläßt sie und gleitet schräg abwärts bis zur nächsten Blase. Darin schraubt man sich wieder hoch und so fort. Thermiksegeln ist eine Art Langstreckenflug. Auf solche Flüge kann in diesem Buch aus Raumgründen nicht näher eingegangen werden.

Eine Thermikblase kann im übrigen eine Lebensdauer von gut einer halben Stunde haben, bis sie oben zerfällt, und sie kann ihre »Innenkreiser« mehr als 2 km hochhieven. Durchschnittliche Thermikblasen sind kleiner und leben auch nur einige Minuten. Diese kurzlebigen Gebilde zu finden und zu nutzen, ist für biologische und technische Überlandgleiter also von essentieller Wichtigkeit.

Wie groß sind nun die Steig- und Gleitgeschwindigkeiten typischer Thermiksegler?

Vier Phasen zu Bildung, Ablösung und Höhersteigen einer Thermikblase. Aufwind herrscht nur im Inneren; der Vogel muß in etwa die gestrichelt angegebenen Kreise beschreiben. Vergrößert er die Kreise, kommt er in die äußere Abwindregion und sinkt, anstatt zu steigen

## Thermische Aufwinde

Raspet hat vor 25 Jahren die ersten sehr wichtigen Daten durch direktes Nachfliegen erbracht. Man kann afrikanischen Großvögeln – Bussarden, Geiern, Marabus –, die über der Steppe thermiksegeln, mit einem Segelflugzeug nachfliegen. Kennt man dessen Gleiteigenschaften genau, so läßt sich aus der Höhenverschiebung zwischen verfolgtem Vogel und Flugzeug auf die Gleiteigenschaften des Vogels rückschließen. So fand Raspet bei dem Geier Coragyps atrata $v_{sink\,min} = 0,6\,m\,s^{-1}$ bei $v_{gleit} = 14\,m\,s^{-1}$ ($\beta = 2°30'$), während das verwendete Segelflugzeug selbst die folgenden Daten aufwies: $v_{sink\,min} = 0,8\,m\,s^{-1}$ bei $v_{gleit} = 19\,m\,s^{-1}$ ($\beta_{min} = 2°18'$). Angenommen, in einer zarten Thermik herrsche lediglich ein $v_{steig} = 0,7\,m\,s^{-1}$. Coragyps würde darin immerhin noch mit 1 m pro 10 Sekunden hochgehievt; das Segelflugzeug würde mit gleicher Geschwindigkeit fallen. Dies ist aber ein konstruierter Fall. Im allgemeinen reichen Thermiken für rasches Hochsteigen auch schlechterer Gleitgebilde mehr als aus. Wer einmal mit dem Segelflugzeug direkt in einen solchen Schlauch schnell aufsteigender Luft eingeflogen ist, weiß, daß diese den Flugapparat wie ein Hammer treffen kann. Zentrale Steiggeschwindigkeiten von 5–7 m s$^{-1}$ sind in stärkeren Thermiken nichts besonderes.

Auch allerkleinste Aufwindgeschwindigkeiten in Thermiken können im übrigen genutzt werden, wenn auch nicht von Vögeln. Es gibt Hinweise darauf, daß kleine Blattläuse ihre Flügel wie Luftbremsen verwenden. Sie spreizen diese weit ab und vermindern damit drastisch ihre Sinkgeschwindigkeit. Nun können sie bereits von den zartesten Thermiken hochgehoben und weit über Land verfrachtet werden. Segelflieger berichten, daß die Flügelnasen manchmal voll von aufgeklatschten Blattläusen sind. Aus eigener Kraft hätten sich diese winzigen Tiere nie mehrere hundert bis tausend Meter hochhieven können.

## Thermiksegelnde Vögel und Flugzeuge

Thermiksegler unter den Vögeln sind bei den Segelflugzeugpiloten als Anzeiger sehr beliebt, bei uns zum Beispiel Mauersegler, in Afrika im Extremfall die großen Geier. Diese finden unweigerlich die nächstbeste Thermik, und der Segelflieger braucht ihnen nur nachzufliegen und dann einzukurven.

Da die besten Segelflugzeuge mindestens doppelt so hohe Gleitzahl-Werte aufweisen wie die besten Landsegler und auch noch relativ schwerer sind, können sie rascher über Land gleiten und verlieren dabei in der Zeit auch nur halb soviel an Höhe wie die Gefiederten. In einer Hinsicht allerdings sind die Vögel den Segelflugzeugen überlegen: Sie können in engeren Kurvenradien gleiten. So eine Thermikblase ist ja nicht zur Gänze nutzbar; in der Randregion herrscht sogar Abwind. Segelnde Vögel oder Flugzeuge müssen in dem relativ engen Innenschlauch aufsteigender Luftmassen kreisen. Übertrifft deren Steiggeschwindigkeit die Sinkgeschwindigkeit des kreisenden Fluggebildes, so wird dieses in senkrechten Spiralen hochgehoben. Je höher die Warmluftblase steigt, desto stärker verbreitert sich im übrigen ihr aufsteigender

Rosapelikane beim Schlagflug und beim Abgleiten von einer Thermik zur nächsten

Zentralschlauch (von vielleicht wenigen Dutzend Metern in Bodennähe bis zu maximal einem Kilometer ganz oben, je nach Größe der Thermikblase). In Bodennähe müssen also engere Kurvenradien geflogen werden als weiter oben, was weit schwieriger ist.

## Kurvensegeln

Geht nämlich ein segelnder Vogel (oder ein Segelflugzeug) besonders stark in die Kurve, so verliert er automatisch besonders viel an Höhe. Betrachtet man das Kräftegleichgewicht beim Kurvenflug, so ist dieses Verhal-

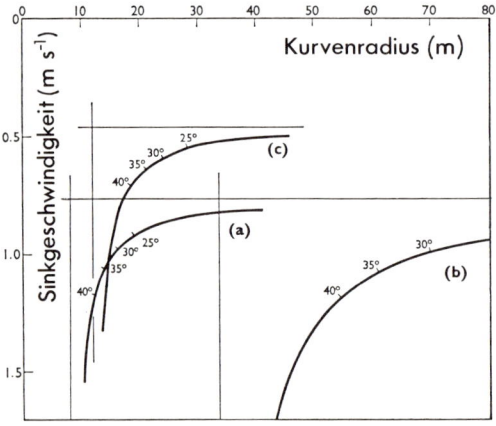

Abhängigkeit der Sinkgeschwindigkeit vom Kurvenradius beim Segelfliegen. (a) ein Geier (»whitebacked vultur«), (b) ein Segelflugzeug (»Schleicher ASK-14, Motorsegler«), (c) ein gedanklich konstruierter Vogel mit der Masse des Geiers nach (a) und den Flügelproportionen eines Albatros (»wandering albatros«). Eingetragen sind die Neigungswinkel in Grad

ten ohne weiteres nachzuvollziehen. Um eine Zentrifugalkraft zu erzeugen, die verhindert, daß es aus der Kurve getragen wird, muß sich das Gleitgebilde wie ein Fahrradfahrer schräg nach innen neigen.

Der Auftrieb bekommt damit eine Zentripetalkomponente, gleichzeitig wird aber die Hubkraft automatisch kleiner. Je enger die Kurve, desto steiler muß sich der Vogel schräg stellen, desto größer wird dabei aber auch seine Sinkgeschwindigkeit. Das ist das Dilemma beim Kreisen in Thermiken. Sind sie gering im Durchmesser, so wird die Sinkgeschwindigkeit des mit kleinen Kurvenradien kreisenden Vogels rasch größer als die Steiggeschwindigkeit der Luft, und dann sinkt er trotz Thermik ab. Dies verdeutlicht die linksstehende Abbildung, in der die Sinkgeschwindigkeit des afrikanischen Geiers Gyps africanus und des Segelflugzeugs ASK-14 abhängig vom Kurvenradius dargestellt ist. Wie erkenntlich, kann der Geier im theoretischen Grenzfall Kurven von etwa 8 m Radius fliegen (dann stünde er allerdings 90° verkippt in der Luft und bräuchte schon eine richtiggehende Windhose, um hochgetrieben zu werden), das Segelflugzeug etwa 33 m Kurvenradius. Geht man von einer 35°-Schräglage aus, so schafft der Geier etwa 13 m Kurvenradius, das Segelflugzeug 50 m. In dieser Hinsicht ist der Vogel dem Flugzeug also überlegen. Warum? Er hat die geringere Flächenbelastung. In bezug auf die minimale Sinkgeschwindigkeit (etwa $0,75 \, \mathrm{m \, s^{-1}}$) unterscheiden sich Vogel und Flugzeug dagegen praktisch nicht.

Pennycuick, von dem diese Messungen stammen, hat noch ein interessantes Gedankenexperiment gemacht. Die Kurve c ist konstruiert aus der Masse des Geiers, dem in Gedanken die sehr viel länger gestreckten Flügel eines Wanderalbatros angehängt sind. Bei gleicher Schrägstellung hat dieses Gedankengebilde eine viel geringere Sinkgeschwindigkeit und könnte damit sowohl von zarteren Thermiken hochgehoben werden als auch anschließend weiter über Land gleiten.

## Konvergente Flügelformen bei Landseglern

Offensichtlich sind die »Brettflügel« der Landgleiter im Vergleich zu den viel langgestreckteren Flügeln der Meeresgleiter weniger auf extremes Gleiten und Segeln optimiert. Wahrscheinlich stellen sie einen evolutiven Kompromiß zwischen reinem Gleiten und anderen Anforderungen, wie beispielsweise Bewegbarkeit und Haltbarkeit bei Start und Landung, dar.
In Bodennähe gibt es sogenannte »Staubteufel«. Sie führen nur ein paar hundert Meter hoch und leben auch nur ein paar Minuten, erzeugen dann aber einen engen Schlauch rasch aufsteigender Luft. Allein die Nutzung dieser engen Thermikschläuche erzwingt eine geringe Flächenbelastung – deshalb wohl die sehr breiten und großen Flügel der Großvögel und deshalb wohl auch die konvergente Entwicklung bei den (nicht näher verwandten) Altweltgeiern (Aegypiinae) und Neuweltgeiern (Cathartidae). Auch der Marabu, mit den Geiern nicht näher verwandt, aber doch gut segelnd, hat ähnlich ausgebildete Flügel. Eine weitere Übereinstimmung: Massenmäßig liegen die großen Geier alle an der

oberen Grenze der Flugfähigkeit; sie besitzen zwischen 5,5 und etwa 12 kg Körpermasse. Ohne Thermiken könnten sie gar nicht ihre Suchstrategie durchführen, also in mehreren hundert Metern Höhe in großen Schleifen übers Land patrouillieren und nach Aas Ausschau halten. Selbst wenn das ginge, kämen sie mit gefülltem Kropf nicht mehr zurück zum Nest. Nicht nur die Aerodynamik des Thermiksegelns selbst muß gegeben sein, sondern auch die verhaltensmäßige Strategie der Thermiknutzung und schließlich die sensorische Ausstattung, die richtigen Aufwindstellen auch wirklich zu finden.

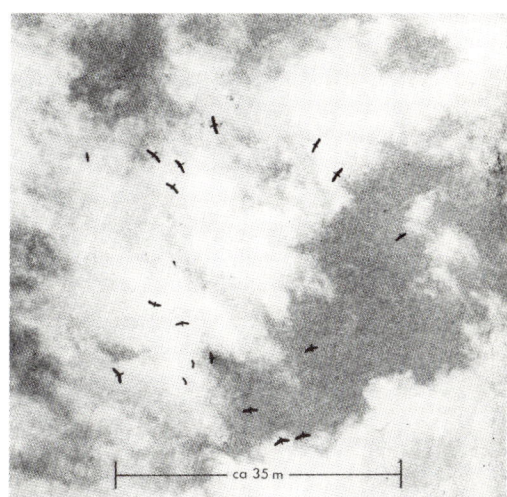

Kreisende Pelikane. Der Bildautor hat von unten in die Thermik hineinfotografiert; aus dem Vergleich des von den Vögeln »gezeichneten« Rings mit der Flügelspannweite kann man auf einen Radius der aufsteigenden Luftmassen von rund 35 m schließen (Vögel nachgezogen).

## Thermiksuchen

Thermiksegeln mit Segelflugzeugen ist noch
gar nicht so lange üblich – genauer gesagt seit
dem Oktober 1930, als Wolfgang Hirth mit
seinem »Musterle« in Elmira/USA auf den
Trick gekommen war. Er erzählt:»Eine Zeitlang flog mein ›Musterle‹ langgezogene Achten weit über den anderen Seglern. Da ge-
wahrte ich plötzlich bei einer Wendekurve,
wie mein Kamerad am anderen Ende des
Hanges fahrstuhlartig in die Höhe stieg. Sofort lenkte ich meinen Vogel in diese Gegend
und konnte auch zu meiner Freude ein ausge-
dehntes thermisches Aufwindgebiet erreichen, in dem ich innerhalb von zehn Minuten
in einer Steilspirale auch beinahe 1000 m über
Start stieg. Dies war die größte, während des
Wettbewerbs und überhaupt in Amerika bisher erreichte Höhe. Dabei war jedoch an diesem schönen Sonnentag von Wolken keine
Spur zu sehen . . .
Freilich ging in den nächsten 15 Minuten wieder viel von der schönen Höhe verloren, als
ich nicht weit von Waverly zwei Raubvögel
kreisend rasch Höhe gewinnen sah. Ein kleiner Umweg brachte mich über sie, und schon
ging es auch wieder kurze Zeit aufwärts. Die
Vögel ließen sich nicht stören . . .«
Wie groß muß die Aufwindgeschwindigkeit in
dieser denkwürdigen Thermikblase gewesen
sein? Rechnet man für das »Musterle« ein
$v_{sink\,min} \approx 1,5\,m\,s^{-1}$, so ergibt sich aus den
Hirthschen Zahlenangaben ein $v_{steig\,Thermik}$ von
rund $3\,m\,s^{-1}$.

Kreisender Anden-Kondor, Vultur gryphus, von Pennycuick in Peru fotografiert

Es gibt zahlreiche Beobachtungen über das
Flugverhalten von thermiksegelnden Großvögeln. So schwingen sich indische Geier immer erst am späten Vormittag in die Luft,
nachdem sich aufsteigende Thermikblasen
ausgebildet haben. Gleiches gilt für die Pelikane vom afrikanischen Nakuru-See. Etwa ab
10 Uhr vormittags ist es warm genug; sie steigen mit der Thermik auf und gleiten aus Kilo-
meterhöhe zu ihren Brutgebieten weiter. Im
Gebiet der flachen Salzlagunen des rumänischen Histria an der Donaumündung kann
man Hunderte von Pelikanen in breiter Front
angleiten sehen (Abb. Seite 67 und Um-
schlagbild). Plötzlich kurven sie wie auf ein
geheimes Kommando eng ein und kreisen in
steiler Spirale hoch und höher: Sie haben einen Thermikschlauch gefunden.
Nicht nur Pelikane zeigen dieses Verhalten,
sondern auch Störche. Die Chance, daß beim
Gleiten in breiter Front das eine oder andere
Individuum eine Thermik findet und darin
einkreist, ist größer als beispielsweise beim
Gleiten in engen Gruppen. Sobald ein Teil
der Vögel in eine Thermik eingekreist ist,
fliegen die anderen wie magisch angezogen
zur gleichen Stelle und kreisen mit.
Wer im März nach Israel fährt, wundert sich
vielleicht über die vielen Weißstörche, die nahe der Straße von Jerusalem zum Toten Meer
herumstehen. Bei günstiger Thermik schwingen sie sich hoch und ziehen ab via Bosporus
in die nördlichen Brutgebiete. Dieses Überlandsegeln – in Thermiken hoch, Abwärts-
gleiten bis zur nächsten Thermik und so fort –
spielt eine sehr wesentliche Rolle beim Früh-
jahrs- und Herbstzug großer Vögel.
Mit welchen Schwierigkeiten und Behinde-

rungen Zugvögel fertig werden können, zeigen die berühmt gewordenen »Pfeilstörche«, die mit einem afrikanischen Negerpfeil im Hals oder Rumpf noch bis in die norddeutschen Brutquartiere gelangen konnten. Dies kann man sich unter Dauerflug weniger gut vorstellen als unter exzessiver Nutzung des Thermiksegelns.

## Energetik des Überlandsegelns

Geier können die Nahrung für ihre Jungen ohne weiteres 100 km und mehr von den Nestregionen entfernt suchen. Vor allem beim Heimweg benutzen sie den Trick, sich in Thermiken hochzuschrauben, zur nächsten Thermik zu gleiten, wieder hochzuschrauben und so fort. Theoretisch müßten sie dabei überhaupt nicht mit den Flügeln schlagen, fänden sie immer wieder im richtigen Moment eine genügend große Thermik. Sie lassen sich 500 bis 1000 m hochtragen, gleiten

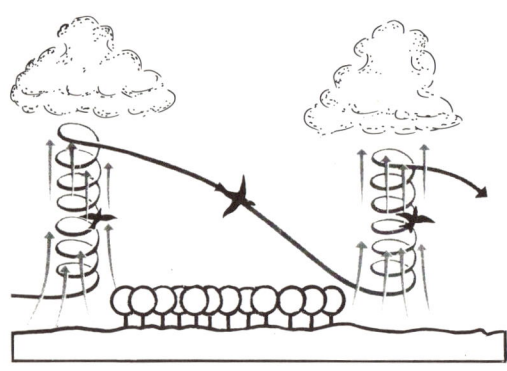

Schema des »Überlandgleitens« afrikanischer Geier

dann 6–12 km und fliegen in eine weitere Thermik ein. Stehen die Thermiken säulenartig in Form von »Thermikstraßen« nebeneinander (für den Beobachter gekrönt von kleinen Kumuluswolken), so können die Geier auch im Aufwind dieser Straßen linienförmig bis an die 30 km segeln, ohne merklich an Höhe zu verlieren.

Zählt man die Zeit für das Aufsteigen in einer Thermik und Abgleiten bis zur nächsten zusammen und bezieht sie auf die Strecke über Grund, so ergeben sich Geschwindigkeiten über Grund von etwa 40–50 Stundenkilometern. Das ist nicht gerade viel für einen so großen Vogel; im aktiven Flug kann er kurzfristig knapp doppelt so schnell fliegen. Doch kostet dies vergleichsweise sehr viel mehr Energie und kann mit gefülltem Kropf auch kaum über längere Strecken durchgeführt werden.

Auch der Gleitflug kostet den Vogel im übrigen Stoffwechselenergie über seinen Grundumsatz hinaus, da er die Flügel stets unter Muskelanspannung aktiv gespreizt halten muß. (Ein ähnliches Problem haben Muscheln, die über sehr lange Zeit, Stunden bis Wochen, ihre Schalen kräftig schließen müssen. Die Schalenschließer sind spezielle »tonische« Muskeln, die große Haltearbeit mit einem geringen Stoffwechselaufwand leisten können.)

Man hat festgestellt, daß alle Großvögel, die ausdauernd gleiten können, bestimmte Portionen ihres großen Abschlagsmuskels so umgestaltet haben, daß diese speziell geeignet sind für wenig Energie zehrende, tonische Dauerkontraktion: ein schönes Beispiel für konvergente Anpassung.

Wie groß ist die Energieeinsparung durch passives Thermiksegeln im Verhältnis zum aktiven Streckenflug bei gleicher Geschwindigkeit? Schätzungen sind schwierig, doch kann man davon ausgehen, daß beim Segeln sicher vergleichsweise weniger als 5 %, vielleicht etwa 3 % ausgegeben werden. Diese Stoffwechselenergie geht im wesentlichen zurück auf die Kontraktion der genannten, tief im Brustmuskel verborgenen tonischen Muskelanteile.

## Leewellensegeln

Noch wenig untersucht ist das Segeln in Leewellen von Gebirgen. Hinter Gebirgskämmen bilden sich an der windabgewandten Seite bisweilen sehr gleichförmig stehende Wellen aus, mit schön regelmäßig wechselnder Abwärts- und Aufwärtsströmung. (Neulich gab es eine vorzügliche »Jugend forscht«-Arbeit darüber.) Leewellen reichen oft sehr hoch hinauf und könnten Gleiter bis an die

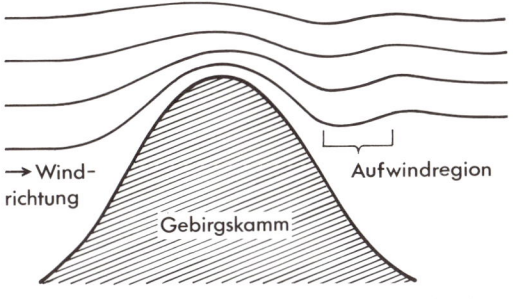

Schema der Leewellenentstehung hinter Gebirgskämmen

10 km Meereshöhe hochhieven. Ob Leewellen von Zugvögeln regelmäßig genutzt werden, ist noch nicht sicher bekannt, doch erscheint es mir als sehr wahrscheinlich.

## Dynamischer Segelflug bei der Alpendohle

Der dynamische Segelflug gleicht einem hin- und herschwingenden Uhrenpendel, das seinen Energieverlust (Lagerreibung, Luftreibung) bei jeder Halbschwingung durch einen kleinen Schubs in die richtige Richtung ausgeglichen bekommt. Beim dynamischen Segelflug denkt man sofort an den Meistersegler der Meere, den Albatros. Kaum bekannt ist, daß es auch bei uns Vögel gibt, die sich dieses Prinzip zunutze machen.

Küttner berichtet von Alpendohlen, die im Leegebiet hinter Gebirgskämmen auf folgende Weise dynamisch segeln können. Sie schwingen sich von schräg unten über den Kamm, mit der Bauchseite gegen den Wind gerichtet, und erfahren nun einen kräftigen Hub. Oben fliegen sie eine rasche Schleife und drehen sich dabei um 180°, wieder mit der Bauchseite zum Wind. Nun stürzen sie bogenförmig unter den Kamm ab und gewinnen Schwung (Umsetzung ihrer potentiellen Energie in kinetische, ganz ähnlich dem Pendel). Anschließend steuern sie wieder aufwärts, und der Schwung reicht, sie gerade über den Hang zu heben, wo sie in analoger Weise einen Hubimpuls mitbekommen, wieder umkehren und in die Gegenrichtung abtauchen. So kann das sieben- oder achtmal hin- und hergehen. Ohne den zusätzlichen

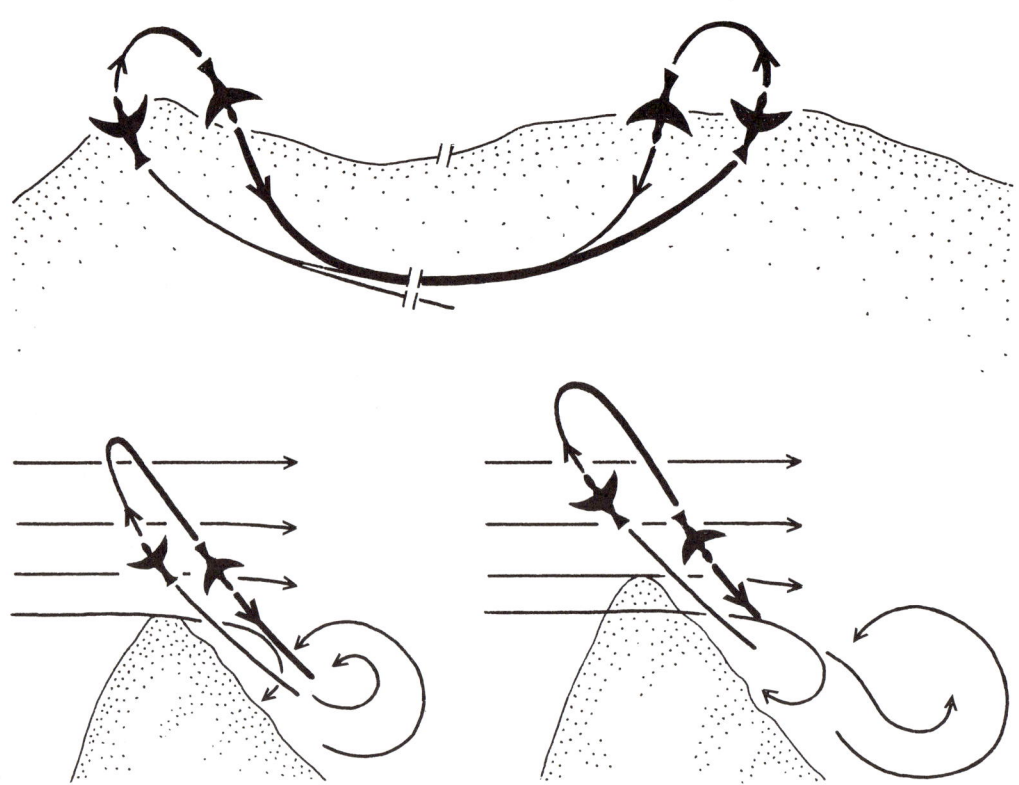

Dynamischer Segelflug bei der Alpendohle; vgl. den Text

Hub beim Überschreiten des Kammes würden die Schwingungen sehr rasch kleiner werden und kaum für ein vollständiges Hin- und
Zurückpendeln reichen. Die Dohle be-
herrscht den Trick, sich im richtigen Moment
einen Energieschub zu holen, so perfekt, daß
sie diesen Schleifenflug, wie gesagt, oftmals
wiederholen kann. Und das ohne einen einzigen Flügelschlag!

## Dynamischer Segelflug beim Albatros

Dynamisches Meeressegeln, wie es die Albatrosse vorführen, ist eine äußerst raffinierte
Art, die Kraft der Windströmung zu nutzen
und eigene Muskelkraft zu sparen. Thermiken gibt es über dem Meer ja nicht im eigentlichen Sinne, und damit auch keine senkrecht
hochsteigenden Luftmassen, die Meeresseg-
ler nutzen könnten. Aufwinde durch Wind-

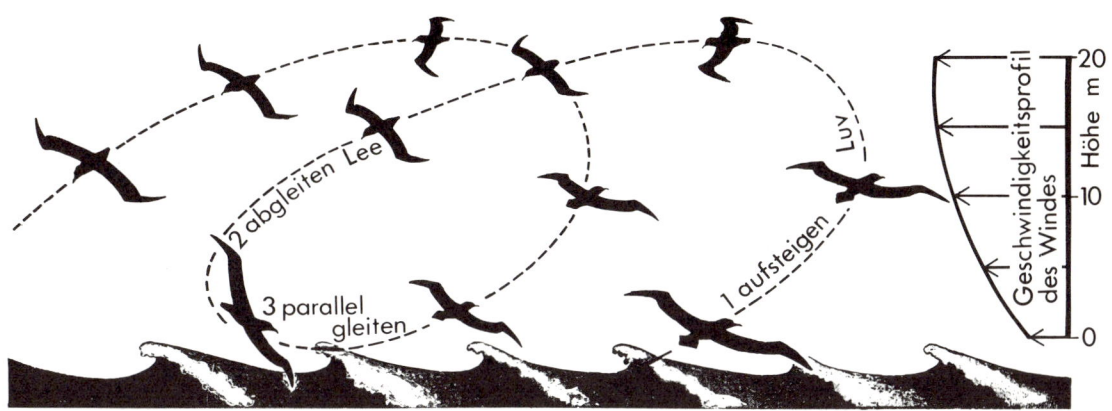

Kennzeichnung des dynamischen Segelflugs der Albatrosse über dem Meer

umlenkung, wie an Küstengebirgen, gibt es ebenfalls nicht, von den bereits genannten geringen Aufwinden an Wellenkämmen abgesehen. Was bleibt, sind die horizontalen Geschwindigkeitsunterschiede des Seewinds. Wie über jedem umströmten Körper bildet sich auch über dem Meer eine Grenzschicht aus, hervorgerufen dadurch, daß die »wandnahen« – hier der Wasseroberfläche nahen – Schichten stärker abgebremst werden. Beim Vogelflügel zählt sie nur nach Zehntelmillimetern, beim Großflugzeug nach Millimetern, beim Meereswind dagegen nach Dutzenden von Metern. Erst ab 30 m Höhe oder mehr wird die volle Windgeschwindigkeit erreicht. Wie nutzt der Albatros die Geschwindigkeitsdifferenz des Horizontalwinds, um eine vertikale Kraft, einen Hub, herauszutricksen?

Oben wurde ausgeführt, daß Horizontalgleiten ohne Höhenverlust bei Windstille nicht möglich ist, es sei denn, der Vogel verzögert über kurze Zeit, verliert an Geschwindigkeit.

Er kann dies durch einen besonders hohen Flügelanstellwinkel erreichen. Dabei wird er abgebremst, erzeugt aber einen besonders hohen Auftrieb. So kann er kinetische Energie seines Körpers umsetzen und dazu benutzen, seinen Körper während der Verzögerungszeit um dieselbe Strecke hochzuheben, um die er unter Gleitflugbedingungen gefallen wäre: Der Vogel gleitet dann auch bei Windstille tatsächlich Sekundenbruchteile lang (oder maximal über einige wenige Sekunden) horizontal. Aus den genannten Gründen ist das kein Perpetuum mobile, sondern nur eine Energietransformation.

Nun stelle man sich folgendes vor. Ein Vogel fliegt horizontal, so schnell er kann. Dann breitet er seine Flügel starr aus und stellt sie unter optimalem Anstellwinkel – also bei Maximalauftrieb – schräg zur Anströmung. Seine kinetische Energie mag nun ausreichen, ihn nicht nur nicht absinken zu lassen, sondern sogar anzuheben, während er Geschwindigkeit gegenüber der (als ruhig angenomme-

Klassische Aufnahme eines meeressegelnden Albatros

nen) umgebenden Luft und damit Geschwindigkeit über Grund verliert. Nun soll unser Vogel in einem weiteren Gedankenexperiment gegen Meereswind fliegen, der aufgrund der Grenzschichtbedingungen nach oben zu immer stärker weht. Diesmal wird er, auch wenn er an Schwung verliert, immer stärker aufsteigen, weil sich seine Relativgeschwindigkeit gegenüber der Luft und damit sein Auftrieb ja zunehmend vergrößert. Das geht so lange gut, bis in etwas größerer Höhe der Unterschied in der Horizontalgeschwindigkeit pro Meter Steigstrecke zu gering geworden ist. Walkden hat vor einem halben Jahrhundert ausgerechnet, daß bei einer Gleitgeschwindigkeit von $28\,\mathrm{m\,s^{-1}}$ eine Geschwindigkeitsdifferenz von mindestens $0,5\,\mathrm{m\,s^{-1}}$ pro Meter Steigstrecke vorhanden sein muß. Wie die Abbildung auf Seite 75 zeigt, werden die Differenzen nach oben im-

mer kleiner. Das mag der Grund sein, warum Albatrosse nie sehr hoch über das Meer steigen, im Durchschnitt etwa 12 m. Sie bleiben dann noch in dem Bereich des stärker gekrümmten Geschwindigkeitsverlaufs in der Grenzschicht.

Einmal oben, kann der Albatros an sich in beliebiger Richtung weitergleiten. Üblicherweise dreht er dann aber vom Wind weg und gleitet rasch abwärts, wobei er kinetische Energie gewinnt. Dreht er sich nun wieder schnell gegen den Wind, erfolgt die erneute Verwandlung von kinetischer Energie in Energie der Lage (Hochhieven), und so geht das Spiel immer weiter. Meistens gleitet der Albatros allerdings nach dem Abwärtstauchen eine Strecke im Wellenaufwind der Wellenkante entlang, bis er wieder eine besonders geeignete und günstig gerichtete Windböe verspürt, gegen die er dann eindreht. Auf diese Weise überstreicht er die Meere in sehr eigentümlichen, in sich verwundenen Schleifen.

Wie das Zahlenbeispiel zeigt, ist die Gleitgeschwindigkeit sehr hoch. Man kann deshalb eine hohe Flächenbelastung und geringen Rumpfwiderstand (strömungsgünstige Rumpfumkleidung) erwarten.

Über Rumpfumströmung ist bei Vögeln nicht allzuviel bekannt. Einige Details habe ich in meinem Buch »Warum die Vögel fliegen« mitgeteilt. Man kann als sicher annehmen, daß das Rumpfgefieder den Körper strömungsgünstig umkleidet. Die Stirnflächen-Widerstandsbeiwerte des Rumpfes werden vielleicht bei 0,2 liegen. Damit entsprechen sie denjenigen Werten, die die Autoindustrie für die Jahrtausendwende anpeilt.

## Optimalsegler Geier–Albatros

Recht interessant ist ein Vergleich eines typischen Albatros mit einem typischen Geier, wie er nach ergänzten Daten von Greenwalt – dem wir mit die wichtigsten Zusammenstellungen zur Größenabhängigkeit von morphologischen Meßgrößen bei Vögeln verdanken – möglich ist. Albatros und Geier haben, ganz grob betrachtet, gleiches Gewicht. Der Albatros hat im Vergleich zum Geier eine um etwa 40 % größere Spannweite. Dafür hat der Geier eine um 70 % größere Flügelfläche: Trotz der riesig langen Spannweite sind die Albatrosflügel nur gerade 20 cm tief. So kommt es, daß der Albatros rund die doppelte Flächenbelastung aufweist wie der Geier. Diese braucht er auch dringend für seinen dynamischen Segelflug, bei dem seine Eigengeschwindigkeit gegen die mittlere Windgeschwindigkeit nicht zu klein sein darf. Der Geier dagegen darf aufgrund der lebensnotwendigen Fähigkeit, in engen Thermiken kreisen zu können, nur eine geringe Flächenbelastung haben.

Die Streckung ist beim Albatros dreimal so groß wie beim Geier. Damit hat er auch einen vergleichsweise geringen induzierten Widerstand. Auch diesen braucht er zusammen mit einem strömungsgünstig ummantelten Rumpf zum Erreichen der lebensnotwendig großen Gleitgeschwindigkeiten. Der Geier dagegen, der sich als Landvogel keine sehr langgestreckten Flügel leisten kann (Start und Landung am Land, rasches Zusammenlegen und Unverletzbarkeit beim Kampf ums Aas, im Interesse einer geringen Gleit- und Sinkgeschwindigkeit kein schweres Flügelskelett

möglich, das unproportional lange Flügel abstützen könnte), muß die nötige Flügelfläche offensichtlich durch Vergrößerung der Flügeltiefe zur Verfügung stellen, was auf Kosten der Streckung geht. Einen gewissen Ausgleich für diesen Nachteil mögen die gespreizten und gestaffelten freien Handschwingen bieten, die man bei Meeresgleitern nicht findet. Der Albatros dagegen kann sich kräftige Haltemuskeln, Bänder und Knochen zum Abstützen der sehr langgestreckten Flügel nicht nur leisten; hier sind sie im Interesse einer nicht zu geringen Körpermasse (große Gleitgeschwindigkeit) sogar von Nutzen.

Die Gleitgeschwindigkeiten sind beim Albatros damit auch, grob gesprochen, doppelt so groß wie beim Geier. Wie aus den obigen theoretischen Erörterungen zu entnehmen ist, wird der Gleitwinkel oder die Gleitzahl vom Gesamtgewicht kaum beeinflußt; größeres Gewicht würde sich bei sonst gleichen Gegebenheiten nur in einer größeren Gleitgeschwindigkeit äußern. Die langgestreckten Flügel mit dem geringeren induzierten Widerstand lassen einen kleineren Gleitwinkel als

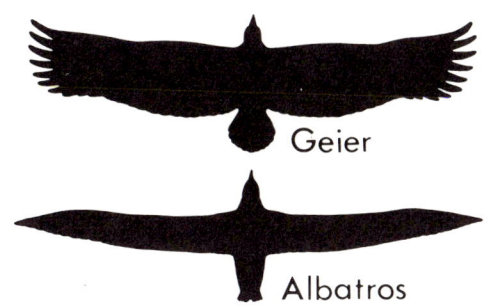

Konturenvergleich Geier–Albatros

beim Geier erwarten. In dieser Hinsicht sind Albatrosse unter den Großseglern tatsächlich unübertroffen.

Somit spielt wieder alles gut zusammen: Körperbau, Flügelbau und Konfiguration, Aerodynamik, ökologische Aspekte, typisches Verhalten.

So einfach, ja geradezu simpel sich der Gleitflug der Vögel am Anfang dargestellt hat – so sehr löst er sich bei näherer Betrachtung in eine Fülle von unvermutet komplexen, bisweilen raffiniert erscheinenden Einzelphänomenen und Anpassungserscheinungen auf. Oft sind diese gegenläufig, wie am Beispiel der Sinkgeschwindigkeitsformel mit ihren beiden Termen gezeigt worden ist. Im Wechselspiel der Anforderungen stellen sich dann bei günstigem Zusammenspiel irgendwelche Bestwerte ein.

Niemals sollte man allerdings eine morphologische oder aerodynamische Einzelheit für sich betrachten, da das zu prinzipiellen Fehlschlüssen verleiten kann. Nichts wäre falscher, als beispielsweise zu sagen: »Schwere Vögel sind (selbstverständlich, nach dem gesunden Menschenverstand) schlechte Gleiter.« Unter bestimmten Bedingungen sind gerade besonders schwere Vögel besonders gute Gleiter!

Weiter wäre es falsch, anzunehmen, daß ein Vogel mit stärker zusammengefalteten Flügeln notwendigerweise steiler gleiten und damit schneller sinken müßte. Im Gegenteil: Wenn er eine große Gleitgeschwindigkeit einstellt, kann er es *nur* über einen solchen »Fallzustand« erreichen, möglichst langsam abzusinken!

Es wird deutlich geworden sein, daß immer viele, oft gegenläufige Parameter abzuklären sind, bis man eine Globalaussage über die »Güte« (und damit meint man ausgesprochen unausgesprochenermaßen immer eine besonders günstige ökologische Einnischung) eines biologischen Systems machen kann und darf.

Die rechtsstehende Abbildung zeigt einen an Küstenfelsen angleitenden Papageientaucher, Fratercula arctica. Er wurde von Pennycuick auf den Shetlands fotografiert.

# *Energiehaushalt*

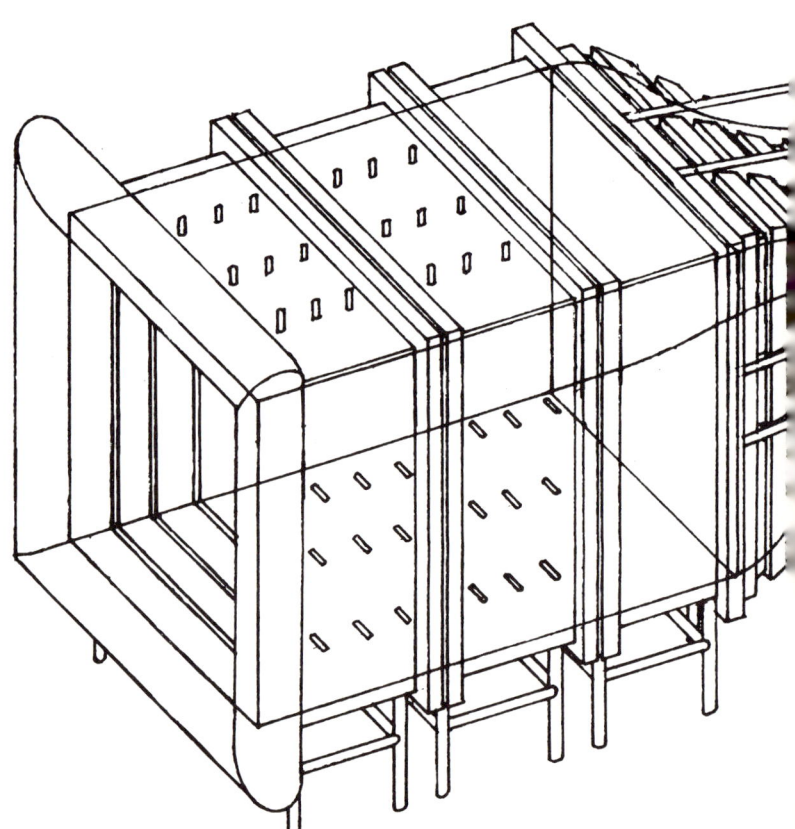

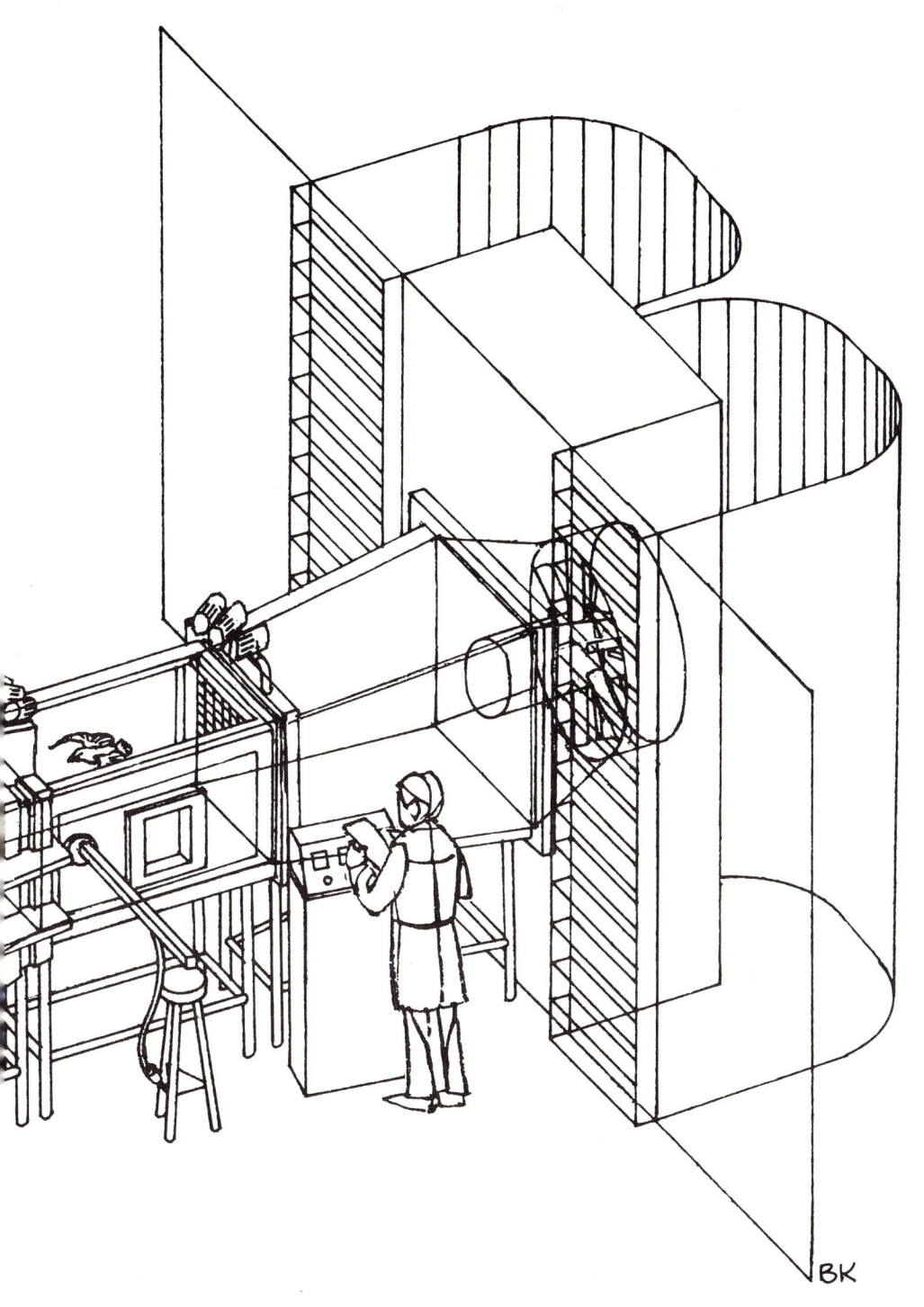

BK

## Langstreckenflüge

Langstreckenflüge sind nicht nur eine Domäne der Flugtechnik des Menschen. Auch Vögel können mit imponierenden Leistungen aufwarten. Zwei Voraussetzungen müssen dabei gegeben sein. Die Tiere müssen in Flug- oder Zugstimmung sein, und sie müssen die nötige Menge an Treibstoffen in Gestalt eines Fettpolsters zur Verfügung haben.

Die – hormonell gesteuerte – Flugstimmung oder Zugunruhe ist bei Zugvögeln zur Zeit des Herbstzugs und – etwas schwächer – des Frühjahrszugs gegeben. Man kann aber auch durch Verfrachtungsexperimente einen starken Heimzugtrieb auslösen; jeder Brieftaubenzüchter weiß das. So wurden einmal Albatrosse von den Midway-Inseln an die nordamerikanische Küste verfrachtet, 5120 km Luftlinie von den Eilanden entfernt. Das schnellste Tier war nach 10 Tagen zurück, hatte dabei also rund 500 km pro Tag geflogen: Geschwindigkeitsrekord. Der Streckenrekord ging an ein anderes Individuum, das auf den Philippinen ausgesetzt wurde. Nach

32 Tagen war es wieder zu Hause und hatte dabei 6600 km zurückgelegt.

Wundert man sich bei diesen großen und schweren Meeresseglern, die im »dynamischen Segelflug« Energie aus der Windströmung ziehen und notfalls auch wassern und ausruhen können, vielleicht nicht so sehr, so nötigen der Energiehaushalt und die Leistungen gerade der kleinen und kleinsten Zugvögel Respekt ab. Wie kann man ihnen meßtechnisch auf die Spur kommen?

## Meßmethoden zur Energetik

Es gibt prinzipiell drei Möglichkeiten, die energetischen Probleme und Lösungsmöglichkeiten beim Vogelflug durch Messungen anzugehen. Das Beste wäre die Untersuchung beim vollkommen freien Langstreckenflug. Nachfliegen kann man den Tieren nun aber nicht und auch nicht über Drähte zwischen Vogel und Flugzeug Daten ableiten. Man könnte Sensoren einbauen und die Meßergebnisse telemetrisch, das heißt über kleine

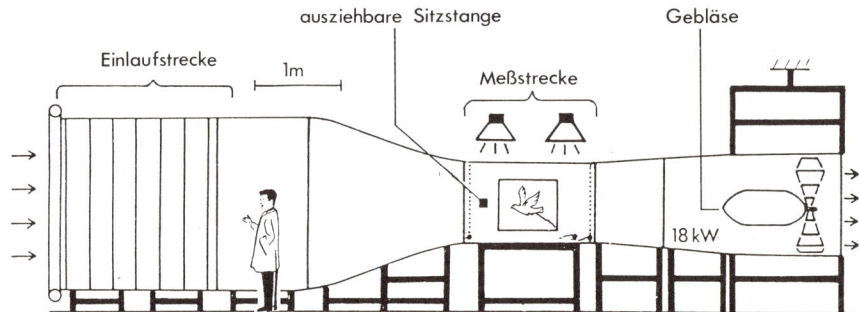

Die Abbildungen oben und auf den Seiten 80/81 zeigen unseren Saarbrücker Tauben-Windkanal

angebaute Sender, drahtlos abstrahlen. Die Arbeitsgruppe um Butler in England versucht sich mit dieser Methodik, und es sind für die nächsten Jahre dramatische Fortschritte zu erwarten, da die Meßmethoden immer raffinierter und die Sender immer kleiner und leichter werden. Einen Nachteil hat die Methode nach wie vor: Man kann nie wissen, was der Vogel machen wird. Lange Strecken fliegt er nur in Zugstimmung und ist dann rasch aus der Senderreichweite. Normalerweise fliegt er nur Kurzstrecken, setzt sich hin und macht sonst alles mögliche.

Die zweite Methode ist eine indirekte. Man bestimmt über Wägungen den Fettverlust beim Langstreckenzug und muß dazu Rastplätze in den Wüsten anfahren und in ausgedehnten Maßen die Statistik bemühen, da man ja kaum jemals denselben Vogel wiederfängt. Diese Untersuchungsmöglichkeit wird neuerdings verstärkt angewandt, beispielsweise von den Arbeitsgruppen um Bairlein und Biebach.

Wir haben uns hier in Saarbrücken zu einer dritten Methode entschlossen, nämlich einen großen Windkanal gebaut, in dem die Vögel nach geeigneter Dressur lange Zeit, das heißt mehrere Stunden lang, »stationär« fliegen können. Man kann dann, wie erstmals Tucker gezeigt hat, problemlos über Drähte oder feine Kunststoffschläuche ableiten oder atmungsphysiologische Messungen machen. Der große Vorteil: Man hat die Vögel im Labor und weiß ganz genau, was sie während des Kanalflugs tun; der Flugzustand ist exakt bekannt und beschreibbar. Nachteil: Es ist nicht unbedingt gesagt, daß sie in der freien Natur absolut gleichartig fliegen wie im Wind-

kanal, schon deshalb, weil sie im Kanal keine bewegten Raummarken haben. Prinzipielle Abweichungen sind aber nicht zu erwarten. Vögel sollten im Kanal frei fliegen. Insekten kann man ja problemlos an eine aerodynamische Waage kleben, und damit lassen sich während des Flugs Luftkräfte messen. Für Fliegen und Heuschrecken wenden wir dieses Verfahren weidlich an. Gewecke und sein Mitarbeiter Jarnach haben versucht, Erlenzeisige mittels eines kleinen Korseletts an einer Flugwaage zu befestigen. In Grenzen geht das, und für die Aufnahme mancher Meßparameter ist die Methode sicher brauchbar. Dafür erreicht sie rasch ihre Grenzen, da die Aufhängung starke physiologische Abweichungen mit sich bringt. Freiflugbedingungen in der Natur können damit nicht entfernt so gut simuliert werden wie durch Experimente mit Vögeln, die frei im Windkanal fliegen. Wie kann man also die physikalische Leistung (»Flugleistung«) langstreckenfliegender Vögel derzeit am besten bestimmen? Man muß sie ins Labor holen, längere Zeit im Windka-

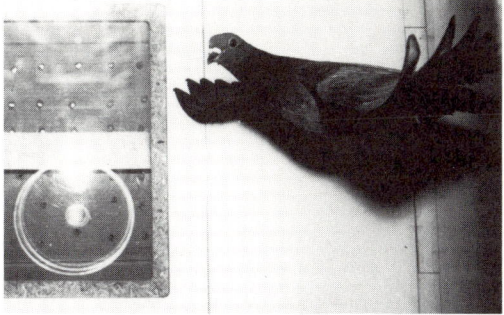

Blick durch das Beobachtungsfenster in die Meßstrecke des Saarbrücker Windkanals

nal frei fliegen lassen und dabei ihre Respiration messen.

Der folgende Abschnitt mag für den Leser wie eine hübsche Knobelei aussehen. Man kann ihn freilich überspringen, verzichtet dann aber auf einige überraschende Einblicke. Er zeigt, welche Umwege man im Labor manchmal gehen muß, um scheinbar einfache Zusammenhänge in den Griff zu bekommen.

## Stoffwechselleistung und Flugleistung

Wenn ein Physiologe wissen will, wie groß die Stoffwechselleistung eines fliegenden Vogels ist, so mißt er dessen Sauerstoffverbrauch in Milliliter pro Sekunde, multipliziert mit dem Faktor 5,36 (falls der Vogel Fett als Flugtreibstoff benutzt) und hat flugs die Stoffwechselleistung in Milliwatt berechnet. Multipliziert man diesen letztgenannten Wert weiter mit dem Faktor 0,25, so hat man die erwünschte Flugleistung berechnet, ebenfalls in Milliwatt. So einfach ist das. Wie aber kommt man zu diesen geheimnisvollen Faktoren? Und woher weiß man, ob der Vogel wirklich Fett verbrennt und nicht etwa Kohlenhydrate?

Alle diese Werte erhält man aus respiratorischen Messungen. Man muß bestimmen, wieviel Sauerstoff der Vogel in der Zeiteinheit aufnimmt und wieviel Kohlendioxid er abgibt. Damit ergibt sich alles andere sozusagen von selbst; die Respirometrie ist die Mutter der Energetik. Wie ist das gemeint?

Als Stoffwechselleistung $P_{Stoffw.}$ eines fliegenden Vogels bezeichnet man die pro Zeiteinheit aus dem im Stoffwechsel verbrannten Treibstoff zur Verfügung stehende Energie:

Leistung = Energie/Zeit

Stoffwechselleistung = Stoffwechselenergie/Zeit

Die Stoffwechselleistung entspricht also der pro Zeiteinheit dem Muskelmotor zur Verfügung gestellte chemische Energie. Sie ist nicht zu verwechseln mit der Flugleistung $P_{Flug}$. Man versteht darunter die von den Muskeln abgegebene, zum Antrieb der Flügel und zur Kraftübertragung auf die umgebende Luft benutzte Leistung.

## Muskelwirkungsgrad

Der Muskelantrieb wandelt die angebotene chemische Leistung in Flugleistung um. Da die Muskelmaschinerie wie jede biologische oder technische Maschine nicht verlustfrei arbeitet, wird die zugeführte Stoffwechselleistung größer sein müssen als die abgegebene mechanische Leistung; die Differenz geht bei der Energieumwandlung in Wärme verloren. Man kann folgende Definition treffen:

$$\text{Muskelwirkungsgrad} = \eta_{Muskel}$$

$$= \frac{\text{abgegebene Leistung}}{\text{zugeführte Leistung}}$$

$$= \frac{P_{Flug}}{P_{Stoffw.}}$$

$P_{Stoffw.}$ ist, wie erläutert, stets größer als $P_{Flug}$ und kann im Gedankenversuch bei einem idealen, verlustfrei arbeitenden Motor im Extremfall gleich $P_{Flug}$ sein. Daraus folgt:

$$\eta_{Muskel} \leq 1$$

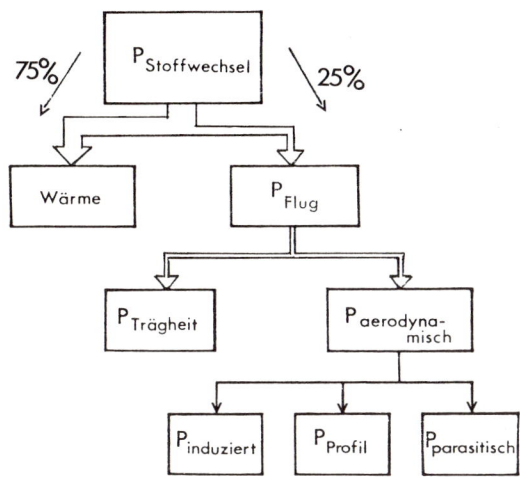

Sukzessive Aufteilung der Stoffwechselleistung. Die Aufteilung unterhalb von $P_{Flug}$ wird in diesem Buch nicht weiter verfolgt

In zahlreichen Ansätzen hat sich gezeigt, daß der Muskelwirkungsgrad, auch der der großen Flugmuskeln der Vögel, in etwa 0,25 oder etwas kleiner ist.

Nur rund ein Viertel der zugeführten chemischen Leistung wird also in mechanische Arbeit umgesetzt; etwa drei Viertel gehen als Wärme verloren:

$$P_{Flug} = \eta_{Muskel} \cdot P_{Stoffw.} \approx 0,25 \cdot P_{Stoffw.} \text{ oder:}$$
$$P_{Stoffw.} = \eta^{-1}{}_{Muskel} \cdot P_{Flug} \approx 4 \cdot P_{Flug}$$

(Die Graphik zeigt den weiteren »Leistungsfluß«. Die Flugleistung stellt keine einheitliche Größe dar. Sie kann vielmehr zerlegt werden in einen auf aerodynamische Kräfte zurückzuführenden Leistungsanteil und so fort. Die Flugleistung $P_{Flug}$ soll hier aber der Endpunkt der Betrachtung sein.)

## Respiratorische Messungen

Wie läßt sich die Stoffwechselleistung eines fliegenden Vogels bestimmen? Man muß dazu dessen Gashaushalt analysieren, und zwar beim freien Flug. Dazu gibt es zwei Denkmöglichkeiten, die beide auch in experimentellen Ansätzen verfolgt worden sind. Zum einen kann man den Vogel, wenn er einen Schwirrflug ausführt, in einer hermetisch abgeschlossenen Glasglocke fliegen lassen und die Veränderung der Atmosphäre analysieren; das Tier wird $O_2$ entnehmen und $CO_2$ abgeben. Diesen Weg ging der amerikanische Physiologe O. Pearson bei Untersuchungen

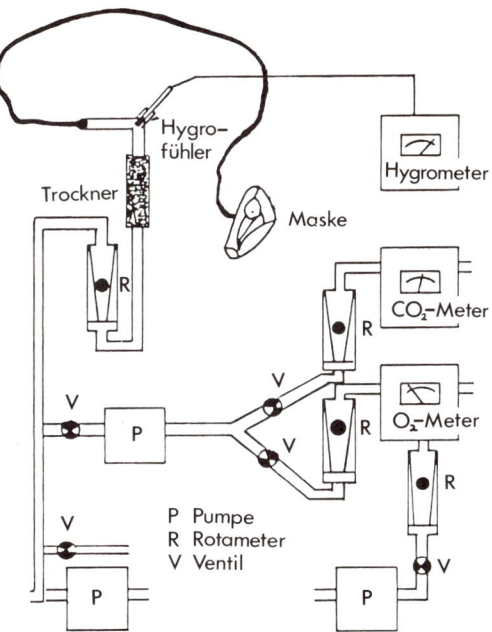

Blockschema unserer Respirations-Meßanordnung

mit Kolibris. Eine Abwandlung der Methode für streckenfliegende Tiere: ein kleiner, hermetisch abgedichteter Windkanal mit geschlossener Rückführung, in dem der Vogel zum Flug gegen die Freiströmung dressiert wird. V. Tucker, Torre Bueno und La Rochelle haben dies unter anderem mit Wellensittichen versucht, und wir verwenden diese Methode heute mit Erfolg bei der Analyse des Gasstoffwechsels von einzeln fliegenden Bienen in einem Miniaturkanal oder von Forellen, die in einem geschlossenen Wasserkanal schwimmen. Der methodische Nachteil liegt darin, daß sich im Laufe des Versuchs die Atmosphäre stetig verschlechtert, wodurch zunehmend unphysiologische Bedingungen geschaffen werden.

Auf der Suche nach besseren Methoden ist es Tucker als erstem gelungen, kleinere und größere Vögel in einem offenen Saugkanal fliegen zu lassen und den Gasstoffwechsel auf folgende Weise zu bestimmen: Das fliegende Tier trägt eine Art Maske, und Atemluft wird über einen Schlauch abgesaugt und über $O_2$- und $CO_2$-Analysatoren geführt. Wir haben diese Methode für im Windkanal fliegende Tauben weiter ausgebaut.

Wie läßt sich nun aus der Bestimmung des Gasstoffwechsels auf die Stoffwechselleistung schließen?

## Biologische Treibstoffe und RQ

Bei der vollständigen Verbrennung biologischer Treibstoffe im Stoffwechsel, seien es Kohlenhydrate wie bei Bienen, Fette wie bei Zugvögeln, wird Sauerstoff aufgenommen, und es entstehen als Endprodukte Kohlendioxid und Wasser. Die beiden Treibstoffklassen enthalten (neben gebundenen Sauerstoffatomen) nur Kohlenstoffatome und Wasserstoffatome. Mit Hilfe des aufgenommenen Sauerstoffs, der sich bilanzmäßig zum eigenen Sauerstoffgehalt addiert, wird C zu $CO_2$ und H zu $H_2O$ oxidiert. Die Bilanz-Abbaugleichungen für Glukose, $C_6H_{12}O_6$, als typischen Zuckertreibstoff und ein »durchschnittliches« Fett, das Tripalmitylglycerid, $C_{51}H_{98}O_6$, lauten:

$$C_6H_{12}O_6 + 6O_2 \rightarrow 6H_2O + 6CO_2$$
$$2C_{51}H_{98}O_6 + 145O_2 \rightarrow 98H_2O + 102CO_2.$$

GLUKOSE

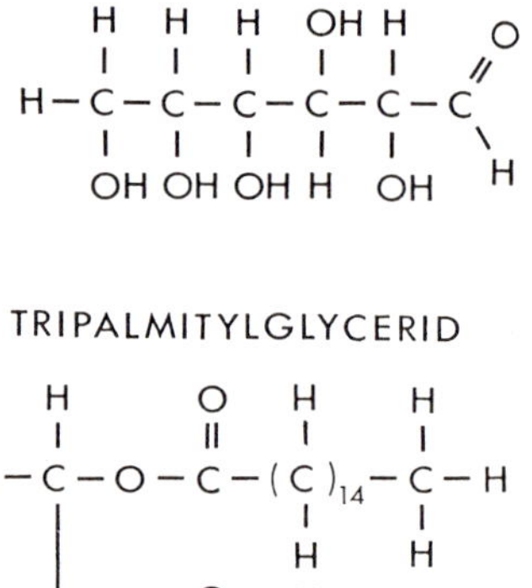

TRIPALMITYLGLYCERID

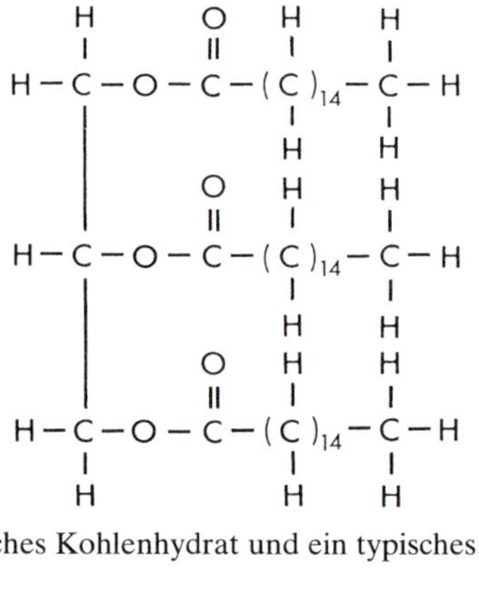

Ein typisches Kohlenhydrat und ein typisches Fett

Sowohl in dem Glukosemolekül geringen Molekulargewichts als auch in dem Fettmolekül hohen Molekulargewichts steckt dieselbe Menge von Sauerstoffatomen, nämlich sechs. Das Fett benötigt also eine relativ größere Menge zusätzlichen gasförmigen Sauerstoffs für seine vollständige Verbrennung. Nach einigen stöchiometrischen Überlegungen (Anhang 1 und 2) kommt man auf eine in der Praxis sehr brauchbare Formulierung: Verbrennt ein fliegendes Tier als Flugtreibstoff Kohlenhydrat, so wird der Quotient aus dem in der Zeiteinheit ausgeatmeten Kohlendioxidvolumen und dem in derselben Einheit eingeatmeten Sauerstoffvolumen gleich 1,0 sein. Verbrennt es als Flugtreibstoff Fett, so wird der Quotient 0,7 sein. Diesen eben definierten Quotienten nennt man den respiratorischen Quotienten RQ:

$$RQ = \frac{\dot{V}_{CO_2}}{\dot{V}_{O_2}}$$

($\dot{V}$ = in der Zeiteinheit umgesetztes Volumen)

Man braucht also »nur« über eine bestimmte Meßzeit den Sauerstoffverbrauch und die Kohlendioxidabgabe bestimmen und kann damit sofort angeben, ob ein Tier während dieser Zeit Kohlenhydrat (RQ = 1,00) oder Fett (RQ = 0,70) oder ein Gemisch aus beiden Stoffen (0,70 < RQ < 1,00) verbrannt hat!

Aus direkten Verbrennungen von Zuckern und Fetten in Kaloriemetern und aus biochemischen Energiebilanzgleichungen weiß man, daß Kohlenhydrate einen durchschnittlichen Energiegehalt (Brennwert) von rund 17,2 kJ g$^{-1}$ aufweisen. Für reine Glukose ist der Wert 16,0 kJ g$^{-1}$. Fette sind viel »energiedichter«. Ihr Brennwert beträgt rund 39,0 kJ g$^{-1}$. Von Wichtigkeit ist dabei, daß die physikalischen Verbrennungswerte im Kalorimeter und die Nutzungswerte im Organismus praktisch identisch sind. (Dies gilt im übrigen nicht für Eiweiße; hier sind die organischen Nutzungswerte etwas kleiner. Eiweiße kann zum Beispiel die blutsaugende Tsetsefliege als Flugtreibstoff benutzen.)

## Leistungsbestimmung über den Sauerstoffverbrauch

Durch Rückrechnung von den bei der Verbrennung umgesetzten Gasvolumina ($\dot{V}_{O_2}$ und $\dot{V}_{CO_2}$) auf die verbrannten Treibstoffmengen findet man folgende Zuordnung (Anhang 3): Bei Verbrennung von Kohlenhydrattreibstoff entspricht 1 ml aufgenommener Sauerstoff pro Stunde einer Stoffwechselleistung $P_{Stoffw.}$ von 6,61 mW. Bei Verbrennung von Fetttreibstoff entspricht 1 ml aufgenommener Sauerstoff pro Stunde einer Stoffwechselleistung $P_{Stoffw.}$ von 5,36 mW.

Das Problem, die nicht direkt bestimmbare in der Zeiteinheit abgebaute Treibstoffmasse bzw. die dadurch freigewordene Stoffwechselleistung herauszukriegen, reduziert sich damit auf ein im Prinzip sehr simples, in der technischen Durchführung allerdings nicht ganz unhaariges Verfahren. Man geht wie folgt vor.

Über Atemmasken und angeschlossene Analysengeräte werden das in einer Stunde aufgenommene Sauerstoffvolumen und das gleichzeitig abgegebene Kohlendioxidvolumen in

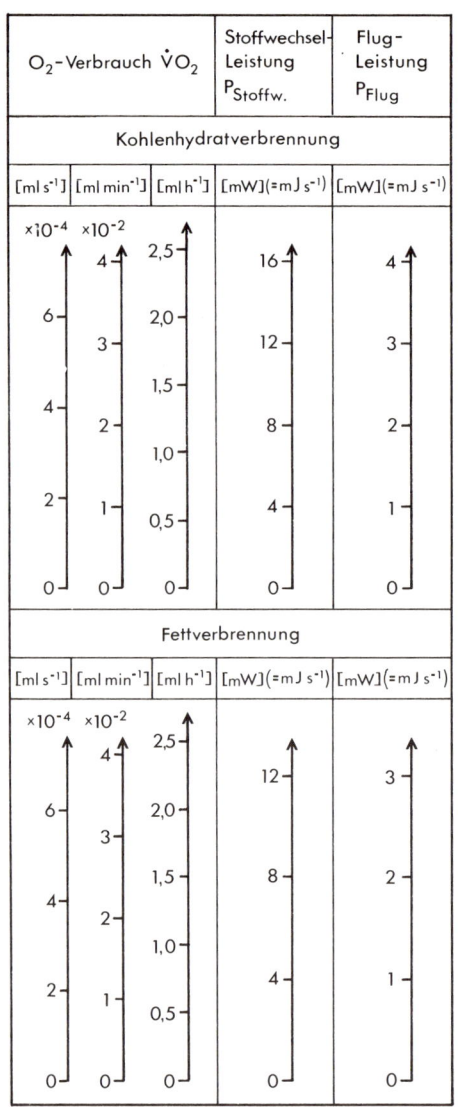

| $O_2$-Verbrauch $\dot{V}O_2$ | | | Stoffwechsel-Leistung $P_{Stoffw.}$ | Flug-Leistung $P_{Flug}$ |
|---|---|---|---|---|
| Kohlenhydratverbrennung | | | | |
| [ml s⁻¹] | [ml min⁻¹] | [ml h⁻¹] | [mW](=mJ s⁻¹) | [mW](=mJ s⁻¹) |

Kohlenhydratverbrennung

Fettverbrennung

| [ml s⁻¹] | [ml min⁻¹] | [ml h⁻¹] | [mW](=mJ s⁻¹) | [mW](=mJ s⁻¹) |

Nomographische Zuordnungen zwischen Sauerstoffverbrauch, Stoffwechselleistung und Flugleistung bei
unterschiedlichen Flugtreibstoffen

ml (jeweils tatsächlich gemessen oder umgerechnet) bestimmt. Das letztere wird durch
das erstere geteilt. Ist der Wert gleich 1, so
multipliziert man den Meßwert für Sauerstoff
(in ml h⁻¹) mit 6,61 und erhält damit die in
einer Stunde freigesetzte Stoffwechselenergie
in mW. Ist der Meßwert 0,7, multipliziert man
mit 5,36.
Multipliziert man die Milliwatt-Werte noch
mit der Zahl 0,25, dem Muskelwirkungsgrad,
so erhält man aus dem gemessenen Sauerstoffverbrauch direkt die von den Muskeln
abgegebene mechanische Leistung eines Vogels, die Flugleistung. Die Grafik zeigt die
beiden nomogrammartigen Zahlenzuordnun-
gen für Kohlenhydrat- und Fettverbrennung.
Man muß also »nur« den Sauerstoffverbrauch
messen und mit einer Zahl multiplizieren, um
zu wissen, was die »Flugmaschine Vogel« leistet. Hinter diesem Kochrezept allerdings
steckt, wie nach der Lektüre der Anhänge 1–3
deutlich geworden sein mag, einiges an Überlegungen.

## Windkanaldressuren

Vögel dazu zu dressieren, im Kanal zu fliegen
– das haben wir uns am Anfang sehr einfach
vorgestellt. Man nehme eine Brieftaube, set-
ze sie in den Windkanal und schalte den Wind
ein. Der Effekt: Sie fliegt auf, wird von der
Strömung ins hintere Auffangnetz der Meßstrecke getrieben und kommt davon nicht
mehr los. So geht es also nicht. Nach unseren
ersten Versuchen haben wir einzusehen gelernt, warum englische und amerikanische
Autoren nie über kurze Flüge (meist von nur

Wenn die Sitzstange herausgezogen und gleichzeitig die Turbine angeworfen wird, beginnt die Taube in der Meßstrecke des Windkanals zu fliegen (dritter Dressurschritt)

wenigen Minuten Dauer) hinausgekommen sind. Wir haben deshalb ganz von vorne angefangen und auf der einen Seite Dressurmethoden entwickelt, auf der anderen Seite aber auch eine ideale Taubenrasse durch Kreuzung herausgezüchtet, die im Kanal besser fliegt als Wildtauben oder die üblichen Brieftaubenzüchtungen.

(Brieftaubenzucht im übrigen ist uralt. Sie war schon bei den alten Ägyptern bekannt. Vor zweitausend Jahren war der römische Feldherr Decimus Brutus in der Stadt Mutina eingeschlossen. Mit Brieftauben gelang es ihm, Nachricht nach Rom zu senden, obgleich er von Antonius eingeschlossen war und keinen Mann aus der Stadt herausbrachte.)

Hans Joachim Rothe hat mit seiner Doktorarbeit die Grundlagen für die Langzeitflüge von Vögeln in unserem Horizontalkanal gelegt und eine ganze Reihe von Messungen stoffwechselphysiologischer Art durchgeführt. Zunächst zu den Dressurmethoden, die den mehr an allgemeinbiologischen Dingen interessierten Leser stärker ansprechen dürften.

Vögel müssen praktisch handzahm aufgezogen werden, wenn sie im Kanal fliegen sollen. Dietrich Bilo und ich haben das schon in unserer Münchener Zeit an Sperlingen und Fliegenschnäppern gelernt, und es hat sich bei unseren Saarbrücker Tauben im Großkanal bestätigt. Der Taubenschlag muß im Raum sein, in dem auch der Kanal läuft, damit sich die Tiere an das Laufgeräusch gewöhnen. Sie müssen oftmals in die Hand genommen und richtiggehend gehätschelt werden. Vance Tucker in den USA, der die ersten stoffwechselphysiologischen Messungen an Windkanalvögeln gemacht hat, hat eine technische

Assistentin praktisch ausschließlich damit beschäftigt, Wellensittiche auf der Achsel herumzutragen und laufend zu streicheln! Sie müssen mindestens einmal am Tag im Windkanal dressiert werden, und zwar in langsamen Schritten, bis sie den Flug gelernt haben. Beherrschen sie ihn, so müssen sie weiter mindestens einmal am Tag trainiert werden, so daß sie das Gelernte nicht vergessen und ihre Muskulatur kräftig halten. Hat man dann nach einigen Wochen bis Monaten »kooperative« Tauben herandressiert, so kann man mit den Messungen beginnen. Sie tragen dann auch ohne Aufregung kleine Geräte mit sich herum, beispielsweise Beschleunigungsgeber (im Ersten Weltkrieg trugen sie Miniaturkameras für Luftaufnahmen von feindlichen

»Brieftaubenkamera« aus dem Ersten Weltkrieg

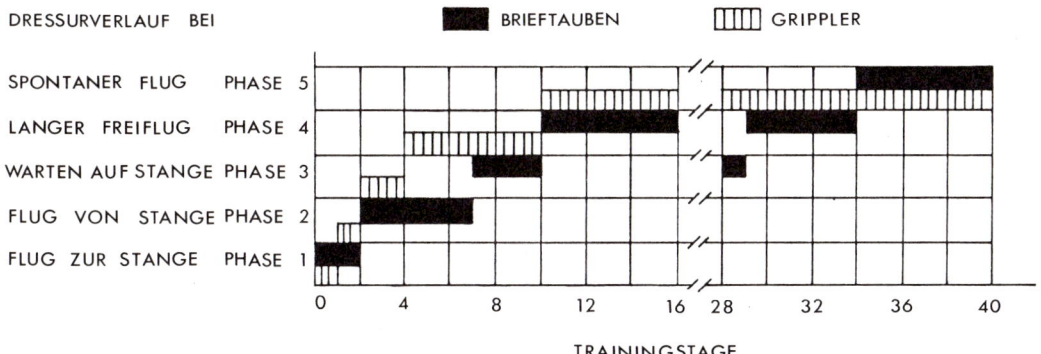

Dressurschema für den Taubenflug im Windkanal. Einzelheiten sind im Text erläutert

Schützengräben!), lassen sich eine Art Gasmaske aufsetzen, durch die sie die Luft ein- und ausatmen zur Analyse des Sauerstoffverbrauchs und der Kohlendioxidabgabe, haben nichts gegen kleine, aufgeklebte Thermoelemente, mit denen man die Körpertemperatur überwachen kann, und all dieses. Außerdem müssen sie nach den Versuchen immer sofort gut gefüttert werden, denn sie lernen rasch: Fliege ich gut – fresse ich gut!

In der ersten Zeit bleibt der Taubenschlag im übrigen offen. Die Tiere können frei aus- und einfliegen. Bisher ist uns noch keine Taube davongeflogen, wozu sie ja leicht Gelegenheit hätte, wenn sie den Windkanal nicht mag. Einmal allerdings ist eine Taube bei einem kurzen Rundflug vom Habicht geschlagen worden. Später werden die Tauben, nachdem man ja Hunderte von Arbeitsstunden in jede einzelne investieren muß, so wertvoll, daß wir es nicht mehr wagen, sie frei fliegen zu lassen. Dafür werden sie jeden Tag durch einen Windkanalflug in Übung gehalten. Unsere besten Tauben fliegen drei Stunden und länger. Bei einer Stundengeschwindigkeit von 70 Kilometern pro Stunde entspräche das einer Strecke von mindestens 200 km Luftlinie, also etwa Stuttgart–München, eine ganz respektable Leistung. Und man kann vor allem sicher sein, daß sich der Stoffwechsel nach einer Einflugzeit von einer Stunde wirklich an »stationäre Bedingungen« angepaßt hat, die sich dann bei längerer Flugzeit nicht mehr ändern.

## Dressur-Stufenprogramm

Die Dressur erfolgt in einem Fünfstufenprogramm. Zunächst müssen die Tauben lernen, vom Boden der Meßstrecke aus (1 m breit, 1 m hoch, 1,50 m lang) auf eine vorne eingeschobene Sitzstange zu fliegen (obere Abb. Seite 89). Dies lernen alle Tauben in ganz wenigen Tagen. Die nächste Dressurstufe besteht darin, daß sie lernen, kurz hinter der Stange in der Luft zu stehen. Nach einer Woche lernen das die Brieftauben. Es folgt eine dritte Periode kurzer Streckenflugphasen mit eingeschaltetem Wind und dann eine vierte Periode längerer Flugphasen mit Wind. Hier tun sich die Tauben schon schwerer, sie brauchen etwa einen vollen Monat, bis sie das Programm beherrschen (untere Abb. Seite 89). Schließlich nutzen wir in einer fünften Dressurphase einen bedingten Reflex. Mit dem Einschalten des Windes wird über dem Flugkäfig (mit Glasdecke) eine Lampe angeschaltet. Eine »gute« Taube lernt, nach ein bis zwei weiteren Wochen aufzufliegen, wenn das Licht angeht, und sich hinzusetzen, wenn das Licht ausgeht. Natürlich muß der Experimentator, wenn er entsprechenden Erfolg anstrebt, dafür sorgen, daß gleichzeitig der Wind an- und ausgeschaltet und die Sitzstange aus- und eingeschoben wird.

Manche Tauben lernen die Prozedur gut, andere schlechter, wieder andere überhaupt nicht. Insgesamt hat sich gezeigt, daß die Brieftauben in unserem Kanal nicht sehr gut fliegen, offensichtlich, weil sie ein wenig zu schwer und auch zu groß sind. H. J. Rothe hat deshalb eine günstige »Kanaltaubenrasse« gezüchtet, und zwar aus russischen Griwunihochfliegern und englischen Tipplern, die jeweils bestimmte positive Eigenschaften haben. Wir nannten die Kreuzungsprodukte lautmalerisch »Grippler«. Sie waren etwas leichter und kleiner als Brieftauben und flogen sehr viel besser. Sie lernten auch rascher und vergaßen weniger schnell als Brieftauben. Unterbrach man den Versuch, so hatten sie weniger vergessen oder waren schneller wieder auf dem alten Niveau als Brieftauben. Dies zeigt das Trainingsdiagramm auf der vorhergehenden Seite im Vergleich von Brieftauben und Grippler-Tauben deutlich.

## Dressurleistungs-Zeit-Diagramm

Eine andere Darstellung für Dressureffekte bietet das Leistungs-Zeit-Diagramm. Mit zunehmender Zahl von Trainingstagen steigt auch die maximale Flugzeit, die ein Vogel im Kanal verbringen mag. Aus der Abbildung ist zu entnehmen, daß Brieftauben die schlechteste Leistungs-Zeit-Kurve aufweisen. Besser sind die Griwunis, noch besser die Tippler und am allerbesten die Kreuzung aus beiden, unsere Grippler. Dies zeigt sich am besten bei einem Vergleich. Brieftauben fliegen am 11. Dressurtag durchschnittlich nur drei Minuten, Griwuni eine halbe Stunde, Tippler 40

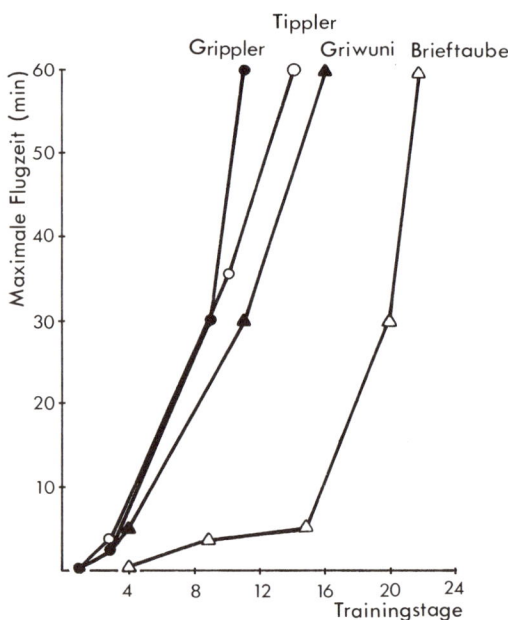

Dressur-Zeit-Kurven für unterschiedliche Taubenrassen

Minuten und Grippler bereits eine Stunde! Dies zeigt, wie wichtig die Beherrschung der »Biologie« auch im Umfeld noch so hochtechnisierter Laborbedingungen ist.

Daß Tiere mit Atemmasken fliegen können, wurde von Tucker schon Ende der sechziger Jahre gezeigt, und es ist in der Zwischenzeit in der Umgebung Tuckers an Wellensittichen, Falken, Möwen, aber auch Flughunden gelungen. Bei uns wird die Methode für die Analyse des Taubenflugs weidlich ausgenutzt, und Berger hat sie für Kolibris adaptiert.

Unsere Masken sind so beschaffen, daß sie dem Tier druckfrei aufgesetzt werden und es mechanisch kaum belastet. Sie sind vorne offen, so daß die Taube ohne zusätzliche Druckerzeugung einatmen kann; ein Teil der ausgeatmeten Luft wird abgesaugt. Sie durchläuft, wie die Abbildung auf Seite 85 zeigt, Strömungsmesser, Trocknungssysteme sowie einen Sauerstoff- und einen Kohlendioxidanalysator. Aus der Differenz zur Raumluft und aus den verbrauchten bzw. abgegebenen Gasvolumina kann man auf den Gasverbrauch schließen. Wie oben dargestellt worden ist, kann man aus dem Sauerstoffverbrauch auf die Stoffwechselleistung umrechnen, aus Sauerstoffverbrauch und $CO_2$-Abgabe auf den respiratorischen Quotienten, der wieder klare Hinweise auf den momentan verbrannten Flugtreibstoff gibt.

Vor die Messungen haben die Götter aber wieder die Trainingsmühe gesetzt. Tauben wirklich gut mit Maske fliegen zu lassen, bedarf eines intensiven Trainings und eines Eingehens auf die Eigenarten der Vögel. Zunächst lernen sie, mit einer Trainingsmaske von nur 2 g Masse zu fliegen. Sehr rasch haben sie es heraus, das leichte kopflastige Moment auszugleichen. Mit der Maske kommen die Tiere erstaunlich gut zurecht. Immerhin zwei Drittel aller Tiere, die im Windkanal zwei Stunden und länger fliegen konnten, haben rasch gelernt, eine Maske zu tragen. Die anderen flogen entweder sichtlich irritiert oder mochten gar nicht erst auffliegen und konnten so für derartige Messungen nicht verwendet werden.

Tauben mit einer Maske geben, wenn überhaupt, nur wenige Prozent mehr Stoffwechselenergie aus als solche, die ohne Maske fliegen. Wenn man weiß, wie rasch Tauben bei ungeschicktem Training oder zu hohen Umgebungstemperaturen und/oder Anströmgeschwindigkeiten erschöpfen und hechelnd zu Boden gehen können – wobei ihre Temperatur rasch gefährlich hoch ansteigt –, muß man daraus schließen, daß das Maskentragen keine auch nur halbwegs unphysiologische Belastung darstellt. Außerdem liegt die Kerntemperatur bei Maskenfliegern im selben Bereich wie bei Nichtmaskenfliegern, nämlich zwischen 41 und 43 Grad Celsius. Dies erscheint als sehr hoch, doch sind solche Temperaturen bei fliegenden Vögeln keineswegs etwas Außergewöhnliches. Biebach, der die Kerntemperatur von kleinen Zugvögeln unmittelbar nach der Landung in der Ägyptischen Wüste gemessen hat, berichtet sogar von 45 Grad Celsius.

Seite 94 oben: K. H. Hirth setzt einer Windkanaltaube die Respirationsmaske auf. Unten: Flugbild einer Taube mit Respirationsmaske, durch das vordere Abschirmgitter der Meßstrecke in Richtung auf die Turbine fotografiert

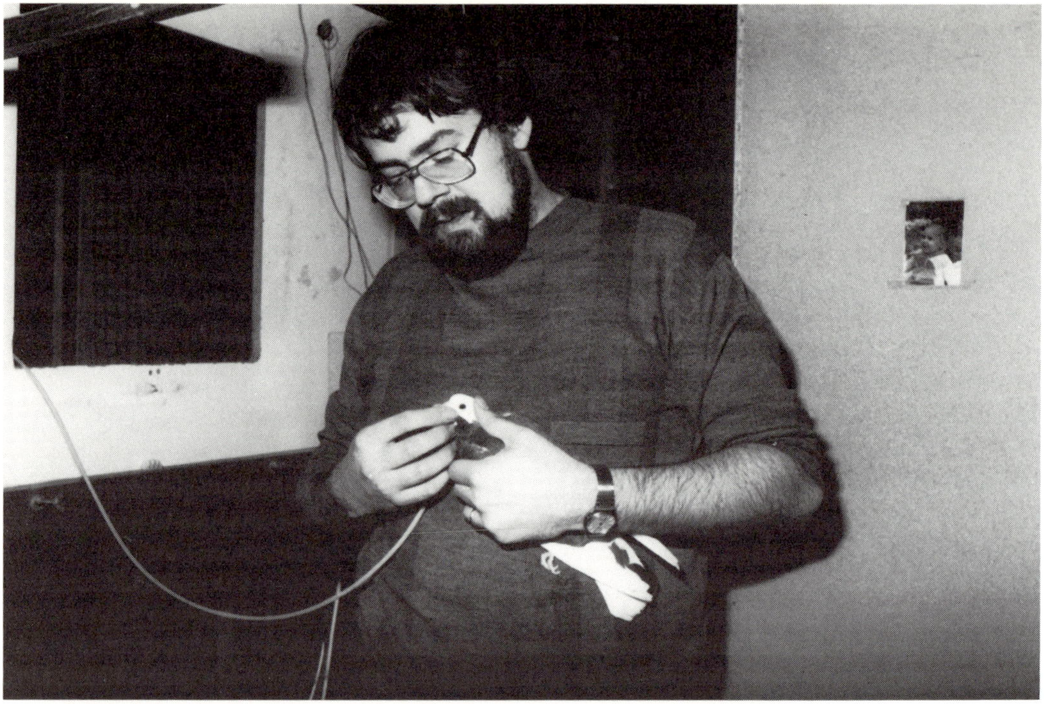

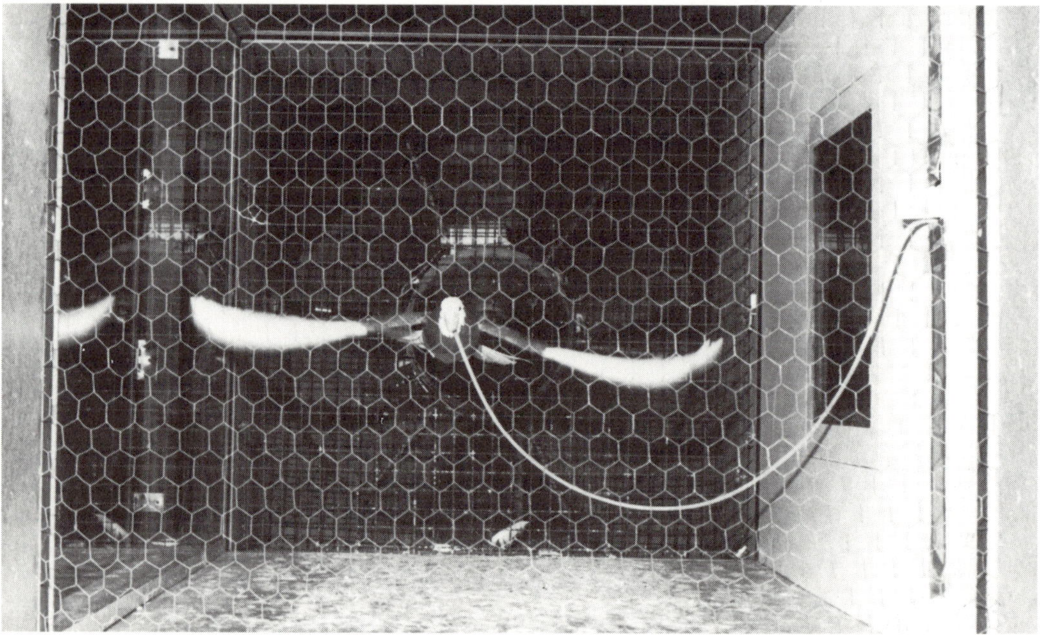

## Stoffwechselsteigerung beim Flug

Zunächst waren wir neugierig zu erfahren, wie groß die Stoffwechselsteigerung ist. Der Sauerstoffverbrauch einer typischen Griwuni-Taube, von der in der obenstehenden Abbildung ein Experiment dargestellt ist, war vor dem Start (Sitzen auf der Stange) rund 20 ml min$^{-1}$, beim Flug um die 100; nach Flugende sank er in wenigen Minuten wieder auf 20 ab. Das bedeutet eine Stoffwechselsteigerung um den Faktor 5, keineswegs unüblich bei Arbeit leistenden Wirbeltieren, auch vom Menschen beim mittelschnellen Lauf gegenüber ruhigem Dasitzen oder Liegen erreichbar. In ähnlicher Weise steigerte sich die Kohlendioxidabgabe. Die Berechnung der respiratorischen »Austauschrate« (bei Stationärbedingungen gleich dem respiratorischen Quotienten) ergab zu Flugbeginn Werte um 1. Zu unserer großen Überraschung startete die Taube also mit dem energetisch ungünstigeren Kohlenhydrat-Treibstoff. In den drei ersten Viertelstunden sank die »Austauschrate« ab. Frühestens nach einer Dreiviertelstunde, manchmal erst nach einer Stunde Flug stellte sich ein Stationärwert von minimal 0,7 ein, Fettverbrennung signalisierend.

Offensichtlich war es so, daß die Tauben mit Kohlenhydrat-Treibstoff starteten und zunächst einmal diese Vorräte in Muskeln und (teils) Blut aufbrauchten, bis sie dann sukzessive auf Fetttreibstoff zurückgriffen. Erst nach einer knappen Stunde Flugzeit kann man von reiner Fettverbrennung ausgehen. Dies zeigt, wie vorsichtig man argumentieren muß; man darf nicht von vornherein mit Fettverbrennung rechnen (obwohl das nahe-

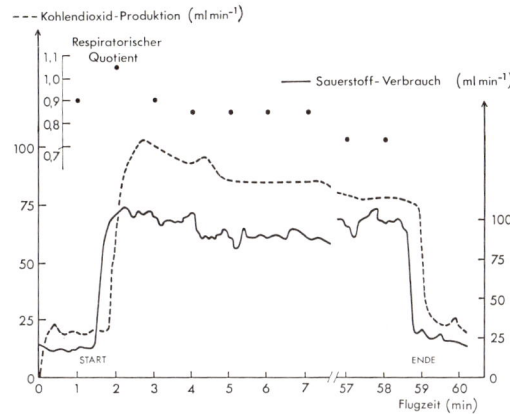

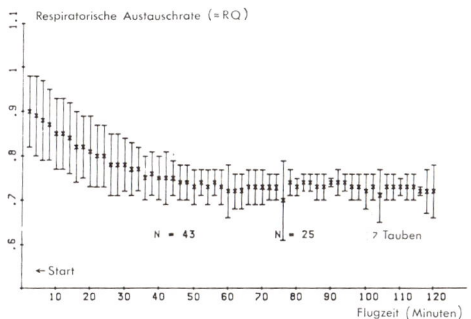

Oben: Meßbeispiel für einen Respirations-Flugversuch. Unten: Abnahme des RQ in der ersten Flugstunde

liegt), auch nicht Meßwerte nach wenigen Flugminuten als verbindlich ansehen, wie das von Voruntersuchern oft gemacht worden ist. Es ergab sich im übrigen auch ein interessanter Unterschied zwischen unterschiedlich gefütterten Tauben. Eine Population wurde ad libitum gefüttert, konnte zu jeder Zeit soviel

Nahrung aufnehmen, wie sie wollte. Die andere bekam ein in definierter Weise rationiertes Futter. Tauben mit vollem Kropf flogen über längere Zeit mit einem höheren RQ als Tauben, die 16 bis 18 Stunden vor Flugbeginn nicht mehr gefüttert worden waren. Offensichtlich hatten die ersteren mehr Kohlenhydratvorräte, die sie zunächst abbauen konnten. In Sauerstoffverbrauch und Stoffwechselleistung waren aber letztlich keine signifikanten Unterschiede feststellbar.

Nachdem wir die Stoffwechselsituation unserer Windkanaltauben in etwa verstanden hatten, waren wir besonders gespannt zu erfahren, wie sich ihre Leistungsausgabe mit der Fluggeschwindigkeit verändert. Richten auch sie sich nach einer Art Minimalkurve, haben also minimale Leistungsabgabe bei einer ganz bestimmten »Reisefluggeschwindigkeit«, wie die Tuckerschen Messungen an Wellensittichen nahelegen?

## Stoffwechselleistungs-Kurven

Tucker hat bereits 1968 herausgefunden, daß der Wellensittich beim Geradeausflug im Windkanal die minimale Stoffwechselleistung bei einer Reisegeschwindigkeit von etwa $35\,km\,h^{-1}$ ausgibt. Sowohl bei größerer als auch bei geringerer Fluggeschwindigkeit steigt die Stoffwechsel-Geschwindigkeits-Kurve $P_{Stoffw.}$ (v) an. Beim Steigflug (schräg angestellter Kanal, vgl. die »Kippkonstruktion« der Abbildung auf Seite 49) ist die Leistung erwartungsgemäß größer, beim Sinkflug ebenso erwartungsgemäß kleiner. Mit Ausnahme des Bereichs $v < 27\,km\,h^{-1}$ beim

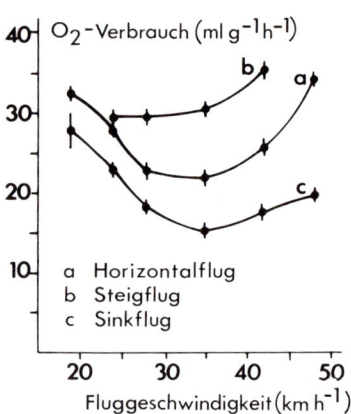

Sauerstoffverbrauch-Messungen beim Wellensittich, Melopsittacus undulatus

Steigflug spiegelt sich die Tendenz, bei einer ganz bestimmten mittleren Geschwindigkeit die jeweils geringstmögliche Stoffwechselleistung auszugeben, in allen Messungen wider. Bleibt $\eta_{Muskel} = 0{,}25$ konstant, so zeigt die Flugleistungs-Geschwindigkeits-Kurve $P_{Flug}$ (v) den gleichen Verlauf, nur die Ordinatenwerte sind 4 mal kleiner ($P_{Flug} = 0{,}25 \cdot P_{Stoffw.}$; $\eta = 0{,}25 = \frac{1}{4}$).

Pennycuick konnte den Verlauf dieser Flugleistungskurve theoretisch verständlich machen. Die Ergebnisse unserer Taubenmessungen sind in der obenstehenden Abbildung zusammengezeichnet.

## Minimalleistung bei Optimalgeschwindigkeit

Bei der bevorzugten Reisegeschwindigkeit zwischen 11 und $12\,m\,s^{-1}$ verbrauchten unsere

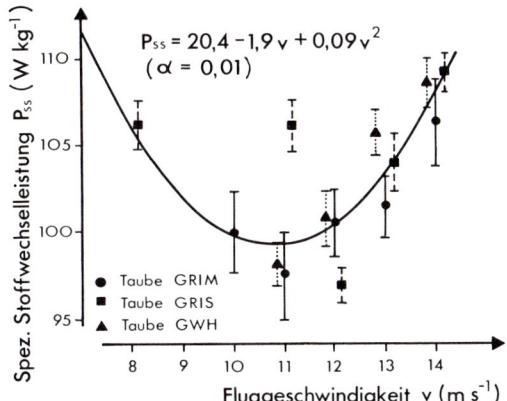

$P_{ss} = 20{,}4 - 1{,}9\,v + 0{,}09\,v^2$
$(\alpha = 0{,}01)$

● Taube GRIM
■ Taube GRIS
▲ Taube GWH

Stoffwechselleistungs-Geschwindigkeits-Beziehung
für unsere Windkanaltauben

Grippler-Tauben (Massendurchschnitt 320 g) zwischen 27 und 35 W, im Durchschnitt 30 W. Die Stoffwechselaktivität stieg dabei um den Faktor 5 bis 7, verglichen mit dem ruhigen Sitzen auf der Stange, angeblasen mit einer Windgeschwindigkeit von $12\,\text{m s}^{-1}$ (also nicht vergleichen mit eigentlichen »Ruhebedingungen«).

In der Abbildung links ist der Sauerstoffverbrauch in relativer Stoffwechselleistung (Watt pro Kilogramm Körpermasse) umgerechnet. Es deutet sich eine Minimumskurve an; ab etwa $11\,\text{m s}^{-1}$ Fluggeschwindigkeit (entsprechend 40 Stundenkilometern) flogen unsere Tauben im Kanal mit geringster relativer Leistungsausgabe. Bei höherer Fluggeschwindigkeit steigt die Leistungsabgabe erwartungsgemäß. Rascher als $14\,\text{m s}^{-1}$ (50 Stundenkilometer) flogen die Griwunis aber nicht auf Dauer, auch langsamer als etwa $8\,\text{m s}^{-1}$ (30 Stundenkilometer) flogen sie

nicht. Die sich nur andeutende Tendenz einer Stoffwechselsteigerung auch bei geringen Geschwindigkeiten ließ sich daher mit unseren Tieren nicht weiterverfolgen. Unsere Messungen in der Leistungsabgabe liegen ein bißchen höher als die Berechnungen von Pennycuick.

Bei den Optimalgeschwindigkeiten von 11 bis $12\,\text{m s}^{-1}$ war die relative Stoffwechselleistung mit rund 10 W/N (entsprechend etwa 100 Watt pro Kilogramm Körpermasse; vgl. S. 98) am geringsten. Im Rahmen unserer Meßgrenzen stieg sie zu kleineren oder größeren Fluggeschwindigkeiten um 10 bis 15 %. Diese Direktmessungen harmonieren recht gut mit theoretischen Rechnungsansätzen, wie sie beispielsweise Oehme für die Flugleistung der Taube vorgelegt hat. Er berechnete rund 20 Watt pro Massenkilogramm. Unter Einbeziehung eines Muskelgesamtwirkungsgrads von 25 % ergibt sich damit eine Stoffwechselleistung von $(1/0{,}25) \cdot 20 = 80$ Watt pro Kilogramm, die in der Größenordnung unserer Direktmessungen liegt.

Auch die auf Seite 51 angedeuteten Messungen von Polus an freifliegenden Tauben führten etwa zu gleichen Stoffwechselleistungen. Er berechnete für den Geradeausflug mit 60 bis 70 Stundenkilometern eine durchschnittliche Gesamtstoffwechselleistung von 82 Watt pro Kilogramm. Wir hatten mit anderen Rassen, unter anderen (wahrscheinlich stoffwechselzehrenderen) Flugbedingungen bei geringeren Geschwindigkeiten von 50 Stundenkilometern einen etwas höheren Stoffumsatz von 100 Watt pro Kilogramm bestimmt. Bezieht man die Randbedingungen und Fehlertendenzen mit ein, so nähern sich diese beiden Messungen gut an. Bei Startbedingungen kam Polus auf Werte, die um 20 % höher lagen, dann etwa bei 100 Watt pro Kilogramm. Auch dieser Wert erscheint plausibel, da man beim Start mit Einschwingvorgängen und außerdem mit einem Steigflug rechnen muß.

## Transportkosten

Ein sehr interessanter biotechnischer Vergleich ergibt sich mittels der sogenannten »Transportkosten«. Man versteht darunter diejenige Energie, die beispielsweise ein Flugsystem ausgeben muß, um die Einheit des Körpergewichts über die Wegeinheit zu transportieren.

Aus der relativen Stoffwechselleistung (W/N) berechnen sich die dimensionslosen Transportkosten $J/(N \cdot m)$ einfach durch Division mit der Fluggeschwindigkeit, gemessen in $m\,s^{-1}$. (Man kann auch auf die Masse beziehen und erhält dann die Einheit $J/kg \cdot m$ für die Transportkosten. Die Zahlenwerte sind im letzteren Fall rund 10mal kleiner.)

Unsere Windkanaltauben mit Stoffwechselleistungen von rund $10,3\,W\,N^{-1}$ bei Fluggeschwindigkeiten von etwa $12,5\,m\,s^{-1}$ brachten es auf Transportkosten von $10,3/12,5 = 0,82$. Die Polusschen freifliegenden Tauben mit Stoffwechselleistungen von $8,7\,W\,N^{-1}$ bei Geschwindigkeiten über Grund von $19\,m\,s^{-1}$ waren mit $8,7/19 = 0,46$ deutlich besser. Beim Windkanalflug ist mit etwas höheren Transportkosten zu rechnen als beim Freiflug. Beim Freiflug wiederum besteht die Gefahr, die Fluggeschwindigkeit zu überschätzen und

damit zu niedrige Transportkosten auszurechnen. Man wird also nicht sehr fehlgehen, wenn man den Tauben im Mittel einen Wert von 0,6 zuerkennt. In der Flugtechnik rechnet man mit Kilojoule oder Liter Flugbenzin oder entsprechend Dollar pro transportierte Tonne und Kilometer. Wenn man auf die oben angegebenen internationalen Einheiten umrechnet, ergeben sich für einen typischen technischen und einen typischen biologischen Flieger die Vergleichswerte der untenstehenden Abbildung. Die Taube ist also immerhin rund halb so gut wie der auf günstigste Transportkosten extrem hochgezüchtete Jumbo!

BOEING 747: Transportkosten = $0,3 \dfrac{J}{N \cdot m}$

TAUBE: Transportkosten $\approx 0,46 < 0,6 < 0,82 \dfrac{J}{N \cdot m}$

Ein biotechnischer Transportkosten-Vergleich

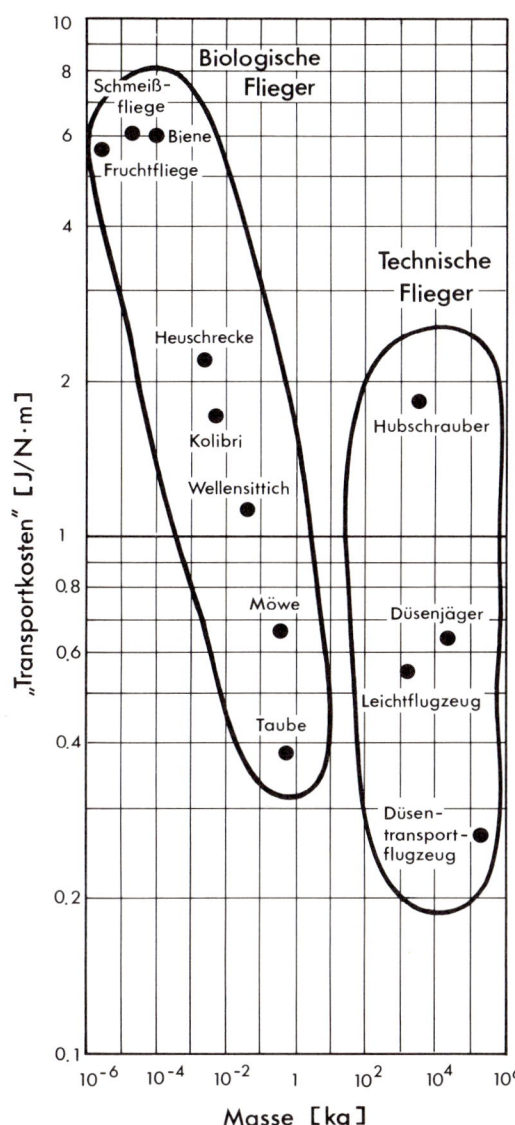

Massenabhängigkeit der Transportkosten bei biologischen und technischen Fliegern. Nach Daten von Tucker

## Transportkosten-Vergleich

Unter diesem Gesichtspunkt mag es abschließend interessant sein, technische und biologische Flieger unterschiedlicher Massenrelation zu vergleichen. Ein Blick auf die nebenstehende Abbildung zeigt, daß bei beiden Gruppen ein breites Band von Transportkosten anzunehmen ist, 1:10 etwa im technischen Bereich. Düsenflugzeuge transportieren 1 kg über 1 km etwa mit der halben Energie als hundertmal leichtere Kleinflugzeuge. Speziell aufwendig sind Hubschrauber. Sie brauchen etwa die zehnfache Energie. Bei fliegenden Tieren sind die Massendifferenzen und damit auch die Transportkostendifferenzen noch größer. Kleine Essigfliegen mit nur ganz wenigen Milligramm Körpermasse haben rund 20fach höhere Transportkosten aufzubringen wie Tauben mit ihren 300 g Körpermasse. Kolibris mit ihrem hubschrauberähnlichen Schwirrflug liegen etwa in der Mitte; sie arbeiten im Verhältnis zu Tauben etwa mit den 5fachen Transportkosten. Je leichter also die Transportmittel sind, desto schlechter die Bilanz, sowohl in der Biologie als auch in der Technik. Ausnahme: Hubschrauber und in gewisser Weise Düsenjäger, also auf spezielle Zwecke hochgezüchtete Fluggeräte, für die eine günstige Energiebilanz von sekundärer Bedeutung ist.

Es sei vielleicht noch erwähnt, daß Geher und Läufer etwa in der Mitte liegen zwischen den technischen und biologischen Fliegern. Ganz extrem günstig sind biologische Schwimmer, weil sie keinen oder nur wenig aktiven Auftrieb entwickeln müssen; man denke an Schwimmblasenbesitzer! Unter dem Gesichtspunkt der Transportkosten betrachtet, schwimmt der Lachs um gut die Hälfte günstiger, als die Taube fliegt, und übertrifft immer noch deutlich das beste Düsentransportflugzeug.

## Wärmeabfuhr

Auch die Flugmuskelmaschinerie ist eine Art »Verbrennungsmotor« und arbeitet nicht ohne Energieverluste. Ein Teil der im Benzin oder im Fett-Flugtreibstoff enthaltenen Energie wird genutzt, der Löwenanteil jedoch nicht. Die Flugmuskulatur der Vögel wandelt im besten Fall wohl eine von vier Energieeinheiten des Treibstoffs in mechanische Nutzleistung um (physikalische Flugleistung); drei

Einheiten werden als Wärme verschleudert; der Wirkungsgrad beträgt rund 0,25 oder 25 %. Die Wärme muß abgeführt werden. Ist das nicht möglich, so überhitzt der fliegende Vogel und muß zu Boden gehen. Ein ausgeglichener Temperaturverlauf ist deshalb kennzeichnend für einen physiologisch nicht überfordernden Windkanalflug. Die »Innentemperatur« der Taube kann man am besten messen, indem man ihr eine sehr kleine und dünne Thermosonde schmerzfrei in die Kloake (das gemeinsame Endstück des Darms und Geschlechtssystems) einführt. Wie eine typische Registrierung zeigt, steigt die Kloakentemperatur nach Beginn des Windkanalflugs ein klein wenig an und sinkt nach Ende in wenigen Minuten wieder auf den Ruhewert ab. Bei Umgebungstemperaturen bis etwa

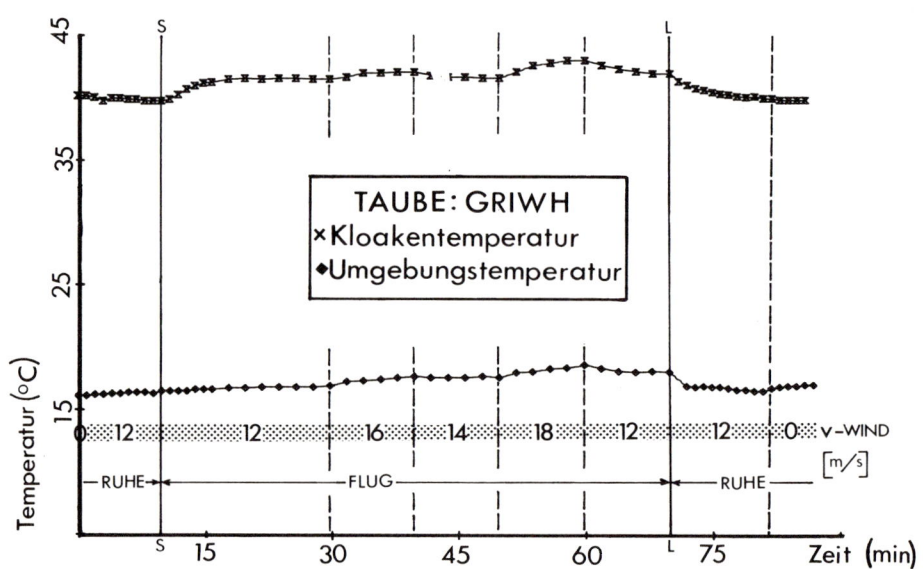

Ein typischer Flugversuch zur Kennzeichnung der Temperaturänderungen unter Flugbelastung

20° C kann die Taube problemlos bis zu den höchsten im Kanal machbaren Geschwindigkeiten fliegen ($18\,m\,s^{-1}$ entsprechend $65\,km\,h^{-1}$), und zwar ohne weiteres über eine Stunde oder länger. Die Abbildung Seite 100 zeigt einen typischen Versuch, bei dem man unterschiedliche Windgeschwindigkeiten eingestellt und die Taube damit zur Geschwindigkeitsanpassung gezwungen hat. Die Umgebungstemperatur ist noch nicht kritisch. Die Kloakentemperatur ändert sich mit der eingestellten Umgebungstemperatur. Zum Flugbeginn steigt sie um knapp 2°, etwa von 40 auf 42° C, nach Versuchsende fällt sie in etwa 10 Minuten wieder auf den alten Wert ab. Das ist der Normalfall, der einen Flug ohne stoffwechselphysiologischen Streß kennzeichnet.

Bei hohen Umgebungstemperaturen dagegen, etwa zwischen 24 und 29° C kriegen zumindest die großen Tauben mit Körpermassen über 400 g bei den höchsten (und auch bei den geringsten, vgl. Seite 97) Windgeschwindigkeiten offensichtlich ihre Wärme nicht mehr los. Sie werden häufig unruhig, tendieren zum Hinsetzen, zeigen eine allgemeine Flugunlust und fangen an zu hecheln. Je höher die Umgebungstemperatur, desto weiter wird der Schnabel geöffnet. Thermoregulatorisch kommen sie unter diesen Bedingungen wohl an ihre Leistungsgrenze. Dieses Verhalten muß man zunächst einmal kennen, will man für normale Flugbedingungen nicht in unphysiologische Bereiche kommen und die Tauben überlasten. Und genau das will ein Experimentator nicht: Die Tiere, die ihm anvertraut sind, will er nicht quälen. Unphysiologische Bedingungen sind zu vermeiden.

## Wärmemessungen beim Flug

Eine Zusammenfassung typischer Ergebnisse zeigt die Abbildung auf Seite 102. Sie bezieht sich auf Tauben mittlerer Massen zwischen 320 und 340 g. Die Temperaturen wurden in zwei Klassen eingeteilt. Bei der Klasse Nr. 1 mit Umgebungstemperaturen zwischen 10,6 und 13,9° C zeigen die Tauben einen Anstieg vom Ruhewert von 39,5° C im Mittel auf etwa 41,2° C, und zwar statistisch unabhängig von der Fluggeschwindigkeit zwischen 10 und $18\,m\,s^{-1}$. Ganz anders bei der Temperaturklasse 2 mit Umgebungstemperaturen zwischen 23,7 und 28,8° C. Hier war schon der Ruhewert etwas höher, betrug etwa 40,3° C. Beim Flug stieg auch hier die Temperatur, und zwar nun charakteristischerweise bei größeren Fluggeschwindigkeiten auf höhere Werte. Bei der höchsten Fluggeschwindigkeit von $18\,m\,s^{-1}$ waren im Durchschnitt 42,3° C eingestellt, in Einzelfällen auch mehr! Die Tauben flogen erratisch und nur kurz, so daß diese Versuche nach Kenntnis ihrer »Grenzfähigkeiten« abgebrochen und eingestellt wurden. Wir wissen nun, was wir unseren Tauben zumuten können, und sind beispielsweise sicher, daß sie bei Umgebungstemperaturen von 17° C und Fluggeschwindigkeiten von $16\,m\,s^{-1}$ nicht die geringsten Probleme haben, ihre »Abfallwärme« loszuwerden.

Für diese Versuche zur Thermoregulation an Windkanaltauben, die mein Mitarbeiter K.-D. Hirth zusammen mit H.-J. Rothe durchgeführt hat, war es nötig, einen gesamten großen Windkanalraum auf bestimmte Temperaturen zu bringen und vor allem die Abfallwärme des großen Gebläseaggregats herunterzukühlen. Versuche zum »Stoffwechsel unter Extrembedingungen« wären nicht möglich gewesen, wenn die Deutsche Forschungsgemeinschaft uns nicht ein großes Kühlaggregat für diesen Raum spendiert hätte.

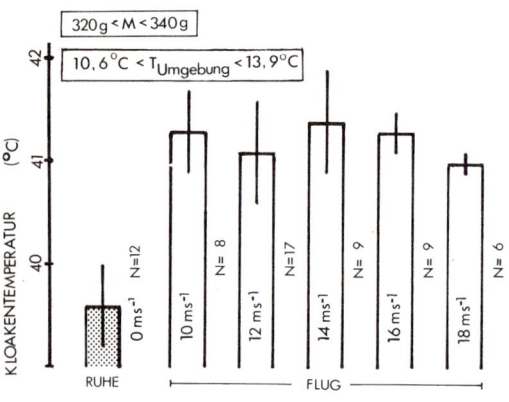

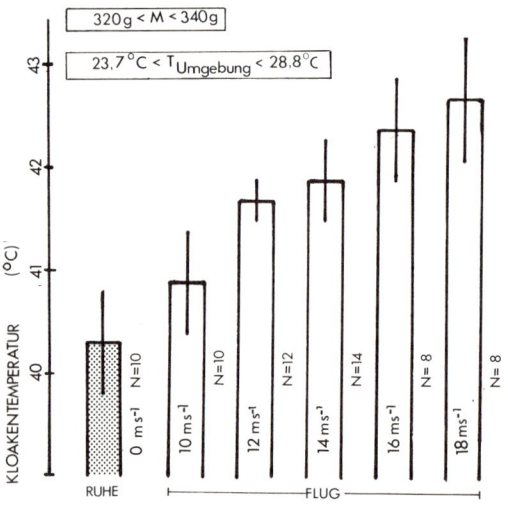

Temperaturbelastungen beim Windkanalflug von Tauben, gegliedert nach Umgebungstemperatur und Fluggeschwindigkeit

# Thermoregulation

Die Grundüberlegungen für eine Thermoregulation sind einfach (Anhang 8). Soll die Körpertemperatur konstant bleiben, so muß die Wärmeabgabe so groß sein wie die Wärmeproduktion $\dot{H}_p$ (gebildete Wärme pro Zeit; Dimension: Energie/Zeit = Leistung). Die Wärmeabgabe kann über den ausgeatmeten wärmebeladenen Wasserdampf gehen (evaporativer Wärmeanteil $\dot{H}_{ev}$) oder über nichtevaporative Mechanismen, für die im wesentlichen Wärmestrahlung (Radiation) und Wärmeaufladung auf die umstreichende Luft (Konvektion) anzunehmen sind. Thermoregulatorisch interessant ist vor allem der Anteil der evaporativen Wärmeabfuhr an der Gesamtwärmeabfuhr bzw. -bildung, also der Faktor $\dot{H}_{ev}/\dot{H}_p$. Dieser Faktor steigt mit größerer Umgebungstemperatur.

Womit kühlen die Tauben nun ihren Körper beim Flug? Sie besitzen ja keine Schweißdrüsen, können nicht schwitzen und damit Verdunstungskälte erzeugen wie beispielsweise der Mensch. Normalerweise hecheln sie beim Flug auch nicht und atmen damit nicht übermäßig viel wäremeabführenden Wasserdampf aus. (Dies wäre auch sehr riskant: Hecheln, also forciertes Durchatmen, ermöglicht zwar hohe Wasserdampfabgabe, führt aber leicht zu einer gefährlichen Übersäuerung des Bluts [Acidose], die rasch in eine Ohnmacht münden kann.)

Wahrscheinlich ist es so, daß Tauben ihr Gefieder reflektorisch mehr oder minder stark spreizen und damit durchströmen lassen und so den Löwenanteil der Wärme der Hautregion durch Konvektion abführen.

Ein weiterer Hinweis ergibt sich aus der Beobachtung der Beine und Füße. Bei 7,5°C Umgebungstemperatur werden die hinteren Extremitäten im Gefieder versteckt. Zwischen 10 und 15° werden die Füße leicht herausgestreckt, bei 20° deutlich abgewinkelt nach unten geschoben und schließlich ab 25° einfach rigoros in den Luftstrom gehängt, ob sie nun bremsen oder nicht. Offensichtlich wird durch die Umströmung der stark durchbluteten Füße viel Wärme abgeführt. Mein Mitarbeiter W. Biesel hat im Rahmen seiner Doktorarbeit unter anderem die Wärmedurchgangszahl (Anhang 9) bei Windkanaltauben abhängig von der Umgebungstemperatur bestimmt. Wie man aus der untenstehenden Abbildung entnehmen kann, steigt diese den Wärmefluß kennzeichnende Größe mit ansteigender Umgebungstemperatur und ist mit der Beinstellung korreliert. Es ist also wohl wirklich so, daß die mehr oder minder exponierten Taubenbeine einen wichtigen »variablen Kühler« dieses biologischen Flugsystems darstellen.

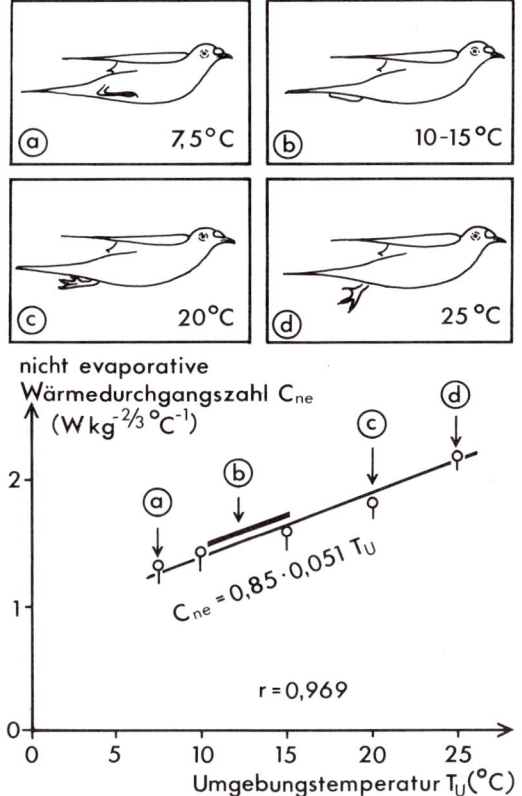

Korrelation von Wärmedurchgangszahl und Beinhaltung zur Umgebungstemperatur bei Windkanaltauben

## Massenverlust

Wenn ein Flugzeug startet, ist es bis an die Grenzen mit Treibstoff beladen. Es landet mit viel geringerer Last, weil es seinen Treibstoff verbraucht hat. Fliegt es schneller, verbraucht es mehr Treibstoff. Man könnte nach entsprechender Eineichung aus dem Treibstoffverlust bei gegebener Fluggeschwindigkeit leicht auf die Flugstrecke oder bei gegebener Flugstrecke auf die Fluggeschwindigkeit schließen. Technisch stellt sich das Problem nicht; man hat dafür einfachere Meßmöglichkeiten. Aber biologisch könnte es interessant sein. Warum mißt man über den Umweg der Atemgasmasken so komplexe Sachen wie Sauerstoffverbrauch und Kohlendioxidabgabe und nicht einfach den Massenverlust? Wenn sonst nichts abgegeben wird, müßte die verlorengegangene Masse ja aus

Treibstoff bestehen. Über RQ-Messungen weiß man, welcher Treibstoff verbrannt wird, und über zwischendurch ausgeführte Wägungen (man kann alle 10 Minuten den Kanal stoppen, die Taube herausnehmen, wiegen und wieder hineinsetzen – sie fliegt weiter, als ob nichts geschehen wäre) kann man leicht auf den Massenverlust schließen. Somit könnte man ja ganz simpel für jedes 10-Minuten-Intervall die verbrauchte Energie bestimmen und durch einfache Teilung durch die Meßzeit die Leistung berechnen.

Die umstehende Abbildung zeigt nach Messungen von H.-J. Rothe den mittleren Massenverlust in $g\,min^{-1}$ von drei Tauben, abhängig von der Fluggeschwindigkeit. Bei jeder Messung flogen die Tauben zwei Stunden. Wie erkennbar, verlieren sie im Mittel etwa $0,15\,g\,min^{-1}$ bei der idealen Fluggeschwindigkeit von etwa $12\,m\,s^{-1}$, die nach der Abbildung auf Seite 97 ja charakteristisch ist für die geringstmögliche Energieausgabe beim Flug. Bei höheren und auch bei geringeren Fluggeschwindigkeiten steigen die Massenverluste wieder analog zu den Leistungsberechnungen. Es spricht also zunächst einmal nichts dagegen, daß die Massenverluste auf den verbrannten Treibstoff zurückzuführen sind.

Rechnet man mit einer mittleren Taubenmasse von ungefähr 350 g, so entspricht der minütliche Verlust von 0,15 g einem Verlust von 0,043 % der Körpermasse. In der Stunde würde die Taube dann 2,6 %, im durchschnittlich längsten Fall eines 3-Stunden-Flugs in unserem Kanal also 7,7 % ihrer Körpermasse verlieren. Mit ähnlichen Größenordnungen muß man auch bei Flugzeugen rechnen.

Leider liegen die Verhältnisse aber nicht so einfach; der Massenverlust muß nicht unbe-

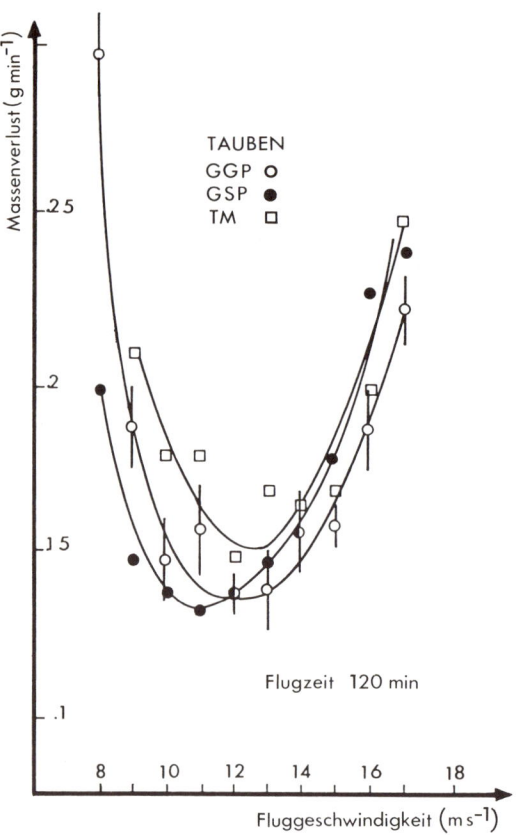

Die Massenverlust-Geschwindigkeits-Beziehungen ähneln als Minimumskurven den Stoffwechselleistungs-Geschwindigkeits-Beziehungen

Albatrosse – hier Diomedea melanophris – kommen dank ihrer Technik des »Wellengleitens« (s. Seite 75) mit geringem Treibstoffverlust pro Kilometer zurückgelegter Strecke aus

dingt gleich dem Treibstoffverlust sein. Abse-
hen kann man von anderen Verlusten, beispielsweise Abgabe von Darmausscheidungs-
produkten oder Federnverlust (Anhang 4).
Wenn man sich aber die Abbaugleichungen
von Fett oder Kohlenhydraten auf Seite 86
anschaut, sieht man, daß die Taube Sauerstoff aufnimmt (damit beim Flug also schwerer wird) und Kohlendioxid abgibt (damit
leichter wird). Außerdem wird auch Wasser
beim Verbrennen der Treibstoffe gebildet.
Man spricht vom Oxidationswasser. Gäbe es
die Taube insgesamt ab, würde sie auch leichter. Es wäre aber auch möglich, daß sie es im
Gewebe speichert und weniger abgibt.
Schließlich bestünde aber auch die Denkmöglichkeit, daß sie ihr Oxidationswasser vollständig abgibt und außerdem noch gespei-
chertes Gewebewasser, während des Flugs also sozusagen leicht austrocknen würde. Der
Massenverlust ist also eine komplexe Größe.
Man muß vorsichtig sein, wenn man ihn mit
dem Treibstoffverbrauch in Beziehung setzen
will.
Mein Mitarbeiter W. Biesel hat sich gerade
mit diesen Problemen ausführlich befaßt.
Wer sich in die – in den Anhängen 4–7 detail-
lierter geschilderten – Überlegungen etwas
eindenkt, wird plötzlich erkennen, wo das eigentliche Limit für Langstreckenflüge unter
den Zugvögeln liegt. Es ist nicht die Belastung durch den langen Flug von Hunderten,
ja Tausenden von Kilometern. Es ist nicht der
Treibstoffmangel (von Extrembedingungen
wie Gegenwinden abgesehen). Es ist etwas
ganz anderes, an das bisher nur selten gedacht
worden ist: die Gefahr, daß der Vogel aus-
trocknet!

## Wasserverlust

Das Ergebnis derartiger Ansätze ist letztlich
auf einen einfachen Nenner zu bringen: Bei
$RQ = 0,7\overline{2}$, und nur dort, ist der durch Wägung bestimmbare Gesamtmassenverlust
gleich dem gesamten Wasserverlust (Anhang 6).
Wie sind also die Meßkurven des Massenver-
lustes auf Seite 104 zu interpretieren? Bei
überwiegender Fettverbrennung ($RQ \approx 0,7$)
entsprechen sie nicht direkt dem Treibstoff-

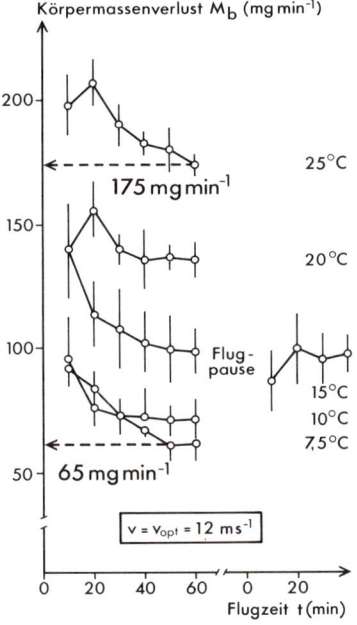

Körpermassenverlust von Windkanaltauben beim
Flug bei unterschiedlichen Umgebungstemperaturen.
Die »Einschwingvorgänge« laufen überall gleichartig
ab

verlust selbst, sondern dem Wasser, das der Vogel beim Flug abgibt!

Natürlich stammt das Wasser zumindest zum Teil aus dem veratmeten Treibstoff als »Abfallprodukt« (Oxidationswasser) und ist damit ein indirektes Maß für den Treibstoffverbrauch: Je mehr Treibstoff verbraucht, je mehr Betriebsstoff verbrannt wird, desto mehr Oxidationswasser entsteht. Es ist nun freilich nicht gesagt, daß das gebildete Oxidationswasser, und nur dieses, jeweils zur Gänze abgegeben wird. Wenn weniger abgegeben wird als gebildet (Speicherung), müßte man das meßtechnisch als geringeren Treibstoffverbrauch interpretieren und machte damit einen Fehler. Wenn mehr abgegeben wird als gebildet (Austrocknung), machte man einen Fehler in die andere Richtung. Außerdem geht das eine wie das andere nicht ad infinitum. Der Vogel kann sich nicht wie ein Schwamm voll Wasser saugen, weil mehr Wasser gebildet als abgegeben wird. Er kann erst recht nicht sonderlich mehr abgeben, als er nachschiebt, weil er sonst regelrecht vertrocknen würde.

Mißt man den gesamten Körpermassenverlust als Funktion der Flugzeit bei ein und derselben Fluggeschwindigkeit, aber bei unterschiedlichen Umgebungstemperaturen zwischen 7,5 und 25°C, so zeigen sich zwei Dinge. Je höher die Temperatur ist, desto größer ist der Körpermassenverlust. In jedem Fall aber nimmt die Kurve so ab, daß sie nach einer knappen Stunde parallel zur Abszisse ausschwingt (Nettomassenverlust gleich Null bei RQ = 0,72 nach ca. einer Stunde Flugzeit; vgl. Abb. Seite 106 und Anhang 6). Höhere Fluggeschwindigkeit bedeutet also höhere

Wasserabgabe. Das ist verständlich. Höhere Fluggeschwindigkeit bedeutet ja höhere Stoffwechselleistung, und diese produziert mehr Abfallwärme, die zu ihrer Abführung letztlich mehr Wasserdampfausatmung braucht (1 g verdampfendes Wasser führt 2,4 kJ Wärme ab: »Verdampfungswärme«). Überlegungen zur Kalorik stehen in den Anhängen 8–11.

## Wärmeabfuhr über das ausgeatmete Wasser

Berechnet man denjenigen Anteil an der produzierten Gesamtwärme, der über das ausgeatmete Wasser abgegeben wird, als Funktion der Fluggeschwindigkeit, so ergibt sich die untenstehende Kurve. Man erkennt eine erstaunliche Übereinstimmung mit der Stoffwechselleistungskurve. Von einer mittleren

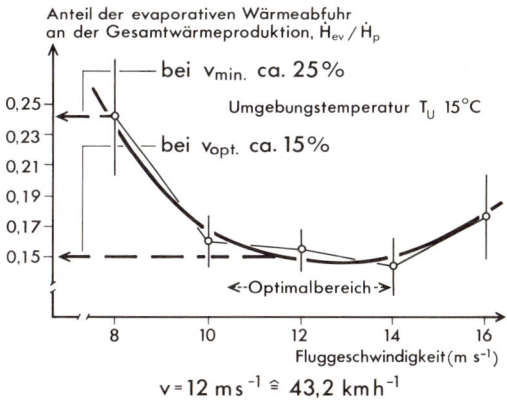

Anteil der evaporativen Wärmeabfuhr an der Gesamtwärmeproduktion als Funktion der Fluggeschwindigkeit bei Windkanaltauben

Idealgeschwindigkeit aus gibt der Vogel bei größeren, aber auch bei kleineren Geschwindigkeiten mehr Stoffwechselleistung aus und somit – wenn der Gesamtwirkungsgrad gleichbleibt – auch mehr Abfallwärme. Diese muß er dadurch beseitigen, daß er in der Zeiteinheit mehr wärmebeladenes Atemwasser ausatmet. Die Kurve ist also nicht sonderlich aufregend. Eine schlagende Erkenntnis bringt dagegen die nächste Graphik.

## Wärmeverlust über den Oxidationswasser-Anteil

Die Theorie verlangt folgendes. Für einen Anteil der evaporativen Wärmeabgabe $\dot{H}_{ev}$ (also der Wärmeabgabe über verdampftes und damit wärmebeladenes ausgeatmetes Wasser) von knapp 9 % der gesamten produzierten Wärme $\dot{H}_p$ reicht das Oxidationswasser der Fettverbrennung gerade aus. Mit anderen Worten: Wird bei Verbrennung von Fetttreibstoff das gesamte entstehende Oxidationswasser prompt ausgeatmet, so kann es 9 % der Gesamtwärme des Muskelmotors mitnehmen und abführen (Anhang 11).
Es kommt nun ganz darauf an. Flugzustände, für die die Bedingung gilt »$\dot{H}_{ev}/(0,75 \cdot \dot{H}_p) \leq 0,09$« (9 %), sind problemlos solange durchzuhalten, solange Treibstoff da ist. Steigt der Wert über 9 %, so wird es kritisch, da der Vogel nicht so viel Respirationswasser nachbilden kann, wie zur Wärmeabfuhr über das ausgeatmete Wasser nötig wäre. Die Graphik zeigt, daß sowohl die absolute evaporative Wärmeabgabe als auch (und das ist ausschlaggebend wichtig) ihr prozentualer

Anteil an der gesamten Wärmeproduktion mit zunehmender Umgebungstemperatur ansteigt. Der kritische 9 %-Bereich liegt nun aber sehr weit am unteren Ende der Temperaturskala, grob betrachtet bei 5° C. Diese Aussage ist außerordentlich wesentlich. Fliegt ein Vogel (unter den hier genannten Randbedingungen) bei Temperaturen unter oder bis 5° C, so reicht das Wasser, das er beim Verbrennen seines Fetttreibstoffs erzeugt, gerade zur Abfuhr des evaporativ abzugebenden Wärmeanteils seiner »Motorabwärme« aus. Fliegt der Vogel bei höherer Temperatur, so muß er mehr Wasser abgeben, als er durch Verbrennung nachgeliefert bekommt: Er trocknet aus!

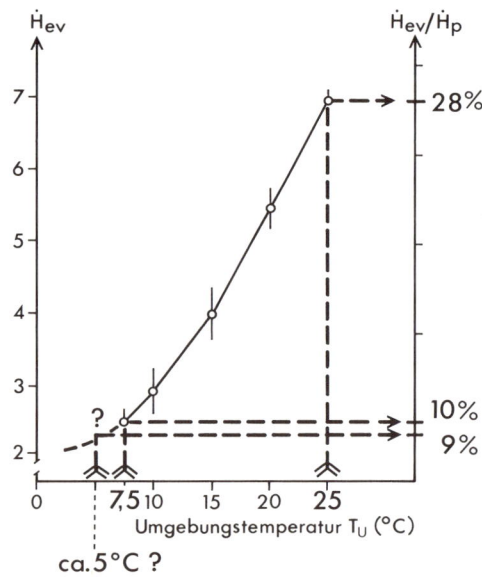

Evaporative Wärmeabfuhr und deren Anteil an der Gesamtwärmeproduktion als Funktion der Umgebungstemperatur

## Grenzwerte für den Wasserverlust

Das kann nun natürlich nicht ad infinitum gehen. Man kann damit rechnen, daß bei einem Grenzwert des Wasserverlustes von 5 % des Körpergewichts ein Vogel noch nicht in einen physiologisch bedenklichen Zustand kommt (beim Menschen findet man dagegen

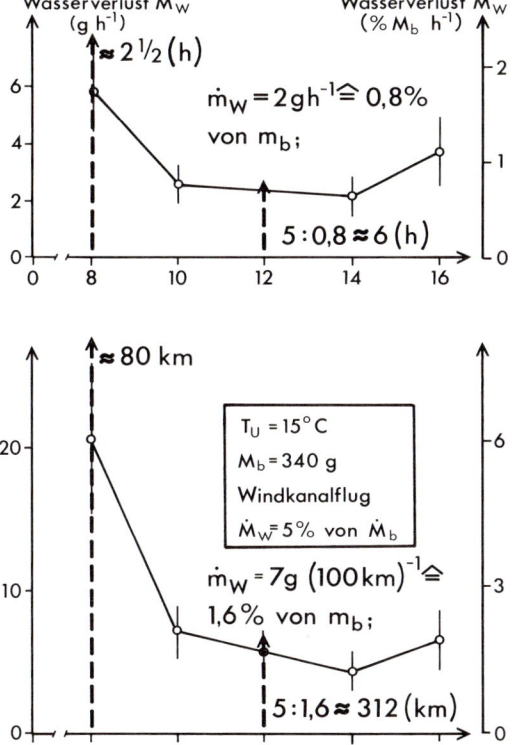

Abhängigkeit des auf die Flugzeit (oben) und Flugstrecke (unten) bezogenen Wasserverlusts mit eingezeichneten Grenzbedingungen

schon sehr starke Schäden, wenn er nur 3 % seiner Masse an Wasser verliert). Nach den angegebenen Kurven kann eine 340 g schwere Taube bei einer Umgebungstemperatur von 15° sechs Stunden in der Luft bleiben, bis sie 5 % ihrer Körpermasse an Wasser verloren hat und damit beginnt, gefährlich auszutrocknen. Unsere Windkanal-Dauerflüge mit maximal 3–4 Stunden liegen unter dieser Grenze und zeigen, daß der Windkanalflug keinen Dauerstreß verursacht. Man kann auch auf Entfernung umrechnen. Bei der idealen Reisegeschwindigkeit von 12 m s$^{-1}$ käme die Taube dann 312 km weit, bevor sie zu Boden gehen und Wasser trinken müßte. Nehmen wir einen kritischeren Wert, den extremen im Windkanal einstellbaren Langsamflug mit 8 m s$^{-1}$. Hier könnte die Taube nur 2½ Stunden in der Luft bleiben und etwa 80 km zurücklegen, bevor sie Wasser nachtrinken müßte.

Wie sieht das wohl bei Freiflugbedingungen aus? Die Frage beantwortet das Kennliniendiagramm in Parameterdarstellung der Abbildung auf Seite 110. Bei 10° C, wie sie in großer Flughöhe von vielleicht 2000 m oder mehr auftreten, könnte eine Taube 15 Stunden in der Luft bleiben und 700 km weit fliegen, bevor sie nachtrinken muß. Im Niederflug über warme Regionen, bei 25° Lufttemperatur, schaffte sie dagegen nur 80 km und könnte 2 Stunden in der Luft bleiben. Vollkommen problemlos ist es bei geringen Temperaturen von ungefähr 7,5° C. Theoretisch könnte sie zwei Tage in der Luft bleiben und über 2000 km fliegen.

Die Windkanalexperimente und die Massenverlustmessungen haben also ein überraschendes Ergebnis gebracht. Es ist kaum der Treibstoff, der den Langstreckenflug limitiert, sondern vielmehr die Tatsache, daß der Vogel (abgesehen von extrem niederen Umgebungstemperaturen) zum Abführen seiner Muskelwärme mehr Wasser ausatmen muß, als er durch die Treibstoffverbrennung nachgeliefert bekommt. Er trocknet also langsam, aber sicher aus. Erreicht er einen Austrocknungseffekt von vielleicht etwa 5 % der Körpermasse (Biebach rechnet mit 10 % und mehr), so muß er den Flug abbrechen.

## Kompensatorische Verhaltensweisen

Welche Möglichkeiten bieten sich den Langstreckenfliegern in der Natur nun, gegen diese Austrocknungsgefahr, die Schwierigkeit einer »Dehydration« anzukämpfen? Ich sehe vier Möglichkeiten.
Zum einen sollten die Vögel eine große Flughöhe wählen. Dann ist die Umgebungstemperatur klein. Typische Langstreckenflieger können ohne weiteres ein bis zwei Tage in der

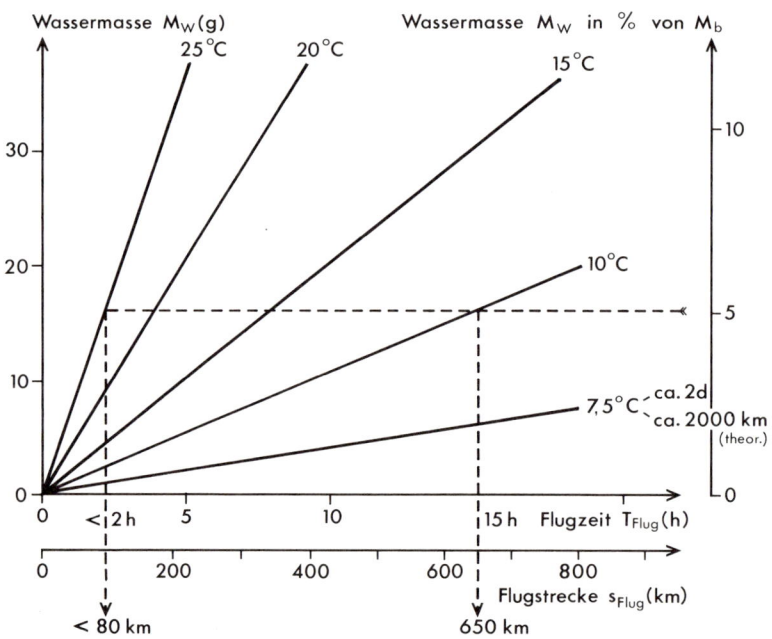

Abhängigkeit der möglichen Flugstrecke vom absoluten und prozentualen Wasserverlust bei unterschiedlichen Umgebungstemperaturen

Luft bleiben, in drei Kilometer Flughöhe, und trocknen dabei nicht aus.

Zum andern sollten die Vögel in der Nacht ziehen, weil dann die Umgebungstemperatur ebenfalls kleiner ist und außerdem keine Gefahr besteht, daß die Tiere (gerade wenn sie dunkler gefärbt sind) über die Sonneneinstrahlung unnötige Wärme aufnehmen. Nachtzug gerade von Kleinvögeln ist demnach auch die Regel.

Wenn Vögel genügend Energie haben, sollten sie am Tage rasten, nicht fliegen, da sie dabei zu stark austrocknen. Seit den Messungen von Bairlein sowie von Biebach ist bekannt, daß Transsaharazieher an günstigen Raststrecken mit auch nur einem minimalen Schattenwurf »übertagen« und erst am Abend weiterfliegen.

Viertens sollten die Tiere so oft wie möglich zwischenlanden und trinken. Dieses Verhalten ist von heimfliegenden Brieftauben bekannt, die man mit dem Flugzeug verfolgt hat. Unsere Windkanaltauben lassen im allgemeinen nach dem Flug hingestelltes Wasser unberührt. Fliegen sie dagegen unter Wärme-, Zeit- und Geschwindigkeitsbedingungen, bei denen sie mehr Wasser verlieren, als ungefähr 3 % ihrer Körpermasse ausmacht, so trinken sie nach Versuchsende mehr oder minder ausgiebig.

## Unterschiedliche Wasserhaushalts-Strategien

Die Taube ist zwar in mehrerlei Hinsicht ein guter »Standardvogel«, doch gibt es ja auch noch andere. Sind die an der Taube gewonnenen Ergebnisse verallgemeinerbar? Aus verschiedenen Gründen ist das nicht anzunehmen. Die letzte Abbildung in diesem Zusammenhang auf Seite 112 zeigt den Anteil der Respirationswasser-Wärmeabgabe an der gesamten Wärmeproduktion als Funktion der Umgebungstemperaturen bei verschiedenen Vögeln. Die Kennlinie der Taube wurde bereits in der Abbildung auf Seite 108 vorgestellt. Es zeigt sich, daß die Taube wieder einmal (wie so oft in flugphysiologischer oder flugphysikalischer Hinsicht) in der Mitte liegt, nicht abenteuerlich gut und auch nicht bodenlos schlecht ist. Andere Vögel liegen darunter, fliegen allerdings in der Hauptsache auch bei niederen Temperaturen, so die Dunkelente und (in Grenzen) der Star. Diese sind der Austrocknungsgefahr kaum ausgesetzt und brauchen sich bei Langstreckenflügen um diese Probleme nicht zu kümmern. Anders beispielsweise der Weißhalsrabe und der Wellensittich. Sie fliegen auch noch bei höheren Temperaturen und können dann wegen Austrocknung nur kurz in der Luft bleiben. Im mittleren Bereich konvergieren aber alle Kurven, so in etwa bei 20° C Umgebungstemperatur und einem evaporativen Wärmeabfuhranteil von 20 %. Das scheinen so die »Alltags-Standardbedingungen« zu sein. Insgesamt kann man durch all diese ausgewählten Meßkurven eine nach rechts immer steiler ansteigende Kennlinie legen und sie so interpretieren, daß die Wärmeabgabeproblematik über das Atemwasser bei allen Vögeln in etwa gleichartig ausgeprägt ist. Allerdings gibt es solche, die den tiefen Temperaturbereich ausnutzen und keine Exsikkationsprobleme haben, und auch solche, die im wesentlichen den hohen Temperaturbereich ausnutzen, dabei schnell austrocknen und somit nicht lange fliegen können. Man hat nicht gehört, daß Wellensittiche Langstreckenzieher sind. Ist genügend Trinkwasser in der Umgebung, können sie sich vielmehr extrem leistungsintensive Kurzflüge bequem leisten; sie müssen nur immer wieder den Wasservorrat ergänzen. Der Anhang 12 faßt die Aspekte der Temperaturabhängigkeit zusammen.

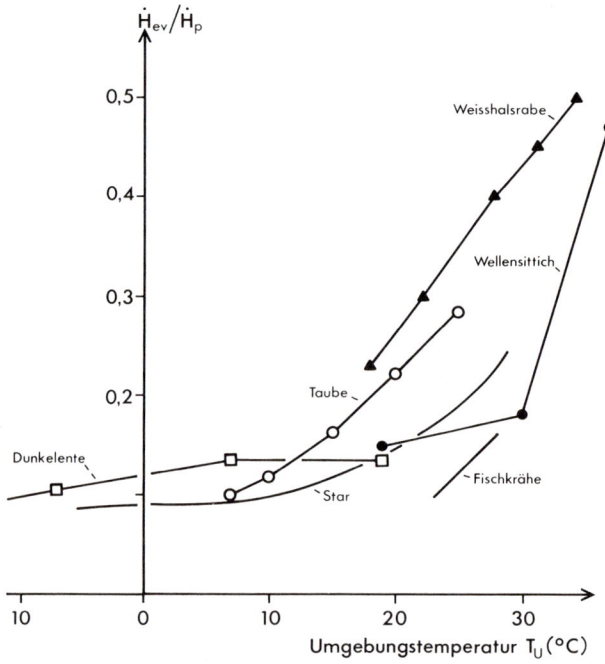

Anteil der evaporativen Wärmeabgabe an der Gesamtwärmeproduktion als Funktion der Umgebungstemperatur bei unterschiedlichen Vögeln (Literaturvergleich)

So sehen der Journalist Günter Haaf und der Fotograf Dirk Reinartz den Verfasser für einen Artikel im »Zeit-Magazin«. Ich betrachte die in der Meßstrecke freifliegende Taube durch ein Beobachtungsfenster des Kanals. Das Foto ist durch das gegenüberliegende Beobachtungsfenster geschossen. Die Taube befindet sich in der Nähe der hinteren Drahtabsperrung der Meßstrecke und beschleunigt etwas, um wieder in die Mitte des Meßraums zu gelangen.

Über den Heiligenschein des Tauben-Spiegelbilds über meinem Kopf bin ich nicht bekümmert: Jeder Mensch hat, wie gesagt, seinen Vogel.

Man kann das Bild auch noch anders interpretieren. Unsere Untersuchungen bringen Basisdaten zu Fragen, wie Organismen physiologisch funktionieren. Sie sind damit typische Grundlagenforschung und als solche zunächst wert- und zweckfrei. Die Gewinnung solcher Daten betrachte ich als Kulturauftrag. Wenn gelegentlich Einwände gegen Grundlagenforschung gemacht werden (Forschung würde die Menschen nicht glücklicher machen, die Umweltprobleme nicht lösen, den Menschen in größeres technologisches Ab-

seits manövrieren), kokettiere ich manchmal mit der Bemerkung, daß die Forschung, die wir betreiben, niemandem schadet. Sie macht nur Unbekanntes bekannt und erfüllt damit einen der Grundaufträge, die sich der zivilisierten Menschheit als kulturelle Anforderung stellen.

Mußte ich früher diesen Standpunkt mit einem deutlichen Augenzwinkern vortragen und ihn gegen sehr direkte, harte Argumente verteidigen (ein Mediziner: »Wie können Sie es verantworten, Steuergelder dafür auszugeben, zu erforschen, wie eine Fliege fliegt? Die von uns eingesetzten Steuermittel kommen dem Menschen zugute!«), so finde ich zu meinem eigenen Erstaunen mehr und mehr Verständnis, sogar für Elfenbeinturm-Aspekte (»Zumindest schaden die ja niemandem«). Es wird langsam sogar wichtig, darauf hinzuweisen, daß Grundlagenforschung ja bei der Datengewinnung nie stehenbleibt. So werden auch unsere Daten einfließen in ein Gesamtverständnis des Langstreckenflugs von Zugvögeln und damit zunächst indirekte, mehr und mehr aber auch direkte Relevanz finden für Bemühungen um den Schutz der Zugvögel.

Kondor (Vultur gryphus)
$m \approx 11,4$ kg
$b \approx 290$ cm
$f \approx 1$ $s^{-1}$
$v \approx 55$ km·$h^{-1}$

Hummelkolibri (Calypte helenae)
$m \approx 2$ g
$b \approx 7$ cm
$f \approx 50$ $s^{-1}$
$v \approx 40$ km·$h^{-1}$

# *Große Vögel – kleine Vögel*

## Märchen vom Floh und Getreidehalm

Ein Menschenfloh ist etwa drei Millimeter lang und kann rund dreißig Zentimeter hoch springen – grob betrachtet. Das Verhältnis zwischen Sprunghöhe und Körperlänge ist also 100:1. Wäre ein 1,80 m großer Mensch so kräftig wie der Floh, so kann man lesen, könnte er über jeden Kirchturm springen (Sprunghöhe = 1,80 · 100 = 180 m). Tatsächlich liegt der Weltrekord bei einer relativen Höhe von rund 2,50 m : 1,80 m = 1,4 : 1 – und das auch nur mit Hilfe raffinierter Körperhaltungen. Kräftemäßig ist der Mensch dem Floh also hoffnungslos unterlegen. So steht es jedenfalls auch heute noch in manchen Büchern. Was schwarz auf weiß steht, muß aber noch lange nicht stimmen. In Wirklichkeit ist es nämlich genau umgekehrt.

Oder ein anderes Beispiel. Ein 1,50 m hoher Roggenhalm erreicht einen mittleren Durchmesser von 0,3 cm, und damit ergibt sich ein sogenannter Schlankheitsgrad von 1,50 cm/0,3 cm = 500. Der Halm ist damit rund 20mal »schlanker« als der schlankste Schornstein, die Halsbrücker Esse bei Freiberg in Sachsen. Diese ist 140 m hoch. Wäre der Roggenhalm so groß, so hätte er nur einen Durchmesser von 28 cm. Damit ist gezeigt, daß die Natur der Technik haushoch überlegen ist. – Wiederum wäre nichts falscher als diese Annahme. Aus physikalischen Gründen müssen höhere Bauwerke »plumper« sein, wenn sie gleiche innere Widerstände gegen Belastung aufweisen sollen. Ähnlichkeitsgesetze schreiben das vor. Der Riesenstrohhalm müßte in Wirklichkeit ungefähr 2,70 m dick werden. Sein

Schlankheitsgrad wäre dann nicht mehr 500, sondern nur noch 52. Je größer ein Hochbauwerk der Natur wird, desto »plumper« wird es tatsächlich.

Große Dinge sind mit kleinen also nicht »einfach proportional« zu vergleichen, und große Lebewesen mit kleinen auch nicht. Als Autor eines Vogelbuchs sollte man eigentlich niemals folgendes schreiben: »Ein Mensch müßte, wollte er dem Gewicht nach genausoviel essen wie ein Kolibri, täglich 142 kg Fleisch oder 185 kg gekochte Kartoffeln oder 65 kg Brot verzehren.« Der Vergleich ist »sinnleer«, bringt nichts.

## Massenabhängigkeit der Flächenbelastung

Die Problematik großer und kleiner Vögel läßt sich am besten angehen, wenn wir die auf Seite 59 diskutierte Frage der Flächenbelastung wieder aufgreifen. Unter der Flächenbelastung verstanden wir das Vogelgewicht, bezogen auf seine tragende Fläche. Da sich dieses Kapitel mehr mit Massenbeziehungen befaßt, soll im folgenden die Beziehung »Vogelmasse, bezogen auf die tragende Fläche« verwendet werden. (Zur Erinnerung: Die Masse 1 kg entspricht dem Gewicht von 9,81 oder rund 10 N.)

Die Graphik auf Seite 118 zeigt nach häufig zitierten Datenzusammenstellungen von Greenewalt die Auftragung der Flügelfläche über die Gesamtmasse, vom kleinsten Kolibri bis zu den großen Pelikanen, Störchen und Geiern. Eingezeichnet sind willkürliche Kennlinien für die Flächenbelastung von 1,

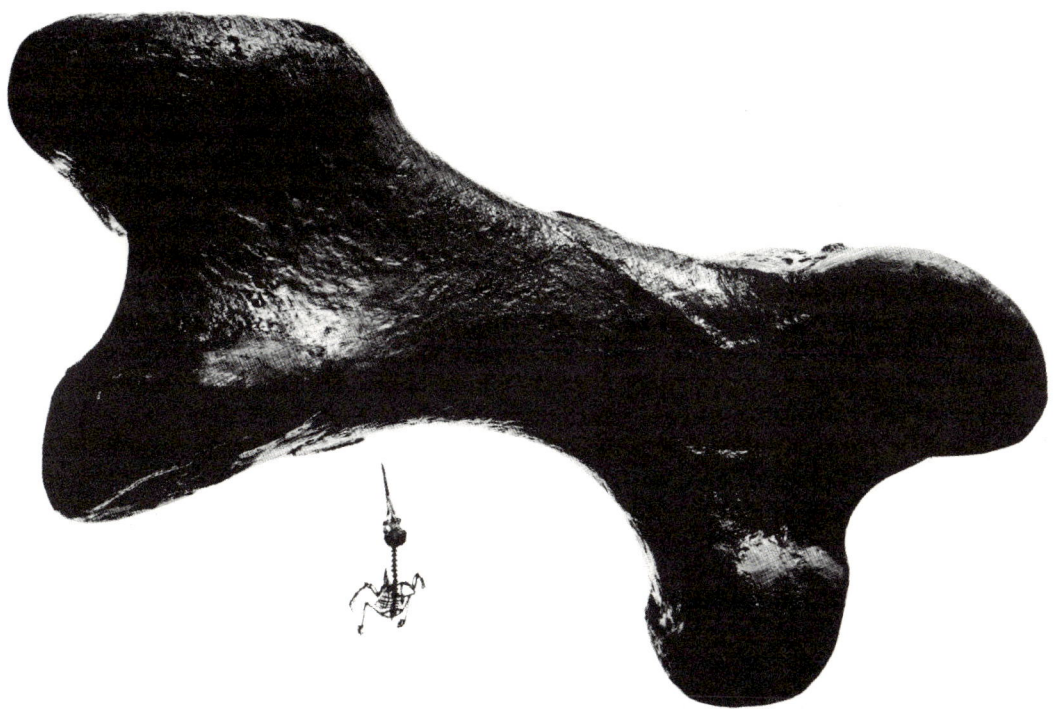

Oberschenkelknochen eines (flugunfähigen, fossilen) Riesenstraußes, verglichen mit dem Skelett eines Kolibris

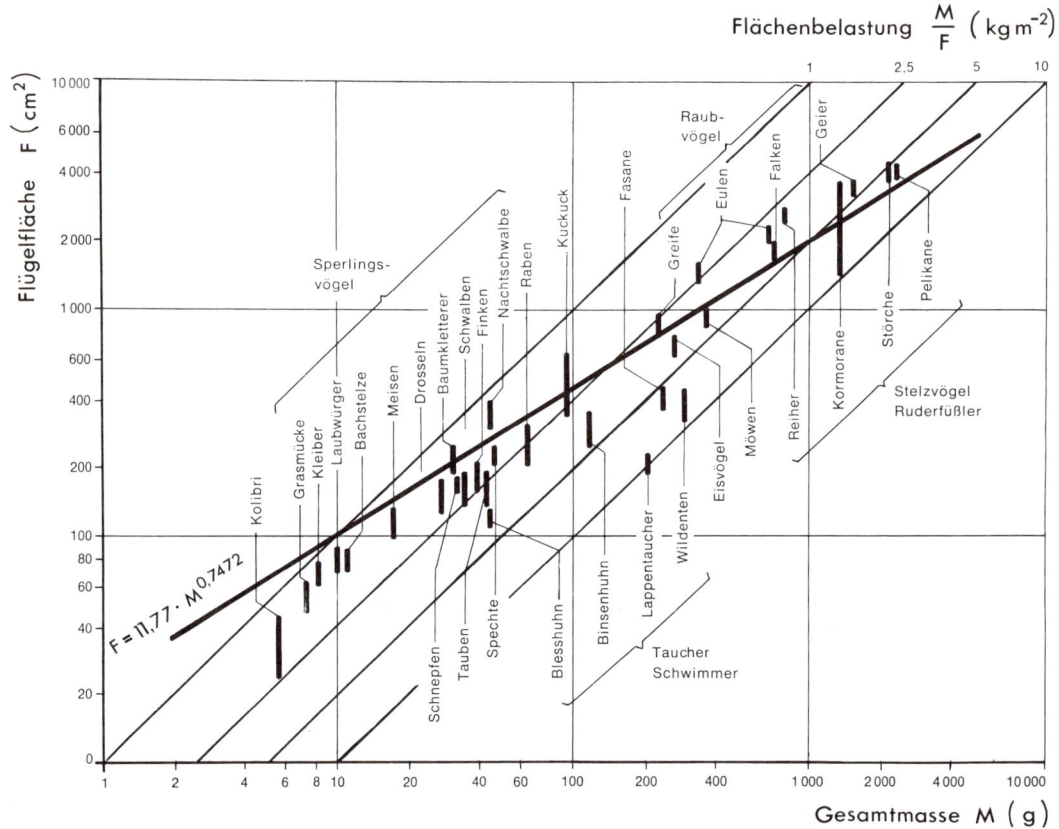

Korrelation der Flügelfläche von Vögeln zur Gesamtmasse und Vergleich der Flächenbelastungen. (Einige Werte dieser historischen Abbildung stimmen nicht, doch ändert das nichts an der Tendenz.)

2,5, 5 und $10 \, \mathrm{kg\,m^{-2}}$. Es zeigt sich auf einen Blick, daß sich die größten Vögel mehr der Kennlinie für die höchste Flächenbelastung, die kleinsten mehr der Kennlinie für die kleinste Flächenbelastung nähern. Versucht man in Gedanken, durch den Mittelpunkt der streuenden Meßwerte (also etwa bei einer Masse von 100 g und einer Flügelfläche von $400 \, \mathrm{cm^2}$) eine Gerade zu legen, die die Steigung der Punktewolke nach Augenmaß am besten beschreibt, so liegt diese »flacher« im Koordinatensystem als die Kennlinien für die Flächenbelastung. (Durchsichtiges Lineal auflegen!)

## Proportionsansätze

Hier helfen Proportionsansätze weiter. Nehmen wir einmal an, daß die Flügelfläche O der Gesamtmasse M proportional ist: $O \sim M$. Und lassen wir die Kennlinie durch den eben geschätzten Mittelpunkt der Punktewolke laufen. Im doppelt logarithmischen System der linksstehenden Abbildungen ergibt sich damit die Gerade $O = 4 \cdot M$ (O Oberfläche, gemessen in cm², M Masse, gemessen in g). Die vorher angenommene Schätzgerade liegt aber viel flacher im Koordinatensystem, was zeigt, daß die Beziehung $O \sim M$ nicht stimmen kann. Warum kann sie nicht stimmen?

Bei geometrisch ähnlichen Körpern und – davon kann man ausgehen – gleicher spezifischer Masse ist die Oberfläche dem Quadrat der Länge proportional, das Volumen (und unter den gegebenen Voraussetzungen damit auch die Masse) aber dem Kubus der Länge:

$$O \sim L^2$$
$$M \sim L^3$$

Löst man jeweils nach L auf und setzt gleich, so ergibt sich:

$$L \sim \sqrt[2]{O} \text{ oder } O^{1/2}$$
$$L \sim \sqrt[3]{M} \text{ oder } M^{1/3}$$

Es resultiert $O^{1/2} \sim M^{1/3}$ und damit nach Quadrieren

$$O \sim M^{2/3} \text{ oder } O \sim M^{0,\overline{66}}.$$

Die Oberfläche kann also aus geometrischen Gründen nicht proportional der Masse sein ($M^{1,00}$), sondern nur proportional der Zweidrittelpotenz der Masse ($M^{2/3} = M^{0,667}$).

Rechnet man nun für die Proportion $O \sim M^{2/3}$ die entsprechende Gleichung aus, die wieder durch den geschätzten Mittelpunkt der Punktemasse gehen soll, so ergibt sich, wie man durch Einsetzen leicht zeigen kann, mit den obigen Einheiten die theoretische Gerade

$$O = 18,4 \cdot M^{2/3}.$$

Wir haben der Steigung der Genauigkeit halber einmal nach den Mittelwerten präzise gerechnet und finden danach mit den genannten Einheiten die eingetragene Meßgerade. Nach einem statistischen Signifikanztest ist unsere Meßgerade von der theoretischen Geraden aber auf einem Fehlerniveau von einem Prozent nicht unterschieden; die Schätzung reichte also zur Herausarbeitung der Tendenz bereits aus. Und diese lautet: In der Punktewolke findet sich wirklich das versteckte Gesetz $0 \sim M^{2/3}$ repräsentiert!

Dieses berühmt gewordene Gesetz beschreibt auch die wichtigsten Kenngrößen der Atmungs- und Stoffwechselphysiologie. Der Sauerstoffverbrauch ist proportional der Masse M (»stoffwechselaktives Gewebe«), die Sauerstoffzufuhr oder Atmung dagegen nur proportional der Oberfläche O (»ausgebreitete innere Oberfläche der Lunge«). Damit ist die von der Sauerstoffzufuhr abhängige Stoffwechselleistung proportional $M^{2/3}$ oder $M^{0,667}$.

Ein Vogel, der im Vergleich mit einem anderen eine doppelt so große Körpermasse hat, kann aus seiner Muskulatur also nur die $2^{0,67} = 1,59$fache Stoffwechselleistung ziehen, ein dreimal so schwerer Vogel die 2,09fache. Dagegen ist die physikalische Flugleistung (nach der hier nicht näher zu diskutierenden Theorie) proportional $M^{1,117}$.

## Die »Leistungsschere«

Mit steigender Absolutgröße und damit Masse M steigt auf der einen Seite die für den Flug nötige physikalische Leistung $P_{Flug} \sim M^{1,117}$ und die von den Muskeln zur Verfügung zu stellende Stoffwechselleistung $P_{Stoffwechsel} \sim M^{0,667}$, doch steigt die letztere viel weniger stark als die erstere. Größere Vögel müssen also auf der einen Seite eine überproportional größere Leistung für den Flug ausgeben, bekommen auf der anderen Seite aber unterproportional weniger Stoffwechselleistung angeboten! Das kann nicht in beliebiger Weise weiterlaufen; ab einer bestimmten Größe wird es so sein, daß der Vogel gerade soviel Stoffwechselleistung angeboten bekommt,

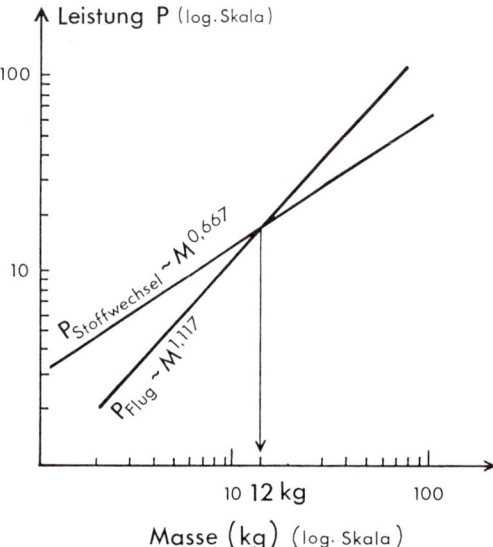

Die »Leistungsschere« schließt sich etwa bei Körpermassen von 12 kg

wie die Flugleistung schluckt. Noch größere und schwerere Vögel, die aktiven Streckenflug ausführen, kann es dann nicht geben (auf dieser Welt wenigstens nicht). Die einzige Möglichkeit, die die größten Vögel haben, bestünde darin, Energie aus der Umwelt aufzunehmen und beispielsweise Thermiken zu benutzen. Dann könnten sie einen Teil ihrer aufzubringenden Leistung letztlich direkt von der Sonne decken lassen.

Funktionen der Art $y = b \cdot x^a$ sind sogenannte Potenzfunktionen, die sich im doppeltlogarithmischen Koordinatensystem als Gerade darstellen lassen. Der Exponent erscheint dann als Geradensteigung. Unsere beiden Ansätze $P_{Flug} \sim M^{1,117}$ und $P_{Stoffwechsel} \sim M^{0,667}$ sind nun keine Gleichungen, weil ihnen der Faktor b fehlt, sondern Proportionen. Man kann sie im Koordinatensystem längs der Abszisse (x-Achse) beliebig hin- und herschieben, wobei sie ihre typische Steigung behalten. Somit läßt sich nicht ausrechnen, bei welcher Körpermasse sich die beiden Geraden schneiden. Dann hätte man ja den schwerstmöglichen streckenfliegenden Vogel berechnet! So muß man umgekehrt vorgehen. Man läßt die Geraden über dem Wert von einer Körpermasse von etwa 12 kg (ein Gewicht von rund 120 N) schneiden, weil in diesem Bereich die schwersten streckenfliegenden Vögel auf unserer Erde liegen, und hofft, die Dinge damit in etwa richtig beschrieben zu haben. Tatsächlich wird man mit diesem Vorgehen nicht ganz falsch liegen. In diesem Massenbereich liegen die größten Vögel ganz unterschiedlicher Ordnungen wie beispielsweise der Höckerschwan Cygnus olor, der Kalifornische Kondor, Gymnogyps californianus, der Rosapelikan, Pelecanus onocrotalus, und die Riesentrappe, Ardeotis cori. Die vier Vögel gehören, in der genannten Reihenfolge, zu den Ordnungen der Gänseartigen, der Falkenartigen, der Pelikanartigen und der Reiherartigen, sind also nicht näher miteinander verwandt. Es gibt zwar auch noch schwerere Vögel, so alte Hähne der Großtrappe, Otis tarda oder Extremexemplare von Hökkerschwänen, die um die 20 kg Körpermasse liegen. Diese können unter Einsatz der letzten Energie noch einige Kilometer streckenfliegen, aber keine Dauerflüge mehr machen. Noch schwerere Tiere können aus den genannten Gründen höchstens als überwiegende Segler existieren. Das war mit einiger Wahrscheinlichkeit der Fall für Pteranodon

ingens, den Riesenflugsaurier, mit einer kalkulierten Körpermasse von knapp 18 kg, und wohl auch für den amerikanischen Riesenkondor Teratornis, der zum Ende der Eiszeit Nordamerika bewohnt hat und an die 20 kg gewogen haben soll.

## Riesenflugsaurier

Es wurde eben ein Flugsaurier angesprochen: Die größten Flieger, die das Tierreich hervorgebracht hat, sind nicht Vögel, sondern eben diese fliegenden Reptilien. Allein der Schädel des Pteranodon ingens aus der Oberkreide von Kansas, USA, war knapp 180 cm lang; er trug eine etwa 70 cm lange, nach hinten aus-

Photogramm des Skeletts des ausgestorbenen kalifornischen Riesenkondors Teratornis (Spannweite: 5 m).

kragende »Fahne«, die wahrscheinlich zur Strömungsstabilisierung und zur Einleitung von Kurven wichtig war, vielleicht auch als Momentenausgleich bei der Aufnahme von Fischen von der Wasseroberfläche. Die Spannweite von Pteranodon ingens betrug nicht weniger als 7 m. Sein Oberarmknochen war 29 cm lang. Vor 15 Jahren hat man in Westtexas Reste von Flugsauriern gefunden, bei denen der größte Oberarmknochen 52 cm lang war. Nach allometrischer Rückrechnung kam man auf Spannweiten zwischen 15 und 16 Metern! (Heute rechnet man eher mit 12 m.) Wahrscheinlich war dieser nach dem mexikanischen Gott genannte Riesengleiter »Quetzalcoatlus« ein Aasfresser wie unsere heutigen Geier.

Man rätselt sehr darüber, wie die Stabilität und die Flugmechanik dieses wohl größten Luftbewohners aller Zeiten auf dieser Erde ausgesehen haben mögen; mit Sicherheit war das Riesentier im wesentlichen ein Gleiter und Segler. Allerdings liegen seine Fundstellen etwa 400 Kilometer landeinwärts von der damaligen Küstenlinie entfernt. Starke Küstenaufwinde standen ihm wohl nicht zur Verfügung; vielleicht nutzte er extensiv den Thermikflug? Moderne Experimente mit batteriebetriebenen Schlagflügelmodellen (etwa 4 m Spannweite – also ca. ⅓ natürliche Größe) haben den aktiven Flug allerdings wieder ins Gespräch gebracht. Paul Mac Cready ist es zusammen mit einem Team hochkarätiger technischer Spezialisten gelungen, den Kunst-Quetzalcoatlus in die Luft zu bringen.

## Massenabhängigkeit der Flügelschlagfrequenz

Interessant sind im übrigen auch Proportionsansätze zur Flügelschlagfrequenz. Größere Vögel schlagen ihre Flügel bekanntlich mit geringerer Frequenz. Unterscheiden läßt sich noch die maximal mögliche und die minimal mögliche Flügelschlagfrequenz. Die erstere fällt bei größeren Vögeln umgekehrt proportional zur Länge, die letztere (weniger stark) umgekehrt proportional zur Wurzel aus der Länge. Kleinere Vögel haben also einen größeren Frequenzspielraum als große, und die allergrößten können ihre Frequenz nur noch ganz wenig variieren und liegen immer in der Nähe des Schnittpunkts der beiden Geraden – wieder ein »eingebautes Größenlimit«, das die Vögel nicht in den Himmel wachsen läßt. Das bedeutet aber auch, daß die größten Vögel, kaum daß sie gestartet sind, so rasch wie möglich auf »Optimalfrequenz« schalten müssen. Es ist anzunehmen, daß sie diese Idealfrequenz genetisch einprogrammiert haben.

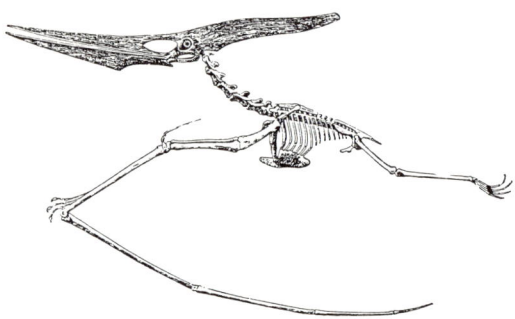

Skelett des Riesenflugsauriers Pteranodon ingens (Spannweite: 8 m)

## Absolute und relative Stoffwechselleistung

Größere Tiere weisen, wie gezeigt worden ist, auch eine höhere Stoffwechselleistung auf, deren Steigung allerdings oberflächenproportional (Exponent 0,667) und nicht massenproportional (Exponent 1,000) verläuft. Immerhin kann man damit sagen, daß größere Tiere auch eine größere Stoffwechselleistung aufbringen, was selbstverständlich erscheint. Ein Hund besitzt eine größere Masse als eine Maus und wird deshalb eine größere Stoffwechselleistung abgeben. Gleiches gilt im Vergleich zwischen einem Elefanten und einem Hund.

Ganz anders sieht die Sache aber aus, wenn man auf die Masseneinheit normiert, also ausrechnet, wie groß die Leistung pro kg Körpermasse (oder auch pro kg reiner Muskelmasse) bei kleinen, mittleren und großen Tieren aussieht. Man spricht dann von der spezifischen Leistung der Tiere. Wie auf Seite 88 dargestellt worden ist, ist die Leistung der Sauerstoffaufnahme bei der Atmung proportional. Die beiden nebenstehenden Abbildungen zeigen nun vom kleinsten bis zum größten Säuger den absoluten Sauerstoffverbrauch und den spezifischen Sauerstoffverbrauch massenabhängig dargestellt. Der erste steigt erwartungsgemäß (die Abweichung in den Exponenten 0,75 und 0,67 sind in Lehrbüchern der Physiologie diskutiert), der letztere allerdings fällt mit einem Exponenten $-0,25$. Das hat eine ganz unerhörte Konsequenz, deren Bedeutung einem eigentlich erst aufgeht, wenn man die Kurve in umgekehrter Richtung liest.

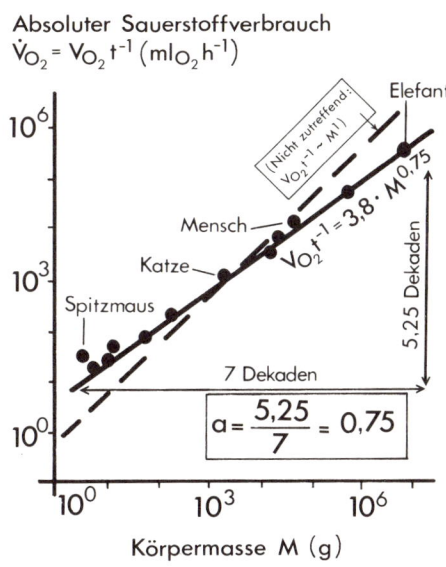

Absoluter Sauerstoffverbrauch
$$\dot{V}_{O_2} = V_{O_2}\, t^{-1}\ (ml_{O_2}\, h^{-1})$$

Abhängigkeit des absoluten Sauerstoffverbrauchs von der Körpermasse, demonstriert am Beispiel laufender Säuger

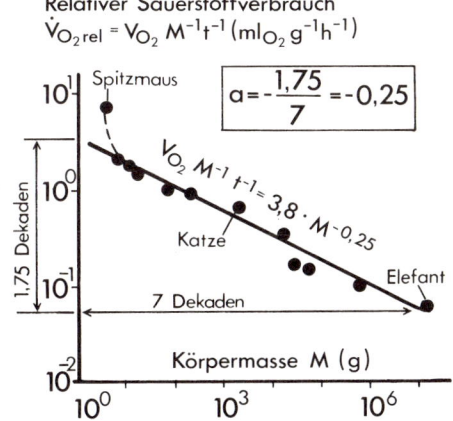

Relativer Sauerstoffverbrauch
$$\dot{V}_{O_2\,rel} = V_{O_2}\, M^{-1} t^{-1}\ (ml_{O_2}\, g^{-1} h^{-1})$$

Abhängigkeit des relativen Sauerstoffverbrauchs von der Körpermasse, demonstriert am Beispiel laufender Säuger

## Massenzwerge sind Stoffwechselriesen

Nimmt man in Gedanken einen Kubikzenti-
meter durchschnittliches Körpergewebe aus
einem Elefanten und einer Spitzmaus heraus,
so zeigt das letztere eine gut zwanzigmal größere Atmungs- und damit Stoffwechselaktivität als das erstere! Kleinere Tiere haben also
einen relativ höheren, und zwar drastisch höheren Stoffwechselumsatz. Das gilt für Vögel
genauso wie für Säugetiere. Deutlich kleinere
Säuger als Spitzmäuse oder die kleinsten Fledermäuse oder noch kleinere Vögel als Kolibris kann es wahrscheinlich schon deshalb
nicht geben, weil sie so hohe Stoffwechselaktivitäten entwickeln müßten, daß sie in der
eigenen Hitze schmoren würden. Sie bekä-
men die Stoffwechsel-Abwärme nicht mehr
los! Auch so haben Kolibris schon extrem
hohe Körpertemperaturen. Einen weiteren
Grund, warum es kleinere Vögel als solche
mit Körpermassen um die 2 g kaum geben
kann, liegt darin, daß aus physikalischen
Gründen dann eine zu hohe Flügelschlagfrequenz zu fordern ist. Diese kann muskelphy-
siologisch nicht mehr erreicht werden – es
sei denn mit speziellen hochfrequent oszillie-
renden Muskeln, wie sie die Insekten entwik-
kelt haben, die aber von Wirbeltieren nicht
bekannt sind.
Die hohen relativen Stoffwechselaktivitäten
der kleinsten fliegenden und laufenden Wirbeltiere fordern ihren Preis. Kann eine Taube
(Körpermasse um 350 g) schon mal einige Tage hungern, so verhungern kleine Goldhähnchen (Körpermasse wenige Gramm) bereits
nach einer Hungerzeit von einem knappen

Tag, die kleinsten Kolibris sogar nach ganz
wenigen Stunden! Sie müssen praktisch dauernd unterwegs sein und Nahrung aufnehmen. Das macht in der Nacht Schwierigkeiten. Manche Kolibris verbringen die Nachtzeit in einer Art Winterschlaf (»torpidity«
nennen es die amerikanischen Physiologen)
mit stark herabgesetztem Stoffwechsel, starr
und energiesparend.
Wie dem auch sei: Es mag aus diesen hier nur
appendixartig zusammengetragenen physiologischen Einzelheiten deutlich geworden
sein, warum gerade die kleinsten Vögel energetisch besonders günstig dastehen (solange
sie genügend Nahrung haben). Sie haben einen relativ größeren Muskelquerschnitt und
damit größere Muskelkraft zur Verfügung
(dazu, über die Dimensionslimits hinaus,
häufig auch eine in bezug auf die Körpermasse größere Muskelmasse). Ihre Muskeln arbeiten wesentlich aktiver und geben damit
eine relativ größere Leistung ab. Im statistischen Durchschnitt ist auch die Flächenbelastung und damit die Fluggeschwindigkeit bei
Idealauftrieb geringer, was wieder leistungs-
senkend wirkt. Kleinere Vögel haben deshalb
(solange sie Treibstoff haben, das ist das Problem) auch relativ höhere Leistungsreserven.
Sie können nicht nur überhaupt schwirrfliegen und damit den energiezehrendsten Flugzustand regelmäßig ausführen, sondern auch
praktisch unbegrenzt lange, solange sie eben
Treibstoff haben. Scheithauer berichtet von
einem Calothorax lucifer, den er mit dem Au-
to vom Münchener Flughafen abholte und
nach Bad Aibling schaffte – wobei er absicht-
lich langsam fuhr, um ihn nicht zu erschrek-
ken. Die ganze Zeit »stand« der Kolibri in der

Mitte des Flugkäfigs, ohne sich je zu setzen. Zu Hause, nach dem Eingewöhnen, wollte er den Calothorax fotografieren. Vier Stunden stand der Vogel in der Luft und setzte sich nur so kurz auf ein vorbereitetes Blatt, daß immer zu spät ausgelöst wurde. (»... und erschöpfte zwar noch nicht meine Geduld, wohl aber meine Spannkraft«)

## Möglichkeiten der Stoffwechselsteigerung

Bisher wurde nur vom Leistungsstoffwechsel bei Bewegung gesprochen. Erstaunlich sind aber auch die Stoffwechselsteigerungen zwischen Ruhe und Bewegung, die bei Kolibris möglich sind. Während ein schlafender Kolibri pro Gramm Körpermasse und Stunde ungefähr 4 Milliliter Sauerstoff verbraucht (das ist immerhin schon das 20fache von dem, was ein schlafender Mensch verbraucht, und dokumentiert die ebengenannte Massenabhängigkeit deutlich), steigt der Sauerstoffverbrauch beispielsweise beim ruhigen Standflug auf mehr als das 10fache. Das wäre noch nicht zu umwerfend; auch der Mensch kommt bei Extrembeanspruchungen kurzfristig in diesen Bereich. Aber auch das 40fache soll erreicht worden sein, tatsächlich eine Extremleistung. Weniger auffällig, aber immerhin sehr beachtenswert sind die entsprechenden Werte beim Streckenflug.

Der deutsche Zoologe Martin Berger hat den Sauerstoffverbrauch des Veilchenohr- und des Zwergveilchenohrkolibris beim Horizontalflug in einem Windkanal bestimmt. Er verwendete dazu Kopfmasken aus Silikon, ähnlich wie wir bei unseren Windkanaltauben. Im Durchschnitt verbrauchten seine Kolibris etwa 45 ml Sauerstoff pro Gramm und Stunde, und zwar – außerordentlich interessant – unabhängig von der Fluggeschwindigkeit zwischen Schwirrflug (Horizontalgeschwindigkeit = 0) bis zu einer Horizontalgeschwindigkeit von etwa 7 m pro Sekunde oder 25 Stundenkilometern. Anders als bei den nur gelegentlich schwirrfliegenden Tauben und anderen Großvögeln, die diesen Flugzustand nur selten und kurzfristig (und dann mit schlechterer Kinematik und Aerodynamik) ausführen, anders also als bei diesen Gelegenheitsrüttlern, bei denen der Sauerstoffverbrauch unter Schwirrflugbedingungen wieder stark ansteigt, sind für die Kolibris der langsame Flug und auch der Stand- oder Schwirrflug energetischer Alltag. Der Schwirrflug belastet sie nicht stärker als der durchschnittlich

Atemmaske zur Messung des Sauerstoffverbrauchs von Kolibris

rasche Streckenflug. Bei besonders hohen Fluggeschwindigkeiten steigt der relative Sauerstoffverbrauch freilich an. Maximal konnte bei 11,5 m s$^{-1}$ (41 Stundenkilometer) ein Verbrauch von 70 ml Sauerstoff pro Gramm und Stunde gemessen werden. Nach Messungen anderer Autoren lag bei dieser gleichen Geschwindigkeit der relative Sauerstoffverbrauch für Wellensittiche und Stare (mit 35 bzw. 73 g ja viel schwerer als die zwischen 5,5 und 8,5 g wiegenden Veilchenohrkolibris) etwas über 20, bei Möwen und Raben (Maximalmasse 480 g) etwas über 10 ml Sauerstoff pro Gramm und Stunde. Man

sieht: Der spezifische Sauerstoffverbrauch und damit die spezifische Stoffwechselleistung ist bei den kleinen Kolibris nicht nur in Ruhe größer als bei größeren Vögeln; auch beim Streckenflug ist er größer, und zwar gegenüber mittelgroßen Vögeln wie Staren und Wellensittichen um das Dreifache, gegenüber größeren wie Krähen, Möwen und Tauben rund um das Sechsfache.

Ich glaube, die Sonderstellung der kleinsten Vögel als »energetische Weltmeister« wurde nun gebührend dargestellt. Die typischen Stoffwechselleistungskurven, wie sie auf Seite 97 abgeleitet worden sind, kann man nun mit den möglichen Dauerleistungen und mit den kurzfristig überhaupt maximal möglichen Leistungen vergleichen.

## Leistungsvergleich

Dieser Vergleich ist recht interessant, wenngleich er zur Zeit nur halbqualitativ möglich ist.

So zeigt die Darstellung für den Kolibri, daß die Leistungsanforderungen für den Schwirrflug deutlich unter den anbietbaren Leistungen liegen: Er kann so lange schwirrfliegen, wie er will, sofern Treibstoff vorhanden ist. Erst bei hohen Fluggeschwindigkeiten kommt er an die Leistungsgrenze. Bei der Haustaube sind die Verhältnisse so, daß sie in einem breiten Geschwindigkeitsbereich dauerfliegen, aber nicht mehr ohne Eingang einer Sauerstoffschuld längere Zeit schwirrfliegen kann. (Immerhin *kann* sie noch schwirrfliegen.) Der Zwerggänsegeier kann nur noch in einem ganz geringen Geschwindigkeitsbe-

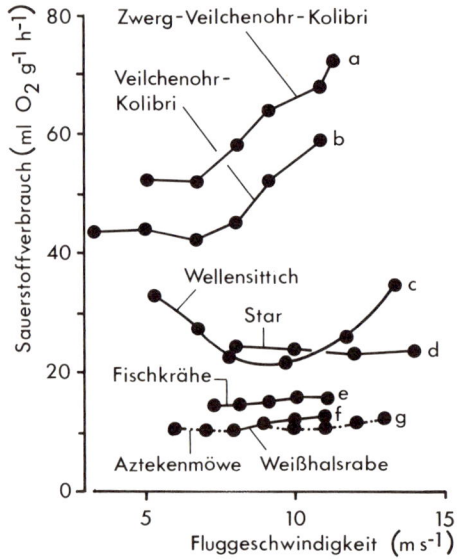

Literaturbeispiele für die Abhängigkeit des Sauerstoffverbrauchs von der Fluggeschwindigkeit bei Vögeln unterschiedlicher Ordnungszugehörigkeit und unterschiedlicher Massen

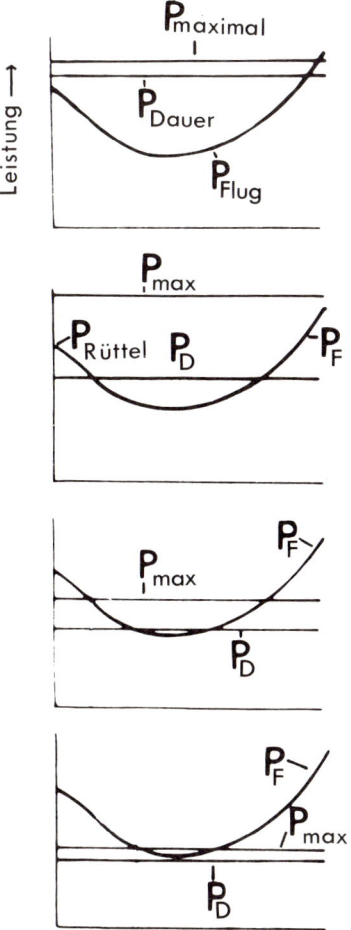

Fluggeschwindigkeit ⟶

Schematische Darstellung der Zuordnung der Leistungs-Fluggeschwindigkeits-Kurve von Vögeln unterschiedlicher Massen zur möglichen Dauerleistung
$P_D$ und kurzfristig möglichen Maximalleistung $P_{max}$
($P_F$ Flugleistung), von oben: Kolibri, Taube, Zwerggänsegeier, Kondor.

reich dauerfliegen und überhaupt nicht mehr
schwirrfliegen. Die größten bekannten Vögel, wie beispielsweise der Kalifornische Kondor, sind so »ausgelegt«, daß sie überhaupt
nur noch bei einer bestimmten Optimalgeschwindigkeit dauerfliegen können, die sie
weder nach unten noch nach oben deutlich
verändern dürfen. Schwirrflug ist erst recht
nicht mehr möglich.

Interessant sind auch die Abstände der beiden Geraden für die Dauerleistung und die
kurzfristig maximal mögliche Leistung. In
Richtung Taube → Zwerggänsegeier → Kondor werden die Abstände kleiner, das heißt
die Möglichkeit zu einem »kurzfristigen
Überschuß«, sprich einer Sauerstoffschuld,
geringer. Beim Kolibri wiederum sind sie
zwar ebenfalls gering, aber aus anderen
Gründen: Er schöpft seine Leistungsreserven
so weit aus, daß er sie über die an sich schon
sehr hohe Dauerleistung nun kurzfristig und
nicht mehr wesentlich steigern kann.

## Zulademöglichkeiten

Auch die Zulademöglichkeit kann an der
ebengenannten grafischen Darstellung abgeschätzt werden. Zuladung bedeutet immer
höhere Flugleistung. Größere Vögel können
sich nur geringere Zuladungen (im Verhältnis
zur Körpermasse) leisten. Viele Kleinvögel
von, sagen wir, 50 bis 100 g Körpermasse können soviel zusätzliches Gewicht schleppen,
wie sie wiegen. Darüber hinaus können die
Vögel nur noch weniger tragen, als sie selber
wiegen, vorausgesetzt, sie wollen eine große
Flugstrecke mit Idealgeschwindigkeit durch-

Beispiele für hohe Zuladungen bei Großvögeln. Links: Steinadler mit Murmeltier, rechts: Bald eagle mit Kaninchen

messen. Kurzfristig können auch relativ große Vögel noch schwere Beute hochheben, wie von Adlern bekannt ist, die kiloschwere Hasen hochhieven, oder von Fischadlern, die relativ große Karpfen aus dem Wasser ziehen. Auch der Transport von schwerem Nistmaterial gehört in diese Rubrik.

Da Treibstoff auch Zuladung darstellt, gibt es kaum größere »wahre« Zugvögel als solche von Regenpfeifergröße. Sie können gerade noch soviel Treibstoffmasse mitschleppen, daß sie über die freien Meeresstücke kommen. Die kleinsten Kolibris dagegen können ihre Körpermasse verdoppeln, also 100 %

Treibstoff zuladen, und haben häufig noch einige 100 km Sicherheitsfaktoren beim Einflug über die Meere. Sehr große Vögel können keine aktiven Dauerflieger sein, weil sie gerade noch ihre Flugmaschine in der Luft halten, aber nicht mehr den nötigen Treibstoff mitschleppen könnten. Zugvögel können ohne weiteres einen Fettvorrat mitschleppen, der etwa 50 % ihrer »Nettomasse« ausmacht. Auch dies ist eine Art Nutzlast, eine sehr wichtige sogar, denn diese Treibstoffmasse erlaubt dem Zugvogel erst seine Non-Stop-Flüge. Je größer sie ist, desto längere Flüge »am Stück« kann er sich leisten.

Wie sensibel Vögel auf (exzentrische) Zuladungen reagieren, zeigten unsere Windkanaltauben: Nur wenige Gramm wiegen Atemmaske und Schlauch (gegenüber 340 g Tiermasse), und trotzdem steigt der Stoffwechsel meßbar, wenn die Zuladungen nicht optimal austariert sind.

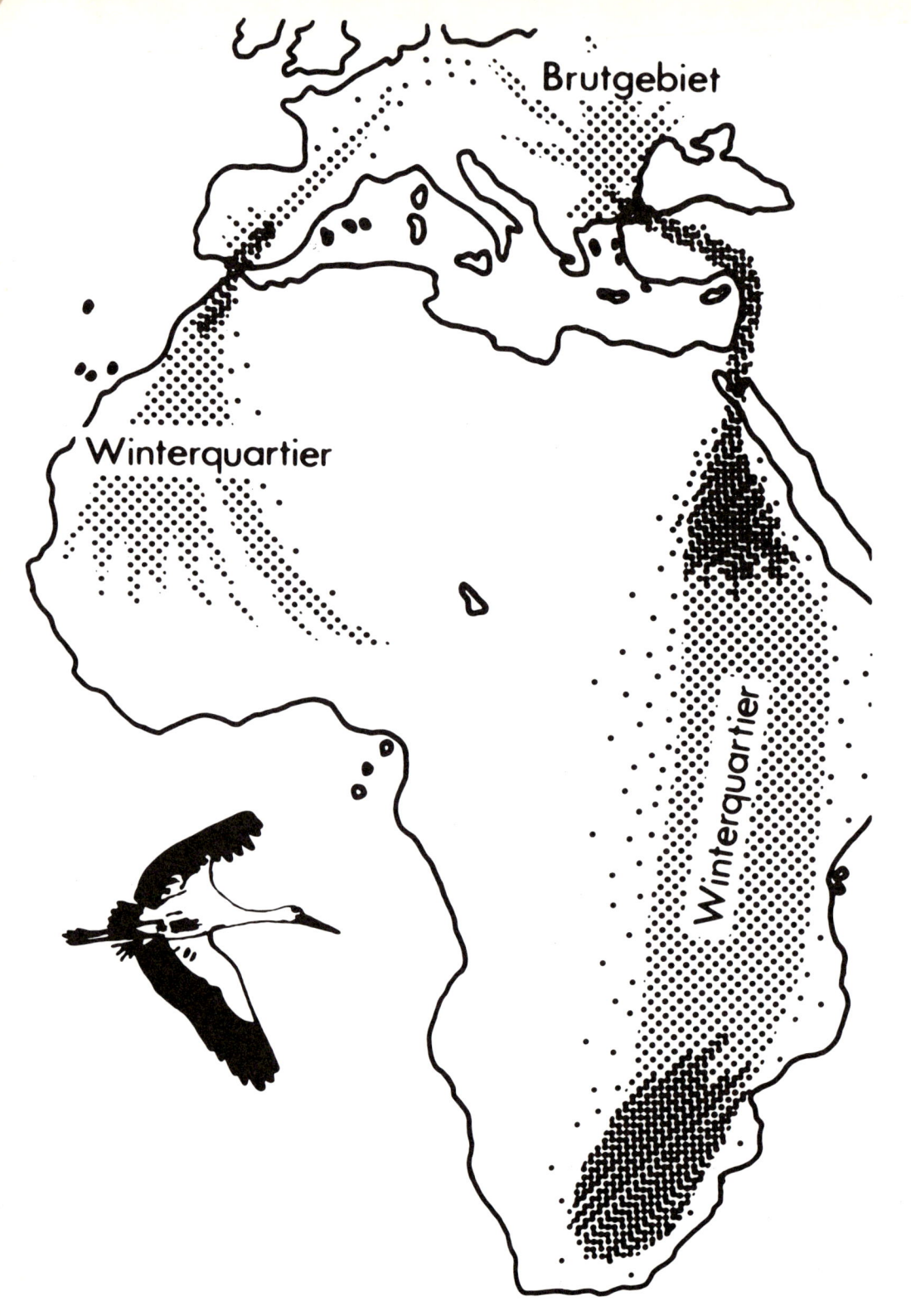

Brutgebiet

Winterquartier

Winterquartier

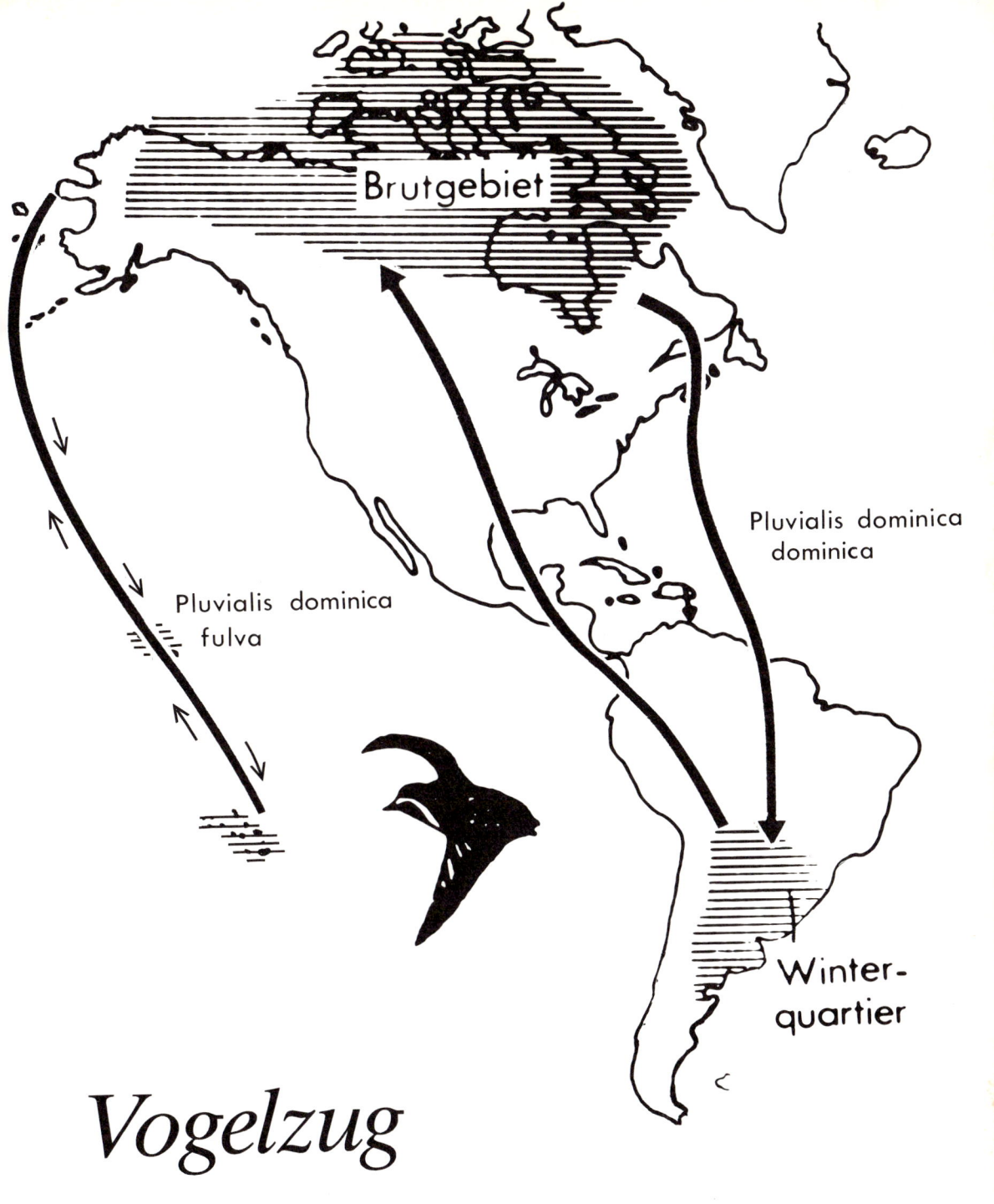

Brutgebiet

Pluvialis dominica
dominica

Pluvialis dominica
fulva

Winter-
quartier

*Vogelzug*

## Historisches

Der Vogelzug ist eine ungemein auffallende Erscheinung. Im Frühherbst sammeln sich bei uns die Schwalben; mit einem Schlag sind sie verschwunden. Im Spätfrühling sind sie wieder da. Woher weiß man, daß sie unsere unwirtlichen Jahreszeiten in Afrika verbracht haben?

Das plötzliche Verschwinden und Wiederauftauchen von Schwalben, Störchen und Kukkucken sowie anderen Vögeln hat man lange nicht verstanden. Carl von Linné meinte noch 1757, daß sich der Weißstorch im Winter im Wasser verberge. Der Kuckuck sollte sich nach einem alten Volksglauben im Herbst in einen Raubvogel und im Frühjahr wieder zurückverwandeln. Schwalben sollten im Bodenschlamm der Teiche überwintern oder gar – so der Bischof von Herford – im Herbst zum Mond fliegen!

Die ersten Vogelberingungen sind schon alt; 1823 sollen solche Kennzeichnungen von Johann Andreas Naumann versucht worden sein. Als Methode wiederentdeckt wurden sie allerdings erst kurz vor der Jahrhundertwende, als 1899 und 1900 Hans Christoph Mortensen in Dänemark größere Mengen von Staren beringte. Von den Vogelwarten Rossiten und Helgoland wurde diese Methode ab 1903 bzw. 1910 in großem Maßstab eingesetzt. Beringungen, obwohl nie ganz unumstritten, wurden zeitweise zum Volkssport versierter Ornithologen.

Bis heute mögen es 70 Millionen Vögel sein, die mit einem Ring am Fuß auf die Reise geschickt worden sind. Die Rückmeldungen schwanken zwischen weniger als 1 % bei Kleinvögeln und an die 20 % beispielsweise bei jagdbaren Wasservögeln. Aus Millionen von Daten lassen sich Zugwege und in Grenzen auch Zugzeiten rekonstruieren.

## Zugwege der Schwalben

So weiß man, daß die europäischen Schwalben auf unterschiedlichen Wegen und unterschiedlich weit nach Afrika einwandern. Es gibt eine Westroute über Gibraltar, eine mittlere Route über Italien und Sizilien, die sich mit der Westroute vereinigt und an der Westküste Afrikas nach Süden verläuft, und schließlich eine Ostroute über Kleinasien und das Rote Meer, die bis weit zur Spitze Südafrikas führt. Man sieht sofort, daß die Schwalben das Überfliegen großer Wassermassen – an seiner breitesten Stelle erstreckt sich das Mittelmeer an die 850 km weit – vermeiden, während sie offensichtlich Nonstopflüge über die Wüstenregionen Nordafrikas nicht scheuen.

Nach dem Herbstzug verbringen die Schwalben mehrere Monate in Afrika, brüten dort aber nicht. Anfang März setzt wieder Zugunruhe ein, und sie brechen zum Frühjahrszug auf, der in etwa auf denselben Bahnen zurück nach Norden führt, bis hin in die angestammten Brutgebiete, ja gelegentlich sogar zum alten Nest.

Die Abbildung auf Seite 130 zeigt die Zugaufspaltung europäischer Weißstörche, die Abbildung auf Seite 131 deckungsgleichen Streckenzug und Schleifenzug bei zwei Goldregenpfeiferrassen

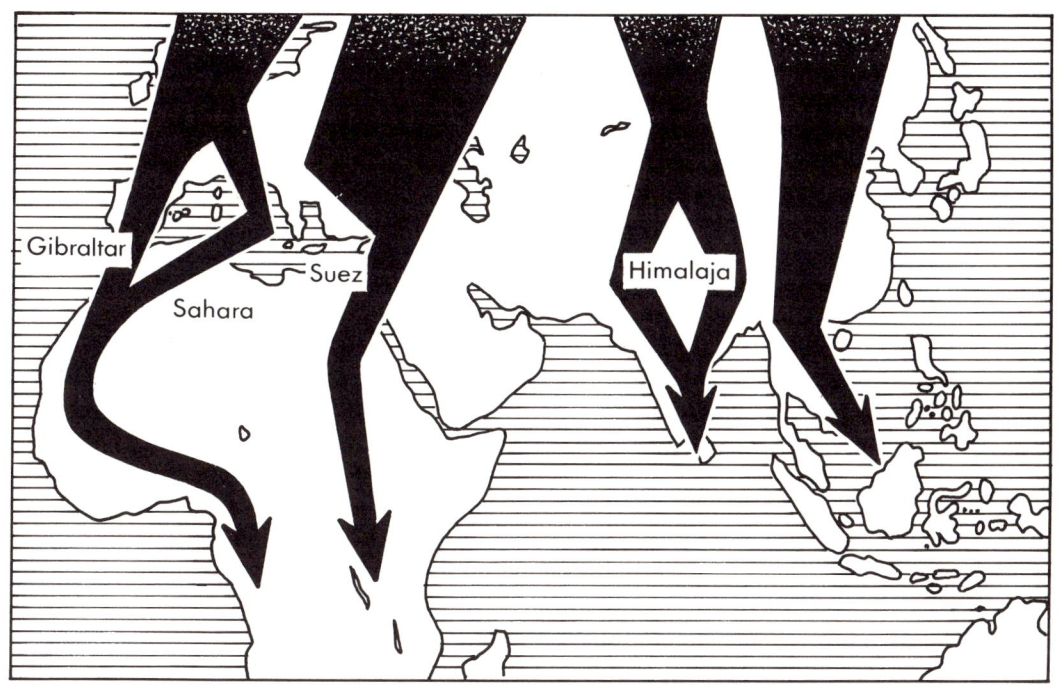

Schematische Darstellung der europäischen und asiatischen Zugrouten

Es tun sich eine Menge von Fragen auf. Wie bestimmen die Schwalben den richtigen Moment des Abflugs, wie orientieren sie sich beim Zug, und wie finden sie schließlich sogar den angestammten Brutort wieder? Woher nehmen sie ihre Energie für die Langstreckenflüge? Wie lange können sie wirklich »am Stück« in der Luft bleiben, und wie weit kommen sie damit? Fliegen sie wirklich in einem Stück Hunderte von Kilometern über die Sahara? Wie hoch fliegen sie dabei? Woran orientieren sie sich bei Tag und bei Nacht, was machen sie bei Schlechtwetter? Fragen über Fragen.

Der Vogelzug interessiert in diesem Buch vor allem im Zusammenhang mit der energetischen Belastung beim Langstrecken- und Dauerflug. Fragen der Orientierung sind im nächsten Abschnitt mehr der Vollständigkeit halber angesprochen, ohne daß eine Zusammenschau versucht worden ist.

## Eurasische Zugrouten

Besonders gut bekannt sind im übrigen auch die Zugrouten der europäischen Weißstörche (Abb. Seite 130). Die Westpopulation zieht

über die Meerenge von Gibraltar nach West-
und Zentralafrika, die Ostpopulation über
den Bosporus und die Landenge von Suez
mehr der Ostküste Afrikas genähert nach Süden. Es gibt dazu auch weniger ausgeprägte
Nebenstrecken in südöstliche und östliche
Richtungen. Auffallend ist, daß die mittlere
Zugroute der Schwalben, nämlich über Italien und Sizilien nach Nordafrika, von den
Störchen nicht gewählt wird; offensichtlich ist
ihnen auch die kürzeste Verbindung zwischen
Sizilien und Nordafrika, etwa 140 km breit,
wenig geheuer. Sie gehören damit zu den
Zugvögeln, die Meeresüberquerungen nicht
schätzen. Auch hohe Gebirge können eine
Barriere darstellen.

Faßt man die beiden erstgenannten Zugwege
zur »Atlantischen Route« zusammen und bezeichnet man die letztgenannte als »Nahöstli-
che Route«, so gibt es im eurasischen Bereich
noch zwei weitere. Eine dritte Route führt
von Sibirien unter »Umfließung« des Himalaja nach Südindien und Ceylon, die vierte
»Pazifik-Route« von Ostsibirien und Japan
nach Süden bis hin nach Sumatra, Borneo
oder Java. Die beiden ersteren Routen überqueren den Äquator weit, die beiden letzteren nicht. Sie führen auch nicht über Kontinente weg, doch sind die Zugentfernungen
und auch die Temperaturgegensätze kaum
geringer als bei den erstgenannten Transkon-
tinentalrouten. Es besteht damit kein Grund,
die Flugleistungen der Ostzieher geringer ein-
zuschätzen.

# Amerikanische Zugrouten

Uns Europäern weniger bekannt ist die Tatsache, daß es auch über die amerikanischen
Kontinente vier Flugrouten gibt. Alle ziehen
von den nördlichen Regionen Nordamerikas
und Kanadas hin nach Südamerika, doch laufen sie nicht so weit nach Süden wie die euro-
afrikanischen Routen. Der Grund mag darin
zu sehen sein, daß Südamerika zunehmend
schmaler und unwirtlicher wird, zudem in den
westlichen Regionen von den Anden einge-
grenzt ist. Das große Aufnahmebecken der
amerikanischen Zieher ist das Amazonasge-
biet. Man schätzt, daß während des nordamerikanischen Winters zu den einheimischen
Südamerikanern mindestens ein Dutzend
Milliarden nordamerikanischer Gäste kommen! Im Verhältnis dazu ist die Zahl der europäischen Wintergäste in Afrika, grob betrachtet, zehnmal kleiner. Man muß sich einmal
vorstellen, was das bedeutet. Reiht man in
Gedanken 14 Milliarden Zugvögel auf eine
imaginäre Perlenschnur auf, jeden Meter einen Vogel, so reichte diese 14 Millionen km
weit, 350mal um den Äquator herum!

Wie kann das Amazonasbecken diese Riesen-
zahl an Zugereisten zusätzlich zu den Einheimischen noch ernähren? Zum einen schwankt
das jahreszeitliche Nahrungsangebot, und das
Maximum liegt »an der richtigen« Stelle; zum
anderen besetzen die Zugereisten vielfach andere ökologische Nischen als die Einheimischen.

Die vier amerikanischen Zugrouten ver-
schmelzen nicht an der mittelamerikanischen
Landenge. Die westlichste »Pazifische Route« führt von Alaska über Land nach Südame-

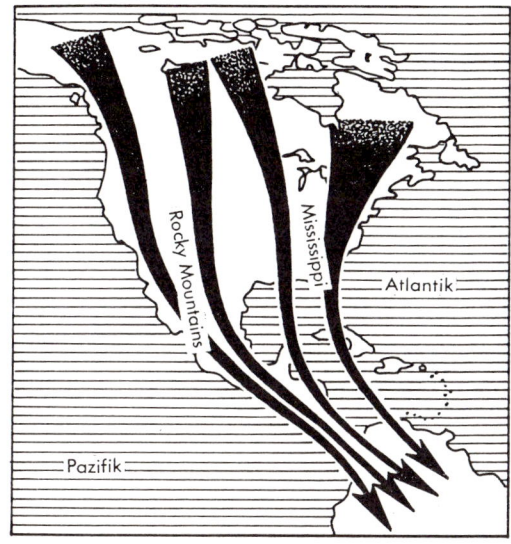

Schematische Darstellung der amerikanischen Zugrouten

rika. Die in Richtung Osten nächstfolgende »Zentrale Flugroute« verläuft östlich der Rocky Mountains, ebenfalls über die Landmassen Mittelamerikas. Weiter östlich liegt die »Mississippi-Flugroute«. Sie läuft von der Mississippimündung bis Yucatan über eine gewaltige Wassermasse, den Golf von Mexiko. Der östlichste Korridor, die »Atlantische Flugroute«, zieht von Kanada und Grönland dem westlichen Nordamerika entlang über Florida und Kuba nach Südamerika und überstreicht dabei ebenfalls beachtliche Strecken freier Wassermassen. Von Jamaika bis zum nördlichsten Punkt Kolumbiens sind es immerhin gut 800 km Luftlinie.

Die Rückzugsrouten zum nordamerikanischen Kontinent laufen im Prinzip ähnlich ab,

spalten sich allerdings bereits in den südlichen Regionen Nordamerikas stark auf. So erhält die östlichste »Westindische Route« noch einen starken Schlenker, der an die 900 km über die freien Wassermassen der Karibik führt. Diese Route wählen die Reisstärlinge auf ihrem Heimweg von Argentinien nach Südkanada. Es ist also nicht gesagt, daß die Heimreiserouten mit den Hinreiserouten identisch sind. Man darf nicht vergessen, daß die Bedingungen beim Frühjahrszug nach Süden und beim Herbstzug nach Norden gerade in den mittel- und südeuropäischen Breiten, aber auch in Nordamerika durchaus unterschiedlich sein können, was Temperatur, Winde und Luftfeuchtigkeit anbelangt. Und das sind nur die wichtigsten Aspekte. Es wundert deshalb nicht, daß Zugvögel ihre Hin- und Rückreiserouten nicht selten unterschiedlich wählen.

## Unterschiedliche Hin- und Rückreiserouten

Die bekanntesten Beispiele dafür sind der Goldregenpfeifer und der Sturmtaucher. Der amerikanische Goldregenpfeifer, Pluvialis dominica dominica, brütet in den nördlicheren Regionen Kanadas. Auf dem Herbstzug fliegt er die Atlantik-Route bis ins mittlere Südamerika, nach Argentinien. Im Herbst findet er an der amerikanischen Ostküste noch genügend Nahrung, offensichtlich so viel, daß er sich einen direkteren Weg, weit östlich von Florida, leisten kann, der rund 3000 km über die freien Wassermassen des Nordamerikanischen Beckens bis hin zu den Inseln südlich des Puerto-Rico-Grabens führt. Berücksichtigt man die Möglichkeit einer Zwischenlandung auf den Bermudas, so sind es von dort bis nach Puerto Rico immerhin rund 1500 km Luftlinie. Auf dem Frühjahrszug nach Norden würden den Goldregenpfeifer in der Gegend von Philadelphia noch Schnee und Minustemperaturen erwarten – keine Möglichkeit zur Nahrungsaufnahme. Er zieht statt dessen in einer sehr viel weiter westlich gerichteten Route den Landweg über Mittelamerika und benutzt dann weiter den zentralen oder den Mississippi-Flyway (vgl. Abb. Seite 135), also über klimatisch wesentlich mildere Regionen, weit weg vom Einflußgebiet des eisigkalten Labradorstroms.

Ganz anders der Sturmtaucher Puffinus tenuirostris, im Gegensatz zum Goldregenpfeifer ein typischer Meeresvogel. Er brütet an der Südostküste Australiens und zieht – als Bewohner der Südhalbkugel – im Südwinter nach Norden, wo er sich in den nun wärmeren Regionen zwischen Japan und Alaska aufhält. Im Südherbst zieht er zunächst parallel der Westküste Amerikas, dann nach Südwesten umbiegend über die ungeheure Weite der pazifischen Wassermassen zurück in die Brutgebiete. Er beschreibt insgesamt eine 8-förmige Schleife mit größerem oberen »Kopf«; man spricht von einem besonders ausgeprägten »Schleifenzug«. Offensichtlich ist diese weite und verschlungene Wanderung von den vorherrschenden Winden beeinflußt. Insbesondere die pazifischen Monsunwinde haben jahreszeitlich ganz typische Vorzugsrichtungen, die sich der Sturmtaucher zunutze macht. Er wählt Zeiten und Routen so, daß er so weit wie möglich mit Rückenwind fliegt.

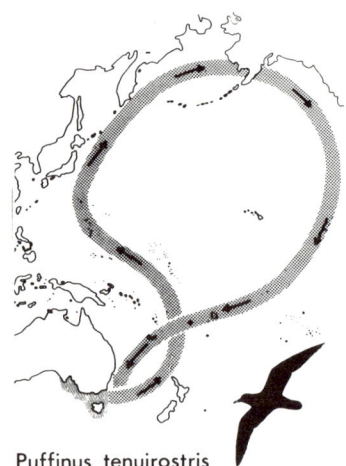

Puffinus tenuirostris

Schleifenzug des Sturmtauchers

Klimatische Verhältnisse, die entweder das Nahrungsangebot oder aber die aufzuwendende Flugleistung beeinflussen, bestimmen also in ausgeprägter Weise die Wahl der Flugrouten. Nicht immer sind die kürzesten Verbindungen die besten, und nicht immer gibt es Idealrouten, die für Herbst- wie Frühjahrszug gleichermaßen geeignet sind.

## Entwicklung des Vogelzugs

Man kann sich vorstellen, daß die Besiedlung nördlicher Regionen überhaupt ausgeschlossen wäre, ja auch in den mehr mittleren Regionen Nordeuropas beispielsweise auf wenige winterharte Standvögel beschränkt sein müßte (der Fichtenkreuzschnabel als Samenfresser brütet bekanntlich gerade während des Nordwinters!), gäbe es das Zugverhalten nicht. Diejenigen Arten, die nach Süden ausweichen und dabei große Zugstrecken zurücklegen können, sind potentiell in der Lage, auch kurze Nordsommer zum Brüten zu benutzen. Die Vorteile liegen auf der Hand: Es können »ökologische Nischen« besetzt werden, die zwar nur vergleichsweise kurze Zeit offenstehen, dann aber ein reichliches, manchmal überwältigend reiches Nahrungsangebot aufweisen. Man denke nur an die Nahrungsmöglichkeit für Schwalben in mükkenreichen See- und Tundrenregionen Nordeuropas.

Wie aber kann man sich die Entwicklung eines Zugverhaltens überhaupt vorstellen, ein Vorgang, der ja im Extremfall zweimal im Jahr zu Nonstopflügen über riesige Wassermassen oder Wüstenregionen von Kontinent zu Kontinent geführt hat?

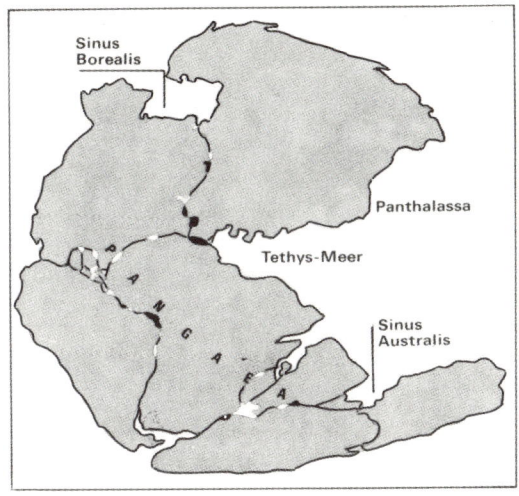

Der »Urkontinent« Pangaea, wie er sich vor etwa 200 Millionen Jahren darstellte (Schelfregionen eingeschlossen)

Vor rund 200 Millionen Jahren gab es auf unserer Erde nur einen einzigen Kontinent, eine riesige zusammenhängende Landmasse, Pangaea genannt. Fügt man die heutigen Kontinente (ihre Schelfzonen eingeschlossen) in Gedanken möglichst spaltfrei aneinander, so kann man sich eine Vorstellung vom Aussehen des damaligen Urkontinents machen.

Im folgenden drifteten die Kontinente auseinander, wobei sich zunächst sehr schmale, meeresgefüllte »Zwischenspalten« bildeten, die sich sukzessive weiter zu den heutigen Meeresregionen verbreiterten. So spaltet sich Pangaea vor ungefähr 180 Millionen Jahren längs des heutigen Nordatlantischen und Indischen Ozeans in einen nördlichen Großkontinent (Laurasia) und einen südlichen (Gondwanaland). Vor 135 Millionen Jahren öffnet sich der Labrador-See. Vor 65 Millionen Jahren hat sich Südamerika bereits weit von Afrika gelöst. In der Folge trennen sich Nordamerika von Eurasien, wobei Grönland entsteht, weiter beginnen sich Australien und die Antarktis abzulösen. Bis zum heutigen Tag läuft die zentrifugale Wanderung der Kontinente weiter. Die Wanderungsgeschwindigkeiten freilich sind sehr klein; man rechnet nur mit wenigen Zentimetern pro Jahr.

Als vor 140 Millionen Jahren die Pangaea-Aufspaltung schon deutlich fortgeschritten war, lebte Archaeopteryx (oberer Jura). Er mag einen Seitenzweig der damaligen Vogelwelt dargestellt haben. Bereits während der Kreidezeit vor 135 bis 65 Millionen Jahren hatten sich die Vögel in viele Gruppen gespalten und weltweit ausgedehnt. Es gab Landvögel und Meeresvögel; zu den letzteren gehör-

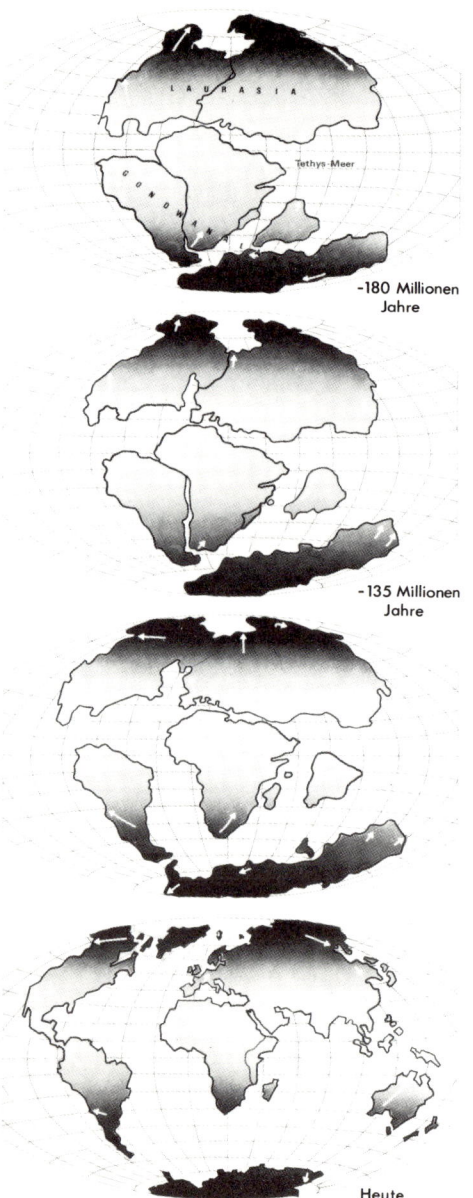

-180 Millionen Jahre

-135 Millionen Jahre

Heute

ten die Zahntaucher und Kreidemöwen. Ab dem Spättertiär gab es durchaus schon »modern« anmutende Enten und Gänse. Aus dem Paläozän (frühes Tertiär) stammt der älteste Nachweis einer fossilen Eule, aus dem Pliozän (jüngeres Tertiär) kennt man bereits eine ganze Reihe von Geiern, die im frühen Quartär mit Teratornis Riesenformen mit Spannweiten bis zu knapp fünf Metern (!) hervorgebracht haben (Abb. Seite 121).

Man erkennt: Die Entwicklung der Vögel begann in etwa mit dem Auseinanderdriften Pangaeas (Archaeopteryx ist bereits ein späterer Seitenzweig; die erste Vogelentwicklung aus aufrecht laufenden dinosaurierartigen Reptilien mag zwei bis drei Dutzend Jahrmillionen vorher begonnen haben). In dem Maße, wie die Kontinente zunehmend auseinanderdriften, entwickeln sich die Vögel zunächst langsam, dann geradezu explosionsartig zur modernen Vielfalt.

Die ersten gut flugfähigen Vögel mußten nicht über große Meeresstrecken fliegen, waren wahrscheinlich nach unseren heutigen Begriffen »Strichvögel«, die im Rhythmus der Jahreszeiten kurze oder längere Strecken etwa in Süd-Nord-Richtung über Land flogen. Mit dem Auseinanderdriften der Kontinente mußten sie zwischen Sommer- und Winterquartieren immer längere Strecken überwinden. Dies evolutiv zu bewerkstelligen und auch die nötigen Orientierungsleitungen zu entwickeln hatten die Vögel aber Zeit, da von Generation zu Generation die Entfernungen

Die linksstehende Abbildung zeigt schematisch die Vorgänge der Kontinentaldrift in den letzten 180 Millionen Jahren

tatsächlich nur im Zentimeterbereich zunahmen. Die heute üblichen Extremstrecken von mehreren tausend Kilometern hatten einst »bei Null« begonnen; ganz grob geschätzt mögen es 200 bis 300 Millionen Vogelgenerationen gewesen sein, die sich in sukzessiven Kleinschritten auf stetig vergrößerte Zugentfernungen einstellen mußten.

## Größte Flugentfernungen

Wie groß sind die maximalen Flugentfernungen beim Vogelzug?
Von den Vögeln des hohen Nordens fliegen die norwegischen Waldschnepfen im Herbst etwa 500 Kilometer »am Stück« über die Nordsee nach Schottland: eine imponierende Dauerleistung, aber noch keine sonderlich große Entfernung. Skandinavische Laubsänger ziehen bis zum Malaiischen Archipel, Uferschnepfen Ostsibiriens ziehen an die 15 000 Kilometer weit übers Meer nach Neuseeland.
Ein in Alaska nistender Brachvogel verbringt den Winter 9500 km weit entfernt auf Tahiti, Hawaii und den Nachbarinseln. Er überquert dabei mindestens 3000 km freie Wasserfläche. Bekannt ist ein Goldregenpfeifer, Pluvialis dominica fulva, der von den Aleuten nach Hawaii fliegt, 3300 Kilometer. Noch größere Strecken legen japanische Bekassinen bei ihrem Herbstflug nach Tasmanien zurück: 5000 Kilometer über dem Meer.
Auch Nord-Süd-Züge von Polregion zu Polregion kommen vor. Zu den extremen Langstreckenfliegern gehören manche Seeschwalben.

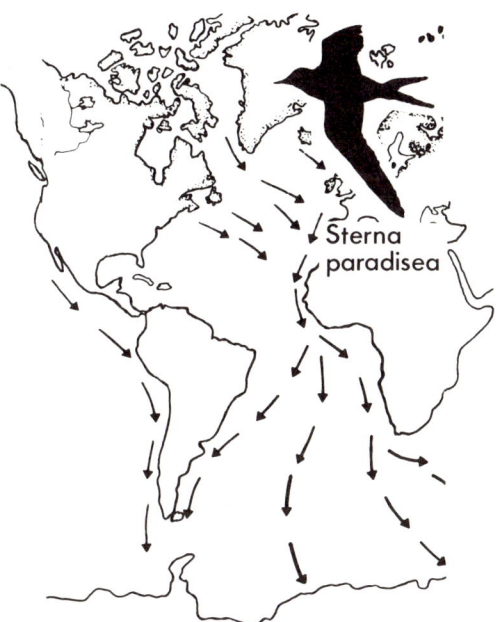

Sehr ausgedehnte Nord-Süd-Zugstrecken bei der Küstenseeschwalbe

Die Routen und Zugentfernungen nahe verwandter Arten können durchaus unterschiedlich sein. So fliegt der Ostsibirische Regenpfeifer (Pluvialis dominica fulva) von seinen sibirischen Brutgebieten einmal im Jahr zu den Überwinterungsgebieten auf polynesischen und südpazifischen Inseln und dieselbe Route wieder zurück. Ganz anders der amerikanische Regenpfeifer (Pluvialis dominica dominica). Er führt einen sogenannten »Schleifenzug« in Form eines zusammengedrückt-verbogenen »Q« aus (vgl. die Abbildung auf Seite 131).
Beachtlich sind auch Zugverhaltensweisen, die eine Population im Jahresrhythmus weit

»verbreitern« und zur Brutzeit wieder »zusammenziehen«. Der Große Sturmtaucher nistet auf den Tristan-da-Cunha-Inseln im Südatlantik. Nach der Brutzeit wandern die Sturmtaucher über den ganzen Atlantik und stoßen weit nach Norden vor, bis zu 60 Grad n. Br. Aus diesem Riesenbereich sammeln sie sich für die nächste Brutsaison wieder »punktgenau« auf den winzigen Inseln der Tristan-da-Cunha-Gruppe.

## Flugentfernungen beim Füttern

Zugstrecken sind oft imponierend lang. Aber auch bei weniger auffallenden Flügen sind die Strecken nicht unbeträchtlich, etwa solche,

Leistungsflieger Blaumeise

die ein Vogel während der Futterzeit in seinem Territorium zurücklegt. Bei Schwalben rechnet man einige hundert Kilometer pro Tag. Selbst die kleine Blaumeise, die im Tag an die vierzigmal am Nest anfliegen kann, mag in dieser Zeit an die 200 Kilometer zurücklegen, also 6000 Kilometer in einem runden Brutmonat.

Mauersegler fliegen, abgesehen von Zeiten des Brütens und Jungefütterns, praktisch unterbrochen. Rechnet man mit einer mittleren Geschwindigkeit von hundert Stundenkilometern (tatsächlich könnte sie auch höher sein), so legen diese Vögel an einem langen sommerlichen »Lichttag« von fünfzehn Stunden immerhin 1500 Kilometer zurück.

## »Huckepack-Flug«

Bei Langstreckenflügen könnte man sich gewaltige Flugleistungen sparen – als blinder Passagier.

Vor dem Krieg wurde unter Ornithologen das Problem des »Huckepack-Flugs« leidenschaftlich diskutiert. Kleinere Vögel könnten sich ja von größeren eine Zeitlang mittragen lassen.

Von kleinen Kolibris wird berichtet, daß sie in ihr Nistgebiet eindringende Vögel verfolgen, sich hinten draufsetzen und sie so lange mit dem Schnabel bearbeiten, bis sie das Gebiet verlassen haben. Waldschnepfen sollen ihre Jungen im Flug davontragen, entweder zwischen den Beinen und Schenkeln oder tatsächlich Huckepack auf dem Rücken. Eine Waldschnepfe soll zweimal hintereinander je ein Junges auf diese Weise Huckepack über einen Fluß transportiert haben. Da der Bericht von einem anerkannten britischen Ornithologen und Waldschnepfen-Spezialist stammt – J. W. Seigne –, hat er einiges für sich. F. E. Schuman berichtet von einem amerikanischen Goldadler-Weibchen, das sein – offensichtlich flugunlustiges – Junges aus dem Nest getragen und fallengelassen hatte. Nach einem rasanten Sturzflug »unterflog« es das Junge, spreizte die Flügel, fing es mit dem Rücken auf, schwang sich wieder hoch und wiederholte das Ganze mehrmals. Als freie Fallstrecke wurden 35 Meter geschätzt.

In einer ganzen Reihe von Berichten englischer Ornithologen ist dokumentiert, daß über die Nordsee fliegende Sumpfohreulen kleine Goldhähnchen mitgetragen haben. Es ist wenig wahrscheinlich, daß die Goldhähnchen ihr Reisemobil in Skandinavien bestiegen und in England wieder verlassen haben. Man kann eher annehmen, daß windverfrachtete oder durch Gegenwind ermattete Goldhähnchen mit letzter Anstrengung auf einer daherziehenden Sumpfohreule gelandet sind und sich dann haben mitschleppen lassen. Ermattete Vögel setzen sich ja bei Meeresüberquerungen auf alles, was daherkommt. So gibt es viele Berichte darüber, daß Schiffe zeitweilig von ganzen Vogelscharen bevölkert worden sind.

## Fluggeschwindigkeiten

Fluggeschwindigkeiten zwischen etwa 30 Stundenkilometern bei Kleinvögeln (Grasmücken) und über 100 Stundenkilometer beispielsweise bei Enten, Seglern und Regenpfeifern sind als Reisegeschwindigkeiten anzunehmen. Viele Vögel können zwar schneller fliegen, Segler und Regenpfeifer an die 150 Stundenkilometer, Falken beim Beuteverfolgen und Sturzflug kurzfristig an die 200 (bis 300?) Stundenkilometer, doch sind dies mit Sicherheit nicht durchhaltbare Wandergeschwindigkeiten.

Dies zeigen auch Beringungsversuche. So braucht die Pfuhlschnepfe Limosa lapponica baueri bei ihrem Flug von Alaska nach Neuseeland über 12 500 Kilometer mehrere Monate. Beim Frühjahrszug sind es etwa 1,5 Monate, im Herbst 2 bis 3. (Es gilt ganz allgemein, daß die mittleren Reisegeschwindigkeiten beim Frühjahrszug höher sind als beim Herbstzug.) Man kommt dann für den Herbstzug auf eine durchschnittliche Tagesleistung von 170 km. Solche Durchschnittswerte sagen freilich nicht allzu viel, da der Vogel ja über Land beliebig rasten, bei Streckenflug über dem Meer dagegen nicht zwischenlanden kann.

## Optimale Reisegeschwindigkeiten

Einige Anhaltspunkte über die minimal anzunehmende Reisegeschwindigkeit bekommt man aus günstigen Rückmeldungen beringter Vögel, die nur einige Tage nach der Beringung wieder eingefangen worden sind. Eine Stockente war nach 5 Tagen 1500 km entfernt (die nominelle Minimalgeschwindigkeit war 12,5 $km\,h^{-1}$). Ein Steinwälzer brachte es nach 25 Stunden auf 800 km Entfernung, (32 $km\,h^{-1}$), ein Sturmtaucher nach 12 Tagen auf 4800 km (17 $km\,h^{-1}$). (Mit Sicherheit haben die Vögel zwischendurch gerastet, so daß die tatsächlichen Reisegeschwindigkeiten höher liegen müssen.) Bei Singvögeln und kleineren Kolibris rechnet man mit Relativgeschwindigkeiten (Vogel gegen umgebende

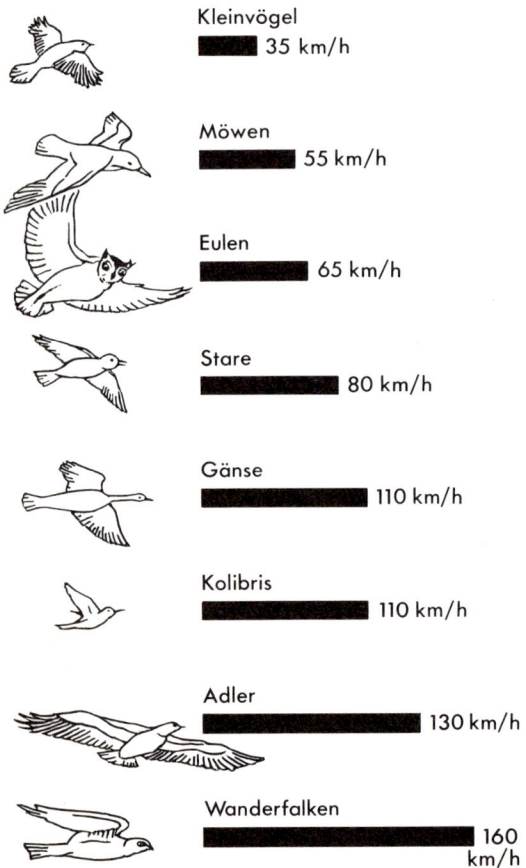

Kleinvögel
35 km/h

Möwen
55 km/h

Eulen
65 km/h

Stare
80 km/h

Gänse
110 km/h

Kolibris
110 km/h

Adler
130 km/h

Wanderfalken
160 km/h

Ungefähre mittlere Fluggeschwindigkeiten für kleinere und höchste Geschwindigkeiten für sturzfliegende große Vögel und Kolibris

Luft; bei Windstille Vogel gegen Erdboden) von etwa 30 bis 50 km h$^{-1}$; ähnliches mag für die kleinen Kolibris gelten. Tauben dürften an die 70, Störche etwa 75, Enten bis an die 90 km h$^{-1}$ fliegen. Damit sind die Reisegeschwindigkeiten beim Vogelzug nicht umwerfend hoch; Geschwindigkeiten deutlich über 100 Stundenkilometer mögen eher die Ausnahme darstellen (vielleicht Segler und manche Limicolen, insbesondere der Regenpfeifer).

Die Regenpfeifer haben es überhaupt in sich. Es liegen Berichte vor, daß der von der Behringstraße nach Neuseeland ziehende Regenpfeifer 5200 Kilometer in 65 Stunden zurückgelegt hat. Seine Geschwindigkeit muß damit 80 Stundenkilometer betragen haben – noch nicht extrem hoch. Sie weist auf Gegenwind hin; die gemessenen Geschwindigkeiten sind ja stets Geschwindigkeiten über Grund, nicht gegenüber der umgebenden Luft. Der Goldregenpfeifer soll die 3000 Kilometer lange Strecke Alaska–Hawaii in 35 Stunden zurücklegen (mit 252 Millionen Flügelschlägen); die Reisegeschwindigkeit betrüge dabei 86 Stundenkilometer.

Auch Tauben fliegen relativ schnell. Ein oft zitierter Brieftaubenrekord stammt vom Derby 1935. Die Brieftaube »Bodesvogel« legte die 650 km lange Strecke Hoeck van Holland –Berlin in siebeneinhalb Stunden zurück. Ihre Fluggeschwindigkeit betrug damit 87 Stundenkilometer, durchaus beachtlich (Rückenwind?), denn normalerweise übersteigt die Reisegeschwindigkeit von Brieftauben kaum 60 bis 70 Stundenkilometer.

Diese Reisegeschwindigkeiten dürfen nicht mit kurzfristig erreichbaren Höchstgeschwindigkeiten verwechselt werden, wie sie beispielsweise bei der Flucht vor Angreifern oder beim Beuteschlagen durch Greife erreicht werden können. So rechnet man für die Eisente (Clangula hyemalis) mit einer Dauergeschwindigkeit von 86, dagegen einer kurzfristigen Höchstgeschwindigkeit von 115 Stundenkilometern. Für die Stockente (Anas platyrhynchos) werden als entsprechende Werte 74 und 96 Stundenkilometer angegeben, für den Singschwan (Cygnus cygnus) 62 und 70 Stundenkilometer, für die Turteltaube (Streptopelia turtur) 61 und 72 Stundenkilometer, für den Buchfink (Fringilla coelebs) 34 und 46 Stundenkilometer. Die fünf letztgenannten Arten können damit ihre mittlere Reisegeschwindigkeit etwa um 34, 30, 13, 18 und 28, im Durchschnitt um 25 %, erhöhen. Diese Absolut- und Relativwerte erscheinen akzeptabel.

Aber das sind Ausnahmen, nicht relevant für den Vogelzug. Beim Langstreckenflug kommt es nicht auf hohe, sondern auf optimale Reisegeschwindigkeiten an, bei denen die geringstmögliche Flugleistung ausgegeben wird. »Geringstmöglich« kann man in zweierlei Hinsicht verstehen (Pennycuick 1968). Es gibt eine Reisegeschwindigkeit $v_{\text{längste Flugzeit}}$, bei der die geringstmögliche Flugleistung ausgegeben wird. Stellt ein Vogel diese Geschwindigkeit ein, so kann er mit seinem gegebenen Treibstoffvorrat am längsten in der Luft bleiben. Im Leistungs-Geschwindigkeits-Diagramm (besprochen auf Seite 97) ist das die unter dem Kurvenminimum liegende Geschwindigkeit. Relevanter vielleicht ist eine weitere ausgezeichnete Reisegeschwindigkeit, $v_{\text{größte Flugstrecke}}$. Mit ihr erreicht ein Vo-

gel die größtmögliche Flugstrecke pro Einheit der ausgegebenen Flugleistung. Im Diagramm liegt sie unter dem Berührungspunkt einer durch den Ursprung gelegten Tangente an die Kurve. Stets ist $v_{\text{größte Flugstrecke}}$ größer als $v_{\text{längste Flugzeit}}$; bei der Taube betragen die Werte nach Messungen des genannten Autors 16 und 8 bis 9 m s$^{-1}$ (wahrscheinlich liegt die erstere ein wenig zu hoch, die letztere zu tief). Ein Vogel auf dem Streckenflug wäre im allgemeinen gut beraten, würde er die größere ausgezeichnete Reisegeschwindigkeit wählen. Nur in Sonderfällen sollte er auf die kleinere umschalten. So etwa dann, wenn er als Küstenzieher aufs Meer verdriftet worden ist, die Orientierung verloren hat und nicht weiß, ob und wann er wieder Land sehen wird. Nun ist das Überlebensziel, die Energiereserven möglichst »zeitlich zu dehnen«.

Literaturwerte sind aber stets mit Vorsicht zu genießen; viele sind reine Schätzungen. Ob

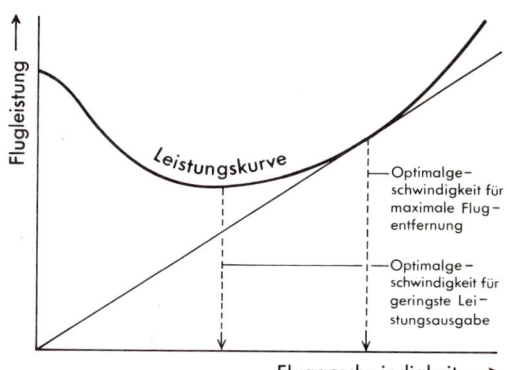

Kennzeichnung der Zuordnung von Reisefluggeschwindigkeiten zur Flugleistung-Geschwindigkeits-Kurve

Schrägformation

Keilformation

der Wanderfalke (Falco peregrinus) mit einer Durchschnittsgeschwindigkeit von 63 Stundenkilometer bei einem Sturzflug 290 Stundenkilometer erreichen kann (Erhöhung um 360 %, Literaturwerte, die man häufig zitiert finden kann), ist nicht direkt gesichert. Ich glaube nicht an die rund 300 km h$^{-1}$, sondern halte eher 160 km h$^{-1}$ beim Sturzflug für das Nonplusultra. Das dürften die höchsten, kurzfristig überhaupt erreichbaren Geschwindigkeiten im Bereich des Vogelflugs (hier sollte man vielleicht besser sagen »Vogelsturzflugs«) darstellen.

## Formationsflug

Als probates Mittel zur Energieersparnis gilt auch der Verbandflug. Gänse, Pelikane, Kraniche und andere Großvögel ziehen in keil- oder V-förmiger Formation weite Strecken über Land und Meer. Es muß nicht sein, daß diese Flugformation aerodynamische Vorteile für den gesamten Verband bringt, doch ist dies sehr wahrscheinlich. Nach vielen Berichten wechseln die Leitvögel an der Spitze öfters aus und schließen sich meist in den hinteren Regionen wieder an – ein indirekter Hinweis darauf, daß diese Vögel eine relativ höhere Energieausgabe hatten. Wie kann man sich die Energieeinsparung beim Verbandflug vorstellen?

Die linksstehende Abbildung zeigt oben einen Ausschnitt von drei »in Schräglinie« ziehenden Graugänsen, unten die Spitze einer Keilformation von Pelikanen, aufgenommen im Donaumündungsgebiet

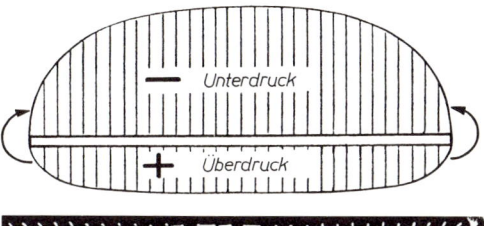

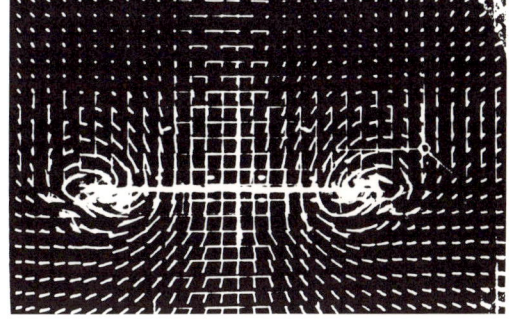

Schema der Flügelumströmung mit Randwirbelbildung und Darstellung der Randwirbel an einem Windkanalmodell eines Dreiecksflügels. Der Flügel ist jeweils von hinten gesehen und erscheint strichförmig schmal

Beim starren Tragflügel, aber auch beim bewegten Schlagflügel entsteht eine Spitzenumströmung von der unteren Druck- gegen die obere Saugseite. Beim Flugzeug lösen sich dadurch zwei große Wirbelzöpfe von den Tragflächen ab, die entgegengesetzt rotieren. Windkanalaufnahmen zeigen dies sehr drastisch. Beim schlagenden Flügel müssen sich ähnliche Wirbelzöpfe ablösen, deren Intensität schwanken dürfte, wahrscheinlich an den Umkehrpunkten am geringsten ist. Gleichzeitig muß auch deren Richtung schwanken. Da am Flügel auch eine Querströmung vorhanden ist, weisen die Wirbelzöpfe mit großer Wahrscheinlichkeit, schlagperiodisch leicht wechselnd, nach hinten und nach außen. Außerdem dürften sie in den Schlaghälften einmal mehr nach oben, einmal mehr nach unten gerichtet sein. Niemand hat dieses Strömungsverhalten bisher messen können; ich stelle es mir aber etwa so vor, wie in der Abbildung angedeutet. In diesem Wirbelfeld dürfte es nach jeder Schlagperiode kurze Strecken geben, die »günstig« gerichtet sind, die also schräg aufwärts strömen und außerdem in der Drehrichtung aufwärts gerichtet verlaufen. Fliegt ein nachfolgender Vogel so, daß er sich in der Region dieses Aufwindfeldes hält, ist dies energetisch günstig für ihn (vgl. Hanggleiten). Da die Wirbelzöpfe (von Vertikalkomponenten einmal abgesehen) nur

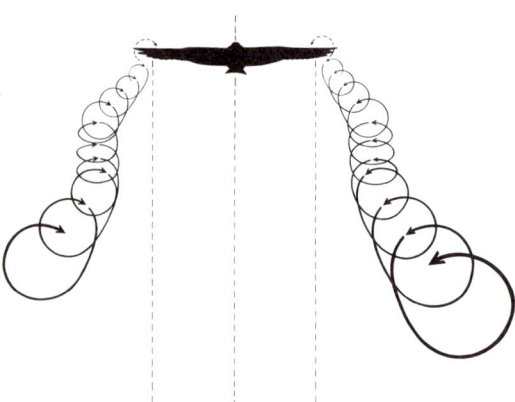

Etwa so stelle ich mir die räumliche Lage, Rotationsrichtung, Durchmesservergrößerung unter Rotationsgeschwindigkeitsabnahme und die Ausbildung von Auf-Ab-Komponenten der Flügelspitzenwirbel von Formationsfliegern vor. In den Gebieten mit Aufwärtstendenz und Aufwärtsrotation sollten günstigerweise, phasisch angepaßt, die Innenflügel der Folgevögel schlagen

nach hinten und zur Seite laufen können, wird die günstigste Position des Folgevogels schräg außen hinter dem Leitvogel sein. Auf diese Weise müssen nahezu zwangsläufig keil- oder, beidseitig, V-förmige Formationen entstehen.

Der Aerodynamiker Hummel hat die Vorteile solcher Formationen für starre Tragflügelmodelle theoretisch-rechnerisch bestätigt. Nun schlagen die Vögel aber, und sie erzeugen dabei schlagperiodisch wohl günstigere und ungünstigere Strömungsphasen. Der Folgevogel wäre nun gut beraten, wenn er sich in seiner Schlagphase so auf den vorhergehenden einstellt, daß er mit seinen Flügeln gerade dann mitten im Abschlag ist, wenn die günstigste Wirbelstelle des vorausfliegenden Vogels bei ihm angekommen ist. Das bedeutet, daß sich die Vögel nicht nur geometrisch in einem geordneten Verband mit genauen Abständen bewegen müssen, sondern auch ihre Schläge phasisch zueinander einstellen müssen; der weiter hinten fliegende Vogel sollte dann dieselbe Schlagphase um einen Moment später erreichen als der vorherfliegende Vogel. Aus der Flugrichtung des Verbandes betrachtet, sollten sozusagen phasische Schlagwellen vom Leitvogel nach links und rechts über die Keile der V-Formation laufen, so, wie ein Feld von Getreidehalmen durch phasische Zwangskopplung wellenförmig im Wind schwankt.

Wir haben oft versucht, eine derartige phasische Zwangskoppelung nachzuweisen, und dazu Computerprogramme, die an sich für neurophysiologische Histogrammzwecke entwickelt worden sind, eingesetzt. Meinem Mitarbeiter K. Lachner gelang es, an günstigen

Formationen zu zeigen, daß eine solche Zwangskopplung existieren kann und daß sie mit größerem gegenseitigen Abstand der betrachteten Vögel weniger ausgeprägt verläuft, was zu erwarten ist. Allerdings steht der strenge Beweis immer noch aus, weil es einfach nicht gelingen will, Aufnahmen zu bekommen von, sagen wir, Gänseverbänden, die bereits eine Stunde lang über See fliegen und noch eine weitere Stunde vor sich haben. Hier kann man eine strenge Zwangskopplung am ehesten erwarten. Wir interpretieren die Tatsache, daß Kopplungen teils auftreten, teils nicht, so, daß bei den uns zur Verfügung stehenden Flügen an der Küstenlinie oder über Land (meistens schon im Anflug auf Rast- oder Nahrungsplätze) der Verband geometrisch noch vorhanden, die geforderte phasische Kopplung aber schon in Auflösung begriffen ist. Es werden im übrigen auch andere Mechanismen der Verbandskopplung diskutiert, von Warnke neuerdings zum Beispiel elektrostatische Effekte.

## Golfüberquerung durch Kolibris

Nur Großvögel fliegen bisweilen lange Strecken in Formation. Kleinvögel ziehen einzeln oder in lockeren Trupps, oft über äußerst beachtliche Strecken »am Stück«.
Besonders spektakulär sind die Golfüberquerung von Mexiko nach Yukatan und die Mittelmeer-Transsahara-Route, die beide von Kleinvögeln beflogen werden.
Zu den kleinsten Vögeln, die es überhaupt gibt, gehört Archilochus colubris, der Rubinkehlkolibri. Seine Körpermasse beträgt knapp 4 Gramm. Er lebt im östlichen Nordamerika und überwintert in Mittelamerika; auf den Zügen von und ins Winterquartier überquert er den Golf von Mexiko, mindestens etwa 800 Kilometer freie Wasserstrecke. Der knapp neun Zentimeter lange Vogel braucht dazu etwa 18 Stunden und schlägt bei einer mittleren Frequenz von etwa 50 Schlägen pro Sekunde seine Flügel dabei nicht weniger als 3,24 Millionen mal auf und ab. Etwa 50 % der Körpermasse macht beim abflugbereiten Vogel der Treibstoffvorrat in Gestalt eines mächtigen Fettkerns aus. Mit diesen knapp zwei Gramm Fetttreibstoff überquert er nicht nur den Golf, sondern kann nach Erreichen der Küste bei günstigen Windver-

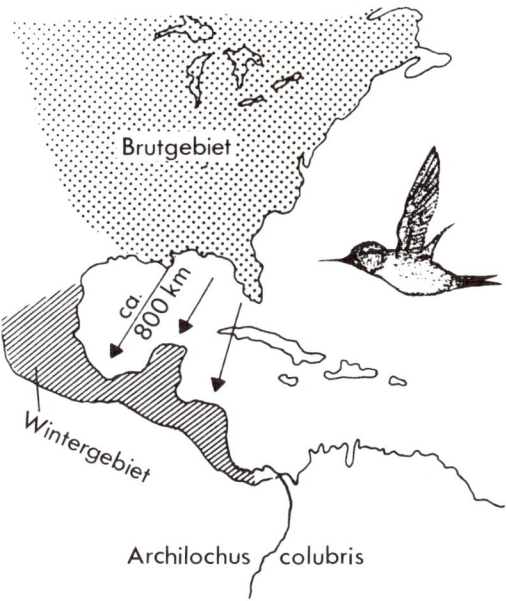

Überquerung des Golfs von Mexiko durch einen der kleinsten Kolibris, dem Rubinkehlkolibri

hältnissen noch hundert bis dreihundert Kilometer weiter ins Innenland fliegen, wo er bessere Nahrungssituationen vorfindet.

Kolibris, die direkt nach der Landung gefangen wurden, besitzen oft kein Quentchen Fett mehr, haben also den Treibstoff vollständig ausgegeben. Die Sicherheitsfaktoren sind dabei nur sehr gering; die Golfüberquerung glückt bei nur leicht ungünstigen Windverhältnissen »gerade noch«.

## Stoffwechselleistung bei Golfüberquerern

Berger und Hart haben für die Stoffwechselleistung von Vögeln unterschiedlichen Gewichts die folgende Regressionsformel aufgestellt:

$$P_{Stoffw.} = 0,29 \cdot G^{0,72}.$$

($P_{Stoffw.}$ gemessen in Kilokalorien pro Stunde; 1 kcal h$^{-1}$ entspricht 1,16 W; G gemessen in Gramm.) Wendet man diese Formel auf einen 3,8 g schweren Rubinkehlkolibri an, der ein Fettdepot von etwa 50 % der Körpermasse besitzt, so beläuft sich seine theoretische Stoffwechselleistung auf

$$P_{Stoffw.} = 0,29 \cdot 3,8^{0,72} = 0,76 \text{ kcal h oder}$$
0,9 W (Watt).

Eine andere Näherungsformel der genannten Autoren bezieht sich auf die maximal mögliche Flugzeit:

$$t = 36 \cdot n \cdot G^{0,28}.$$

(t maximal mögliche Flugzeit in Stunden, n prozentualer Fettanteil an der Körpermasse, g Körpergewicht – eigentlich Körpermasse –, gemessen in Gramm)

Für den golfüberquerenden Kolibri gilt dann $t = 36 \cdot 0,5 \cdot 3,8^{0,28} = 26$ Stunden. Er kann also gut einen Tag in der Luft bleiben, bevor sein Fettvorrat aufgebraucht ist. Bei einer anzunehmenden mittleren Geschwindigkeit von etwa fünfzig Stundenkilometern kann er also einen Gesamtstrecke von $50 \cdot 26 = 1300$ km zurücklegen. Diese theoretische Abschätzung deckt sich in etwa mit den beobachteten maximal möglichen Gesamtstrecken von 800 plus maximal 300 Kilometern.

Diese Leistung bewerkstelligt der Kolibri mit rund zwei Gramm Fetttreibstoff. Der Energiegehalt von Fett beträgt nach biochemischen Messungen im Durchschnitt 9,3 kcal g$^{-1}$. Bei der Golfüberquerung verbraucht er also rund $2 \cdot 9,3 = 18,6$ kcal. Oben wurden für die Stoffwechselleistung 0,76 kcal h$^{-1}$ ausgerechnet. Berechnet man damit seine Gesamtflugzeit, so ergibt sich 18,6 kcal : 0,76 kcal h$^{-1}$ = 24,5 h, also wieder rund ein Tag. Pro Stunde gibt er dabei $2 : 24,5 = 0,082$ g Fett aus, also rund 2 % der Körpermasse. Auch diese Werte sind realistisch und decken sich mit den erstgenannten Beobachtungswerten, so daß man annehmen muß, daß die genannten Regressionsgleichungen die Verhältnisse im Prinzip richtig beschreiben.

Da 1 kcal h$^{-1}$ (Kilokalorien pro Stunde) 1,16 W (Watt) entsprechen, ergibt sich, in SI-Einheiten ausgedrückt, eine rechnerische Stoffwechselleistung von $0,76 \cdot 1,16 \approx 0,9$ W. Zum Vergleich: Wenn man ein kräftiges Taschenlampenbirnchen, das 0,5 A Strom zieht, aus einer Knopfzelle mit 1,8 V betreibt, so hat man etwa die gleiche Leistung von $0,5 \cdot 1,8 = 0,9$ VA (W). Die für Belichtungsmesser, Kameras etc. benutzte Knopfzelle ist damit allerdings drastisch überlastet und nach wenigen Minuten leer.

Ist diese Leistung für den kleinen Kolibri stoffwechsel- und atmungsphysiologisch überhaupt möglich? Läßt sich mit anderen Worten die aus Regressionsbetrachtungen abgeleitete Leistung mit Messungen vergleichen?

Berger (1984) hat den Gashaushalt von Kolibris beim Flug bestimmt; seine Ergebnisse sind weiter oben besprochen. Ein Zwergveilchenohr (Colibri thalassinus, Masse 5,5 g) verbrauchte bei Fluggeschwindigkeiten zwischen 4 und $8\,\mathrm{m\,s^{-1}}$ (15 bis $30\,\mathrm{km\,h^{-1}}$) durchschnittlich $42\,\mathrm{ml}\ O_2\,g^{-1}h^{-1}$, also etwa $230\,\mathrm{ml}\ O_2\,h^{-1}$. Diesem Sauerstoffverbrauch entspricht nach der Graphik auf Seite 88 eine Stoffwechselleistung von

$$230 \cdot 5,36 \cdot 10^{-3} = 1,23\,\mathrm{W}.$$

Nach dem $G^{2/3}$-Gesetz (Seite 119) zurückgerechnet, müßte der 3,8 g schwere Rubinkehlkolibri demnach eine Stoffwechselleistung von 0,96 W zur Verfügung haben $(0,96 \cdot [5,5/3,8]^{0,667} = 1,23)$.

Regressionsrechnung und Direktmessung stimmen also recht gut überein.

## Trans-Sahara-Flug durch Kleinvögel

In ähnlicher Weise läßt sich auch die Energie- und Leistungsbilanz für die Trans-Sahara-Route ausrechnen. Geht man von einem Sperlingsvogel oder einer Grasmücke von vielleicht dreißig Gramm Körpermasse aus, so ergeben sich rechnerisch $0,29 \cdot 30^{0,72} = 3,36\,\mathrm{kcal\,h^{-1}}$. Dies entspräche einer Flugzeit von maximal $36 \cdot 0,5 \cdot 30^{0,28} = 47$ Stunden und einer maximalen Flugstrecke für eine mittlere Geschwindigkeit von $35\,\mathrm{km\,h^{-1}}$ von $47\,\mathrm{h} \cdot 35\,\mathrm{km\,h} = 1645\,\mathrm{km}$. Rechnet man für eine Gartengrasmücke mit einem Fettkern von 40 % und einem Abfluggewicht von durchschnittlich 28 g, so ergeben sich damit $36 \cdot 0,4 \cdot 28^{0,28} = 46$ Stunden. Bei einer maximal denkbaren mittleren Fluggeschwindigkeit von $50\,\mathrm{km\,h^{-1}}$ ergibt sich damit eine längste Flugstrecke von 2300 km. Dies würde nicht ganz reichen für einen Nonstopflug über das gesamte Mittelmeer und die gesamte Sahara in einem Stück (mindestens etwa 3000 km), aber doch für den reinen Trans-Sahara-Flug.

Da zumindest die Größenordnungen stimmen, spricht rechnerisch also kaum etwas gegen die Annahme eines Nonstop-Flugs von kleinen Vögeln über die afrikanischen Trockengebiete ohne oder vielleicht auch mit Einbeziehung der Mittelmeerstrecke.

## Labortests und Messungen in der Algerischen Wüste

So weit die Überflughypothese. Sie war längere Zeit unangefochten, bis zwei junge Biologen, F. Bairlein sowie H. Biebrach, auf die Idee kamen, sich einmal in der Sahara selbst umzusehen. Ist die Wüste wirklich so unwirtlich, daß nirgendwo Rastplätze für Zugvögel vorhanden wären? Und ist es tatsächlich so,

daß Zugvögel die Sahara in einem langen Oh-ne-Halt-Flug überfliegen müssen, ohne zwischendurch »auftanken« zu können?
Mehr als drei Viertel der etwa hundert mitteleuropäischen Singvogelarten sind zu den Zugvögeln zu zählen, von denen die überwiegende Mehrzahl eine südliche bis südwestliche Zugrichtung auf ihrem Weg in die Winterquartiere wählt. Für viele dieser Arten, die südlich der Sahara in Westafrika überwintern, stellt sich dabei das Problem, die westliche und zentrale Sahara überqueren zu müssen.

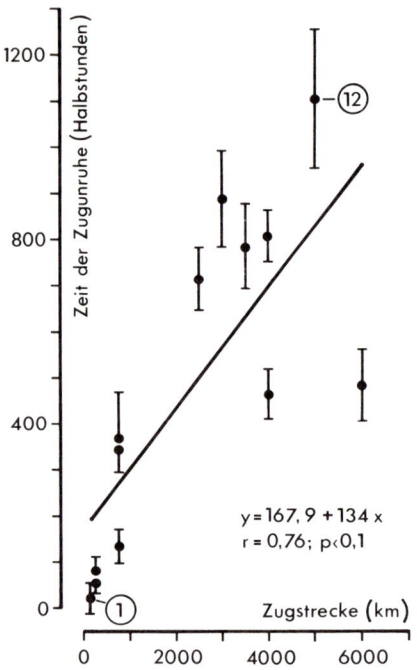

Zuordnung der Schwirraktivität im Laborexperiment zu beobachteten Flugentfernungen bei europäischen Grasmücken

Die Mechanismen des Vogelzugs solcher sogenannter Weitstreckenzieher werden seit Jahren im Labor untersucht. Hält man zum Beispiel handaufgezogene Gartengrasmücken in geeigneten Registrierkäfigen – Käfige, in denen die Sitzstangen auf Mikroschaltern lagern –, so stellt man folgendes fest. In den Zeiten, in denen sie im Freiland ziehen würden und in denen die freilebenden Artgenossen tatsächlich auch ziehen, läßt sich eine Nachtunruhe messen, die eindeutig als Zugunruhe interpretierbar ist. Arten oder Populationen mit langem Zugweg produzieren dabei mehr Zugunruhe als solche mit kürzeren Zugwegen.
Daß die Länge der »Flugunruhe« oder »Schwirraktivität« gekäfigter Vögel wirklich ein Maß für die natürlicherweise zurückgelegte Reisedistanz ist, zeigt eine Zusammenstellung des deutschen Zoologen P. Berthold an europäischen Grasmücken der Gattung Sylvia. Durch die (natürlich streuenden) Daten läßt sich eine statistisch sicherbare Regressionslinie legen. Diese erlaubt den Schluß, daß Arten mit länger dauernder Zugaktivität im Freiland auch weiter fliegen. So schwirrt die nur etwa 100 km ziehende Brillengrasmücke Sylvia conspicillata (1) nur knapp 25 Stunden, die 5000 km ziehende Gartengrasmücke Sylvia borin (12) dagegen an die 1000 Stunden!
Interessant ist nun, daß mit dieser Zugunruhe-Zeit-Kurve eine Kurve der Fettdeposition über die Zeit gut in Einklang zu bringen ist. Fett ist ja, wie ausgeführt, der ideale biologische Flugtreibstoff. Zur Herbstzugzeit, weniger ausgeprägt auch zur Zeit des Frühjahrszugs, sind diese Tiere deutlich fetter als zwi-

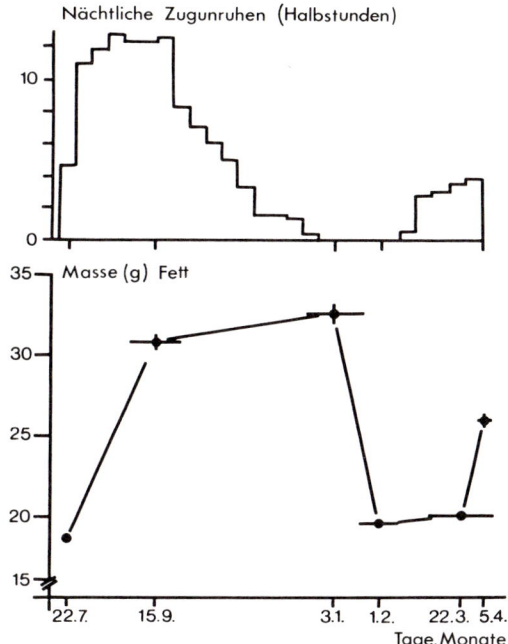

Nächtliche Zugunruhen (Halbstunden)

35 ┐ Masse (g) Fett

22.7.　15.9.　　3.1.　1.2.　22.3. 5.4.
Tage, Monate

Zuordnung des Jahresverlaufs der Zugunruhe und der Fettdeposition bei Laborgrasmücken

schendurch im Winter und im Sommer. Weitstreckenzieher können dabei 30 % bis 40 % des Körpergewichts an zusätzlichem Fett ansammeln, Kurzstreckenzieher 10 % bis 15 %. Für Zugvögel, die – wie allgemein angenommen – das Mittelmeer und die Sahara in einem langen, vierzig- bis sechzigstündigen Non-Stop-Flug überqueren sollen, darf man also annehmen, daß sie am Nordrand des Mittelmeers sehr viel Fett als Flugtreibstoff anlagern. Zudem sollten Arten mit gleichem Zugweg auch ähnliche Fettdepots aufbauen. Allerdings zeigen sich einige Ungereimthei-

ten in diesem einfachen Bild. So haben einige Arten, zum Beispiel Laubsänger und Fliegenschnäpper, die nach gängiger Meinung auch die Sahara im Non-Stop-Flug überqueren, vergleichsweise geringere Fettdepots. Andere dagegen, wie die Sperbergrasmücke, weisen sehr hohe Fettvorräte auf, obwohl sie ganz offensichtlich als Südostzieher eher kleinere Zugetappen perlenkettenartig aneinanderhängen.

Das letztere drückt sich auch in der im Labor zu messenden Zugunruhe aus. Zeigt die Gartengrasmücke ein ausgesprochenes Maximum der Zugunruhe, so ist dieses bei der Sperbergrasmücke viel weniger ausgeprägt. Trotzdem findet man, wie ausgeführt, bei der Sperbergrasmücke relativ sehr hohe Fettdepots. So einfach kann das Bild also nicht sein. Dazu kommt eine weitere Komplikation. Bei Langstreckenziehern sollte man erwarten, daß sie beim Abflug aus Europa das höchste Körpergewicht, sprich Fettdepot, aufweisen, und daß dies mit zunehmender Flugstrecke nach Süden immer stärker abnimmt. Fängt man aber Gartengrasmücken an geeigneten

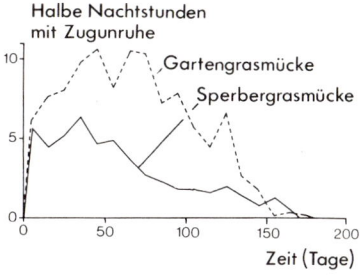

Jahresverlauf der Zugunruhe bei Gartengrasmücken und Sperbergrasmücken, unter ähnlichen Laborbedingungen gehalten

Rastplätzen entlang ihres Zugwegs, so sind die dabei am nördlichen Rand des Mittelmeers gefundenen Fettmassen weit geringer, als für einen von dort zu startenden Ohne-Halt-Flug angenommen werden müßte. Zudem zeigen die relativ hohen Fettdepots von Tieren, die in der nördlichen Sahara gefangen worden sind, daß die Fettdeposition der Gartengrasmücke und wohl auch anderer solcher Weitstreckenzieher unmittelbar vor Durchquerung der Sahara erfolgt oder daß ein Auftanken auch in der Sahara möglich ist. Wo aber kann ein Vogel in der Sahara auftanken? Diese Wüste gilt doch als äußerst unwirtlich. Für Zugvögel gibt es kein Wasser, kein Futter, keinen Schatten.

Tatsächlich jedoch trifft dies in erster Linie nur für zwei Gebiete zu: die Libysche Wüste und den zentralen Teil der westlichen Sahara (Tanezrouft, Djuf). Die anderen Gebiete weisen aufgrund ihrer geographischen Gegebenheiten zweifelsohne weitaus günstigere Bedingungen auf. Vor allem die Atlantische Sahara enthält im äußersten Westen eine zentrale Kette von Oasen und Gebirgen, von Marokko aus südöstlich mit Wadi Saoma, Oasen von Tonat, Tidihelt, Hogar, Air und schließlich auch das Nildelta im äußersten Osten. Zugvögel finden so eine ganze Reihe von weniger lebensfeindlichen Räumen.

Zwischen geeigneten »Auftankgebieten« sind damit nur maximal etwa 600 km Luftlinie im Non-Stop-Flug zu überbrücken, und dazu braucht ein mit 50 Stundenkilometern fliegender Kleinvogel 12 Stunden, noch keine stoffwechselphysiologische Unmöglichkeit. Aber reichen die genannten Oasen, Sümpfe, Flußwadis und Röhrichte oder lokalen Gras- und Buschregionen wirklich als Rastplätze aus, werden sie tatsächlich von den Vögeln genutzt?

## Treibstoffverhältnisse bei Saharaziehern

Bairlein hat umfangreiche Untersuchungen an derartigen Lokalitäten angestellt und dort vorkommende Kleinvögel mit Netzen gefangen, bestimmt und beringt. Daß man mit dieser Methode den Vogelbesatz recht gut in den Griff bekommen kann, weiß man aus vielen Vergleichsuntersuchungen in Mitteleuropa. Durch einfache Wiegung kann das Gesamtkörpergewicht der gefangenen Tiere leicht bestimmt werden. Die Größe des Fettdepots, also des Treibstoffvorrats, wurde am lebenden Vogel abgeschätzt. Möglich ist dies, weil Kleinvögel ihre Fettdepots deutlich sichtbar anlegen. Streicht man das Brustgefieder etwas zurück, so kann man abschätzen, wieviel gelbliche Fettmasse der Vogel angelegt hat. Eingeteilt wurde in vier sogenannte Fettklassen von 0 (kein sichtbares Fett) bis 3 (sehr viel sichtbares Fett). Diese einfache Schätzmethode hat sich sehr gut bewährt. Die Ergebnisse waren in mehrerlei Hinsicht bemerkenswert.

Die gegenüberstehende Fototafel zeigt oben Geländearbeiten zur Flugenergetik von Saharaziehern in der Algerischen Wüste, wie sie von Bairlein und Mitarbeitern ausgeführt worden sind. Unten: Fettklassen bei einer Gartengrasmücke; links höchste Klasse (»vollfett«); rechts geringste (»mager«)

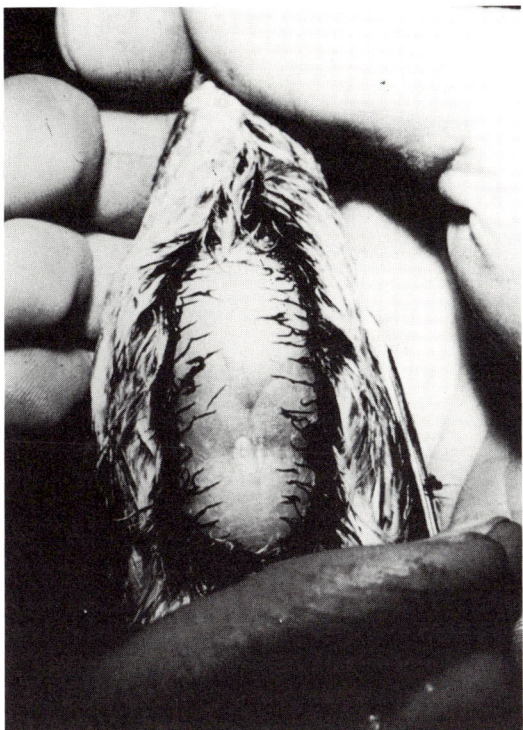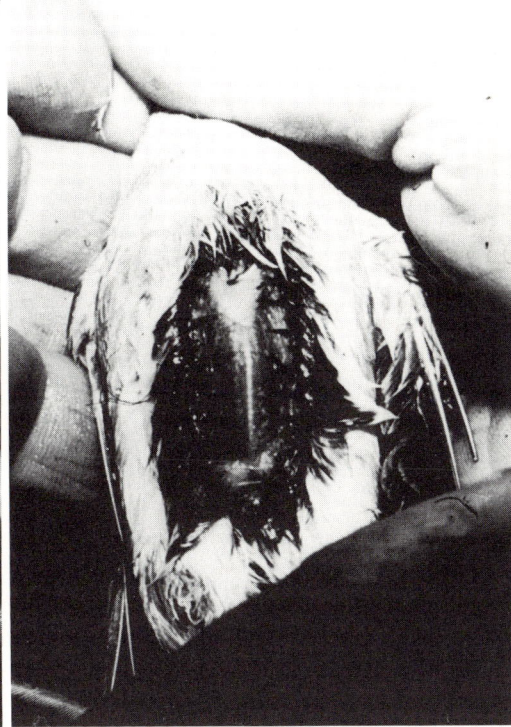

Zum einen wurden in geeigneten Rastgebieten von den nicht weniger als insgesamt 47 Arten an palaearktischen Zugvögeln weit mehr Arten und Individuen gefangen, als man vorher erwartet hatte. Vergleicht man die mittleren Körpermassen bei Fangstationen auf der Mettnau (Bodensee), auf Gibraltar und drei immer weiter südlich gelegenen Fangstationen in der Sahara (Hassi Toniel, Hassi Maraket, Arak), so ergeben sich interessanterweise die folgenden fünf Zahlenwerte: 19,9 g – 20,0 g – 24,6 g – 22,9 g – 19,5 g. Am schwersten sind die Tiere also keineswegs beim Abflug, wie die Langstreckenhypothese fordern müßte, sondern beim ersten Sahara-Fangplatz! Mit zunehmender Südstrecke nehmen die Körpermassen dann wieder ab.

Nach Faustformeln kann man nun berechnen, wie groß der Massenverlust für einen Ohne-Halt-Flug von 500 km etwa zwischen den Fangstationen Hassi Maraket und Arak sein müßte (mittlere Fluggeschwindigkeit etwa 50 km pro Stunde). Man kommt dann zu folgenden Werten:
Berechnet: 1,3 – 3,0 – 2,3 – 3,6 – 2,2
Gemessen: 2,2 – 0,6 – 0,8 – 3,4 – 1,4.
Der berechnete beziehungsweise gemessene Gewichtsverlust stimmt zwar nicht genau überein, wohl aber in der Größenordnung.

Besonders interessante Daten geben Vergleiche zwischen Erstfängen und Wiederfängen. Wenn sich ein Vogel längere Zeit aufhält, kann er natürlich öfters ins Netz gehen. Bairlein fing einmal in der Zentralsahara einen Teichrohrsänger jeden zweiten Tag, und das über zwei Wochen! Trägt man die Zahl aller gefangenen Tiere über die vier Fettklassen auf (wie angegeben: 0 – praktisch fettfrei; 3 –

maximale Fettdeposition), so ergibt sich eine relativ ausgeglichene Verteilung. Anders dagegen ist die Auftragung der Häufigkeiten über die Fettwerte beim Erstfang von Tieren, die später wiedergefangen wurden. Hier ergibt sich eine nach rechts stark treppenförmig abfallende Verteilung. Dies bedeutet, daß besonders solche Individuen verweilen und deshalb wiedergefangen werden, die ausnehmend mager sind.

Während Vögel mit unterschiedlichem Fettvorrat also etwa gleich häufig gefangen worden sind, überwiegen bei Wiederfängen die mageren Exemplare. Die folgende Interpretation liegt nahe: Magere Vögel mit stark abgebautem Fettdepot müssen länger verweilen um dies durch Nahrungsaufnahme wieder aufzufüllen als Tiere mit noch wohlgefülltem Treibstofftank. Die ersteren werden dann auch häufiger wiedergefangen. Hat man das Glück, Vögel über ein bis zwei Wochen mehr-

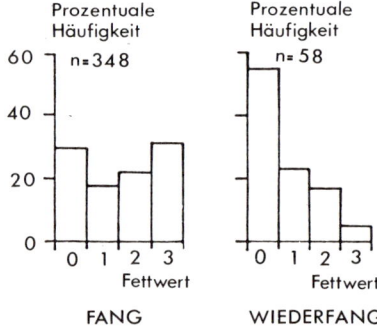

Die Histogrammdarstellung zeigt charakteristische Unterschiede in der Häufigkeitsverteilung über die Fettklassen bei Fängen und Wiederfängen. Erläuterungen im Text

mals hintereinander zu fangen, so kann man tatsächlich nachweisen, daß die Körpermassen mit der Verweildauer ansteigen, wie die Graphik zeigt.

## Treibstoffbedingte Verhaltensunterschiede bei Saharaziehern

Je nach dem noch vorhandenen Fettvorrat werden die Vegetationsflecken in der Sahara von den Zugvögeln also in zweierlei Weise genutzt. Mit Tagesanbruch landen die Vögel an geeigneten Rastplätzen. Kaum geht die Sonne auf und wird es warm, so stürzen die Vögel regelrecht vom Himmel (ab 6 Uhr). Fette Vögel suchen rasch schattige Stellen auf und überdauern den Tag praktisch ohne Nahrungsaufnahme. Bei Sonnenuntergang fliegen sie weiter. Dieses Verhalten erscheint verständlich: Im Schatten kann die Temperatur 10°C bis 15°C geringer sein als in der Sonne, wo sie leicht über 50°C ansteigt; Nah-

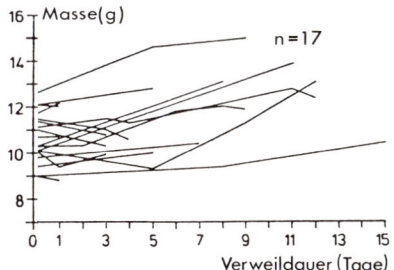

Mit der Verweildauer rastender Vögel steigen deren Körpermassen

rungsaufnahme ist nicht nötig, da genug Treibstoff für einen Weiterflug vorhanden ist. Ein magerer Vogel dagegen wird tagsüber Nahrung suchen und muß nur darauf achten, in möglichst wenigen Tagen einen möglichst großen Überschuß anzuhäufen. Er wird so lange verweilen, bis seine Fettvorräte so weit aufgebaut sind, daß sich ein Weiterflug anschließen kann. Je magerer ein Vogel ist, um so länger wird er verweilen müssen.

Ein Vogel, den es des Abends rasch weitertreibt, wird eine größere physiologische Zugunruhe aufweisen. Aus den genannten Gründen müßten deshalb Vögel mit größerem Fettvorrat auch stärker nachtaktiv sein. In einer ersten Expedition hat Bairlein vierzehn Vögel in Wüstennächten in sogenannten Emlen-Trichtern gehalten. Das Schema eines »Emlen-Trichters« ist auf Seite 156 abgebildet. Dies ist einfach eine trichterförmige Papiermanschette über einem Stempelkissen, die mit einem Drahtnetz abgedeckt ist. Der zugunruhige Vogel wird immer wieder hochflattern und mit seinen mit Stempelfarbe angefärbten Fußsohlen Muster auf das weiße Papier drücken. Man kann so zum einen erfahren, ob ein Vogel im Laufe einer Nacht überhaupt aktiv war, zum anderen Informationen darüber bekommen – sofern er zugaktiv war –, in welche bevorzugte Richtung er den Käfig verlassen wollte.

Von den 14 Vögeln waren 10 nachtaktiv; auf der Skala für den Fettgehalt (0–4) lagen sie beim Wert 2,3. Es handelte sich also um ziemlich fette Vögel. Die restlichen 4 nicht nachtaktiven Vögel waren alle mager und besaßen überhaupt keine nennenswerten Fettdepots. In einer Folgeexpedition zwei Jahre später

wurden Registrierkäfige mit in die Wüste genommen. Mit 6 Individuen der in der Graphik
angegebenen Gewichte ergaben sich die folgenden Verhältnisse: Die 3 leichten Tiere waren tagaktiv und nachts inaktiv, wogegen die 3

fetten Tiere den Tag über inaktiv waren, dafür aber eine starke Nachtunruhe zeigten. Die
leichten Tiere hätten also im Freiland gefres-
sen, die schweren wären tagsüber im Schatten
gesessen und des Nachts weitergeflogen.

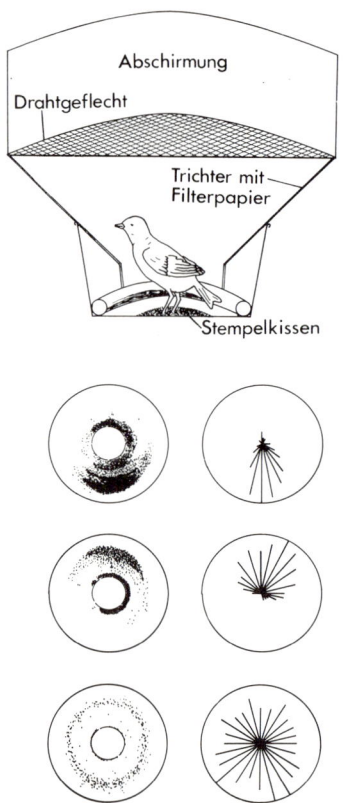

Schema eines »Emlen-Trichters«. Darunter sind einige Umzeichnungen der Farbspuren auf den Papier-
manschetten und ihre zeichnerische Auswertung gegeben. Man kann so ausreichende Informationen über
Nachtaktivität und mittlere Bewegungsrichtungen erhalten

## Nahrung für Saharazieher

Es fragt sich nun, inwieweit derartige Plätze
tatsächlich genügend Nahrung, beispielsweise an freßbaren Insekten aufweisen. Erste
Einblicke gaben hier Lichtfänge. Insekten
wurden mit einem angestrahlten weißen Tuch
angelockt und abgesammelt, getrocknet und
gewogen. Es ergaben sich beispielsweise in 2
Stunden 5–8 g Trockensubstanz pro Quadrat-
meter. An einem Abend konnten in zwei
Stunden sogar 80 g Trockensubstanz erbeutet
werden. Damit liegt das Insektenangebot erstaunlicherweise in dem Bereich, der auch in
unseren Breiten zu erwarten ist. Ähnliche
Auskünfte bekam man mit Insektenfängen
über Leimtafeln.
Somit rundet sich das Bild. Wüstenoasen sind
offensichtlich Rastplätze für Zugvögel mit hohen Fettreserven (d. h. aufgefülltem Flug-
treibstofftank) und Nahrungsaufnahmeplätze
für solche mit niederem Fettvorrat.

## Messungen in der Ägyptischen Wüste

»Vom gesunden Menschenverstand aus« betrachtet, scheint es günstig zu sein, wenn Zugvögel nach Afrika sowohl das Mittelmeer als
auch die nordafrikanischen Wüstengebiete in

einem Stück überfliegen. Warum sollten sie auch in der lebensfeindlichen Wüste landen? Die von dem französischen Ornithologen R. E. Moreau formulierte Überflughypothese hat nicht nur durch die Untersuchungen des Kölner Ökophysiologen Franz Bairlein, sondern auch durch die klaren Ergebnisse des Erling-Andechser Max-Planck-Forschers

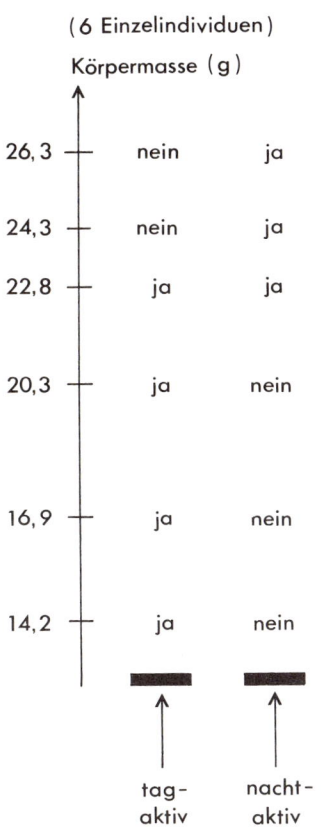

( 6 Einzelindividuen )

Körpermasse ( g )

| Körpermasse (g) | tag-aktiv | nacht-aktiv |
|---|---|---|
| 26,3 | nein | ja |
| 24,3 | nein | ja |
| 22,8 | ja | ja |
| 20,3 | ja | nein |
| 16,9 | ja | nein |
| 14,2 | ja | nein |

Ergebnisse eines Experiments: Aktivitätsregistrierung unterschiedlich schwerer Vögel in der Wüste

H. Biebach einiges an Wahrscheinlichkeit eingebüßt. Biebach arbeitete nahe der Oase Sadat-Farm, 300 km südlich des Mittelmeers und 180 km westlich des Nils. Dort rastende Vögel müssen also das Mittelmeer und einige 100 Kilometer Wüste überflogen haben, wenn sie nicht die Kleinasien-Route gewählt haben. Dies tun sie meist nachts, müßten also in den frühen Morgenstunden am Beobachtungsort angekommen sein. Das scheint auch der Fall zu sein: »Wir haben am Tag überall rastende Zugvögel gefunden, die in Felsformationen, in Trockentälern und Senken jeden Schatten ausnutzten und vor der Sonne Schutz suchten. Dabei ist es schwierig, einen Vogel, der nicht nach Nahrung sucht, sondern nur still in einem Schattenloch sitzt, überhaupt zu entdecken. Anders dagegen am Abend: In der Dämmerung kamen die Vögel aus ihren Verstecken hervor und waren plötzlich in großer Zahl da.«

Es scheint also so zu sein, daß man ohne ganz genaues Hinschauen die tagsüber rastenden Vögel einfach übersieht! Macht man aber akribische Bestandsaufnahmen und rechnet hoch, so findet man erstaunlich große Rastzahlen. Beobachtet man des Abends oder in den frühen Morgenstunden den Mond mit dem Fernrohr, so kann man die nächtlichen Durchzieher gut zählen – eine seit längerer Zeit erprobte Methode. Rechnet man dann auf einen gedachten Kilometer in Ost-West-Richtung um, so ergibt sich die erstaunlich große Zahl von 10 000 bis 12 000 Vögeln, die diese gedachte Linie in Südrichtung kreuzen. Aufs Jahr verteilt kommt man mit dieser Schätzung auf rund fünf Milliarden Vögel, die über Mittelmeer und Sahara wegziehen und von denen die größere Zahl tatsächlich in der Wüste zwischenlanden dürfte.

Was bringt sie nun dazu, Landeplätze aufzusuchen?

## Lockeffekte künstlicher Schattenplätze

Ein Schlüsselerlebnis hatten die Forscher, als sie in einer absolut schattenlosen Region der Libyschen Wüste einige Büsche pflanzten. Mit zwischengespannten Fangnetzen konnten sie auf diese Weise pro Tag 80 bis 90 Vögel fangen, »die in der Frühe scheinbar aus dem Nichts auftauchten und vom Himmel einfielen«.

Offensichtlich ist es so, daß die Wüstenzieher den Boden beobachten. Entdecken sie Örtlichkeiten mit schattenspendenden Nischen – überhängende Felsformationen, Gebüsche etc. –, so gibt es zwei Möglichkeiten. Hat der Vogel noch viel Treibstoff, sprich Fettvorrat, so kann er es sich, wie oben ausgeführt, leisten, in der Frühe niederzugehen, den Tag über im Schatten zu verbringen und am Abend weiterzufliegen. Hat er nur noch wenig Treibstoff, so ist die bessere Strategie weiterzufliegen, bis er einen Auftankplatz findet, also beispielsweise eine Oase. Dort wird der schlecht genährte Vogel niedergehen und sich eine Zeitlang aufhalten und seine Fettvorräte ergänzen.

Hierbei erhebt sich aber ein Problem. Ist der Vogel in Zugstimmung, sollte er praktisch pausenlos fliegen, wie eine Vielzahl von Laborbeobachtungen mit wochenlangen »Zugunruhen« nahelegt. Hält sich der Vogel nun aber längere Zeit an einem Nachtankplatz auf, so muß er das sein Verhalten bestimmende Zugprogramm irgendwie für einige Zeit ausschalten. Voraussetzungen dafür: geringe Fettmassen und Möglichkeit zur Nahrungsaufnahme.

## Laborsimulation von Saharazügen

Dieser Überlegung konnte nun wieder mit Laborexperimenten nachgegangen werden. Am Max-Planck-Institut Erling-Andechs wurde bei Grauschnäppern ein Sahara-Flug simuliert. Von diesen Grauschnäppern ist aus den Sadat-Farm-Versuchen bekannt, daß sie bei einer kritischen Körpermasse $\leq 16\,g$ dazu neigen, in der Oase zu bleiben und aufzutanken. Zur Zeit der Zugunruhe durften die Laborvögel nach Herzenslust fressen und sich einen Fettwanst zulegen. In den Zeiten der maximalen Zugunruhe – wenn die Vögel also normalerweise auf ihrem Langstreckenzug über dem Mittelmeer und den ersten Wüstenregionen waren – bekamen sie kaum mehr zu fressen, so daß sie, wie unter den natürlichen Bedingungen, von ihren Fettvorräten zehren mußten. Sie nahmen dann kontinuierlich bis auf 14 g Körpermasse ab, von der dann noch 20 % den Fettvorrat darstellte. Ausbleiben des Futters steigerte zunächst die Zugunruhe noch etwas: Die Vögel wären unter natürlichen Bedingungen weitergezogen, ohne in schattenspendenden, aber nahrungsarmen Wüstenregionen zwischenzulanden und den Tag zu verdösen. Bot man ihnen nun plötzlich Futter, so wurde die Situation »nährstoffreiche Oase taucht auf« simuliert. Im natürlichen Falle wären die Vögel niedergegangen und hätten einige Zeit in der Oase verbracht. Der springende Punkt war nun der folgende: Unter Laborsituation erlosch tatsächlich schlagartig die Zugunruhe für einige Zeit, nämlich genau so lange, bis die Vögel sich wieder eine Körpermasse von mehr als 16 Gramm angemästet hatten. Von da ab setzte eine sich steigernde Zugunruhe im Labor wieder ein. In der Natur wären die Vögel dann von der Oase aus gestartet und weiter in Richtung Süden geflogen.

## Treibstoffvorräte schalten Flugprogramme

Die Treibstoffvorräte beeinflussen also tatsächlich drastisch das eingebaute Flugprogramm. Sind sie hoch, fliegt der Vogel weiter (wobei er allerdings geschickterweise tagsüber in Schattenregionen pausiert). Sind sie niedrig, fliegt er auch weiter, pausiert tagsüber nicht und setzt alles auf eine Karte, einen günstigen Nachtankplatz zu finden. Hat er den erreicht, wird das Zugprogramm so lange abgeschaltet, bis der nötige Fettvorrat wieder ergänzt ist.

Es ist nicht anzunehmen, daß die Fettmasse direkt auf das Zugprogramm wirkt. Wahrscheinlich liegt die Signalgeberfunktion eher bei den Enzymen des Fettstoffwechsels.

Wieder zeigt sich, wie wichtig es ist, Labor- und Freilandmessungen zusammenzubringen. Daß derartige Untersuchungen von geradezu existentieller Bedeutung für das Überleben unserer Zugvogelarten sind, liegt auf der Hand: Wenn nicht geeignete Nachtankplätze vorhanden sind und vorhanden bleiben oder aber – bei Zerstörung der klassischen Auftankregionen – nicht neue in geeigneter Lage künstlich geschaffen werden, werden die Zugvögel aussterben.

## Derzeitige Vorstellungen zum Saharazug

Die vorläufigen Ergebnisse dieser Untersuchungen kann man also wie folgt zusammenfassen. Es gibt zweifellos typische Langstreckenzieher, die Mittelmeer und Sahara in einem großen Nonstopflug überqueren. Dazu gehören sicher unsere Schwalben. Kleinvögel wie Grasmücken, Laubsänger und Fliegenschnäpper dürften dagegen an geeigneten Orten tagsüber zwischenlanden und gegebenenfalls die heiße Zeit verdösen. Haben sie genügend Treibstoff, fliegen sie ohne zusätzliche Nahrungsaufnahme des Abends weiter. Wenn nicht, halten sie sich so lange auf, bis ihr Fettdepot wieder genügend angewachsen ist, und fliegen dann weiter. Mehr als etwa 600 Kilometer Luftlinie über tatsächlich unwirtliches Wüstengebiet müssen sie wohl »nirgendwo« am Stück zurücklegen.

Die ökologische Situation stellt sich durch Biebachs und Bairleins Ergebnisse etwas anders dar, als bisher allgemein angenommen worden ist. Die Erhaltung (vielleicht sogar die Neuanlage mit internationaler Hilfe) geeigneter Ruhe- und Nahrungsaufnahmebiotope in den kritischen Trockengebieten Nordafrikas ist für die Erhaltung der Zugvogelwelt von essentieller Bedeutung. Sie müssen wie

Perlen an einer Kette längs der bekannten Flugleitlinien so gelegen sein, daß die Vögel nur in Ausnahmefällen (nachtsüber) länger als etwa zehn Stunden in der Luft sein müssen. Die weitere Erforschung dürfte noch detailliertere biologisch-ökologische Zusammenhänge bringen. So ist es sicher so, daß Körpergewicht und zusätzliches Fettdepot, zusammen mit Flugstil und vielleicht individuellen Flugeigenschaften, bei der Überwindung der längsten Flugstrecken optimiert werden. Man weiß von Kohlmeisen unserer Regionen, daß ein Unterschied in den Körpermassen von etwa 1 Gramm (bei mittleren Körpermassen von rund 16 Gramm) bei schlechter Witterung über Erfolg oder Mißerfolg der Brut entscheidet, also darüber, ob das Tier in der Lage ist, in der Zeiteinheit genügend Nahrung herbeizuschaffen oder nicht. Man findet hier also einen extremen energetischen »Einnischungszwang«. Es spricht nichts dagegen, daß unseren Zugvögeln ähnlich enge energetische Zwangsjacken übergestülpt sind, und daß drastische Änderungen der über Jahrtausende eingespielten ökologischen Situation angesichts der engen energetischen Grenzen katastrophale Folgen haben müßten.

Die linksstehende Abbildung dokumentiert Geländeuntersuchungen zum Vogelzug durch die Arbeitsgruppe Biebach in der Ägyptischen Wüste. Oben und unten: Aufbau ausgestopfter Vögel mit eingebauten elektronischen Thermosensoren, Mitte: mit Netzen überdeckte künstliche Buschgruppe, die von darüberfliegenden Vögeln als Schattenplatz für das »Übertagen« entdeckt und angenommen worden ist

Die Abbildung rechts zeigt Beispiele dafür, wie sich Vogelschwärme auf dem Radarbild darstellen

## Vogelzugbeobachtungen mit Radar

Auf die Vogelzugbeobachtung mittels der Radartechnik kam man mehr oder minder zufällig; man hatte längere Zeit die Größe der Radarechos unterschätzt, die Vögel zurückwerfen können.

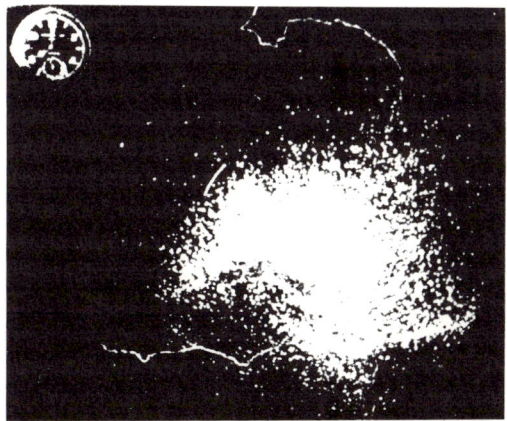

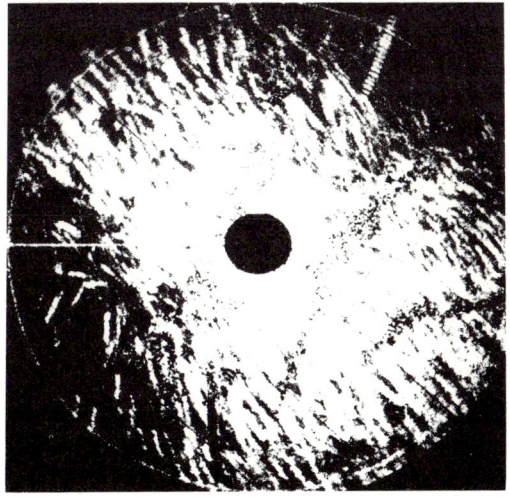

Vor allem in der Frühzeit der Radartechnik wurden fliegende Großvögel oft mit Flugzeugen verwechselt. Am 2. Juni 1943 nahmen die Radarstationen an der amerikanischen Westküste große Formationen wahr und gaben in San Francisco Luftalarm. Es handelte sich aber nur um einen ungewöhnlich großen Flug von Pelikanen.

Wie auffallend Vogelschwärme auf Radarbildern sein können, zeigt ein Schirmfoto der Londoner Flugüberwachung. Die massierten hellen Punkte sind wahrscheinlich Finkenschwärme. Macht man eine Zeitbelichtung, so läßt sich auch die Vorzugsrichtung der Schwarmbewegung angeben. Auf dem Radarfoto der Züricher Flugüberwachung läuft die Vorzugsrichtung nordöstlich-südwestlich. Radarbeobachtungen haben sich somit als ausgezeichnetes Mittel erwiesen, nähere Informationen über Zugvögel zu bekommen. So hat unter anderem das amerikanische Forscherehepaar T. C. und J. M. Williams den Vogelzug von Kanada über die Karibik nach Südamerika beobachtet und dazu über sechs Jahre insgesamt neun Radarstationen benutzt, die an der Küste, auf Inseln oder auf Schiffen stationiert waren.

## Vogelzug über die Karibik

Etwa 100 Millionen kleinerer Vögel ziehen Jahr für Jahr diese Routen, so die amerikanische Uferschnepfe, der amerikanische Goldregenpfeifer, Weißbürzel-Strandläufer sowie viele Millionen Kleinvögel, wie Streifen-Waldsänger. Sie fliegen nicht kontinuierlich, sondern der Großwetterlage entsprechend in

Wellen. Nachdem eine Kaltfront vorbeigezogen ist, steigen sie auf und lassen sich von den nachfolgenden günstigen Nord-West-Winden etwa von Kap Cod in Richtung auf die Bermudas schieben. Dafür brauchen sie durchschnittlich 18 Stunden, trotz des energiesparenden Rückenwindes. Die Flugrichtung ist also etwa südöstlich gerichtet. In südlicheren Breiten gelangen sie mehr und mehr auf die kräftigen Westwinde des Passats, von denen sie – trotz Weiterflugs in Richtung Südosten – mehr und mehr nach Süden und schließlich sogar Südwesten abgetrieben werden. Auf diese Weise gelangen sie sozusagen automatisch zu den Karibischen Inseln. Von den Bermudas bis Antigua benötigen sie weitere 48 Stunden. Die meisten Zugvögel landen auch dort nicht, sondern fliegen weiter, nochmals 18 Stunden, bis sie – weiter unter westwärts wehenden Winden – die südamerikanische Nordküste erreicht haben. Das erstaunliche Ergebnis ist also: Die Vögel bleiben im Mittel 84 ± 12 Stunden in der Luft, im Maximum wohl sogar rund 100 Stunden. Dabei legen sie etwa auf der Route New York → Bermudas → Puerto Rico → San Cristobal in Venezuela runde 4300 Kilometer zurück: was Flugzeit und Flugstrecke anbelangt, absoluter Weltrekord. Mit den oben angegebenen Standardabweichungen würde sich ihre Geschwindigkeit über Grund dabei im durchschnittlichen Minimum auf 4300 km/96 h $= 45$ km h$^{-1}$ belaufen, im durchschnittlichen Maximum immerhin noch auf 4300 km/72 h $= 60$ km h$^{-1}$. Nun entsprechen diese Werte den Geschwindigkeiten des Vogels »über Grund«, und diese setzen sich vektorartig (s. nebenstehende Abbildung) zusammen aus der »Eigenge-

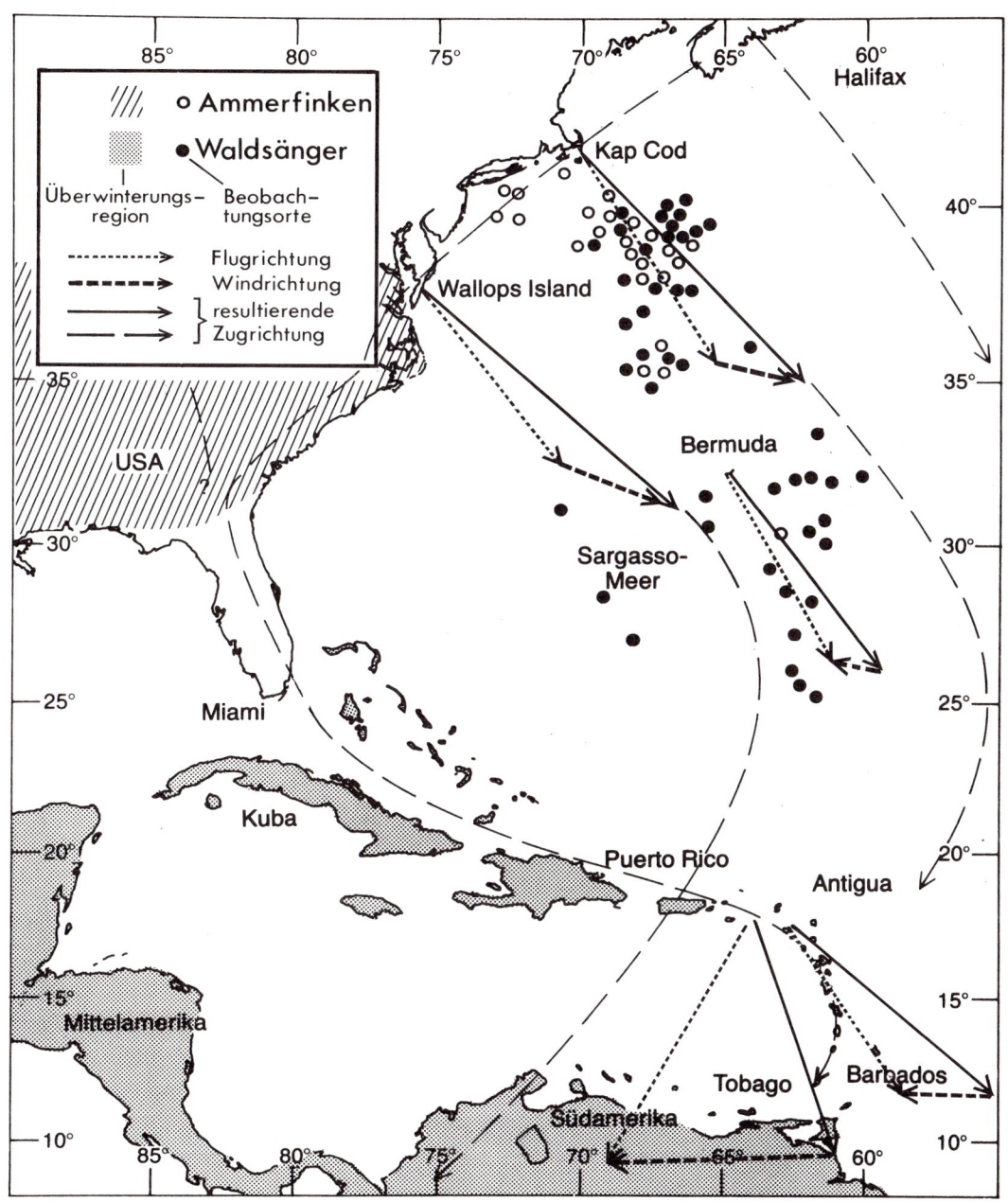

Die Abbildung zeigt den Verlauf des Vogelzugs über die Karibik, nach Radarmessungen abstrahiert

schwindigkeit« des Vogels gegenüber der umgebenden Luft und der Windgeschwindigkeit.

## Windbedingte Abdrift

Angenommen, ein Kleinvogel fliegt mit
$50\,\mathrm{km\,h^{-1}}$ ostwärts gegen (nach Westen gerichteten) Ostwind von ebenfalls $50\,\mathrm{km\,h^{-1}}$.
Für einen Beobachter auf der Erde scheint er
dann am Ort stehenzubleiben. Seine Geschwindigkeit über Grund ist Null, obwohl er
heftig arbeitet und gegenüber den Luftmas-
sen eine Eigengeschwindigkeit von $50\,\mathrm{km\,h^{-1}}$
erreicht. Flöge der Vogel in gleicher Weise
westwärts, so bewegte er sich gegenüber ei-
nem Beobachter auf der Erde mit $100\,\mathrm{km\,h^{-1}}$
nach Westen (der Beobachter würde dann
fälschlicherweise einen neuen Geschwindigkeitsrekord registrieren, wenn er die Windbe-
dingungen nicht einbeziehen). Der Vogel arbeitet aber gleich stark und fliegt gegenüber
der umgebenden Luft weiter mit $50\,\mathrm{km\,h^{-1}}$.
Normalerweise vermeidet der Vogel beim
Langstreckenzug Gegenwinde und benutzt
Rückenwinde, weil sich dann seine Flugzeit
verkürzt. Solche Idealverhältnisse sind allerdings selten; meist fliegt der Vogel schräg zu
irgendwelchen vorherrschenden Windrichtungen.
Auf der Abbildung ist ein Winddreieck dargestellt. Der Vogel fliegt mit einer Eigengeschwindigkeit von $50\,\mathrm{km\,h^{-1}}$ nach Südosten,
erfährt dabei aber eine Verdriftung durch einen mit $45\,\mathrm{km\,h^{-1}}$ nach Westen blasenden
Ostwind. In Windstille würde der Vogel die
Strecke a–b–c zurücklegen; wegen des Windes allerdings wird er auf der Strecke A, B, C

verfrachtet, und zwar mit $37\,\mathrm{km\,h^{-1}}$ (jeweils
über Grund) nach Süd-Südwest. Seine Kör-
perachse behält der Vogel dabei aber nach
Südost gerichtet, so daß er auf seiner resultierenden Bahn schräg versetzt wird.
Ein dem hier zur Demonstration gewählten
Winddreieck recht ähnliches ist in der rechten
unteren Ecke der auf Seite 163 vorgestellten
Zeichnung konstruiert. Die Williams' haben
nun vom Schiff aus mit Feldstechern beobachtet, daß die genannten »echten Zieher« ihre
Körperachse überwiegend nach Südosten gerichtet behielten. Es scheint also zu reichen,
wenn die von der nordamerikanischen Ostküste abfliegenden Vögel mit Hilfe eines geeigneten Kompasses (Sonnen-, Stern-,
Magnetkompaß) eine Flugrichtung nach Südosten wählen. Sie gelangen dann am Anfang
ihrer Flugstrecke in vorherrschende West-
Nordwest-Winde, im weiteren Verlauf aber
mehr und mehr unter den Einfluß starker Pas-

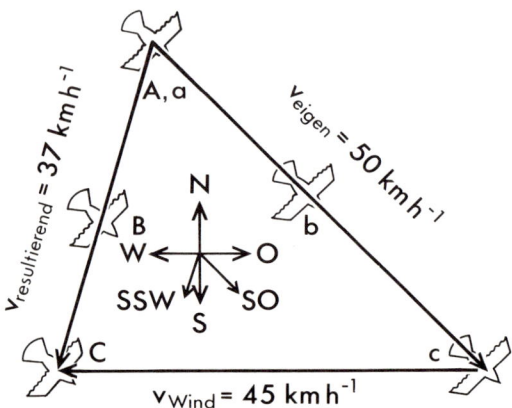

Beispiel für ein »Winddreieck«

sat-Ostwinde. Damit ergibt sich auch automatisch ein bogenförmiger Bahnverlauf über Grund, der sie nach einem »Ostschlenker« von Nordosten her über die Karibischen Inseln nach Südamerika führt.

## Gelernte und ungelernte Trans-Karibik-Flieger

Neben diesen streng gerichtet fliegenden Schwärmen findet man aber auch solche, bei denen die Körperachsen der Vögel in alle möglichen Richtungen weisen. Diese haben sehr schlechte Chancen, jemals wieder Festland zu erreichen. Man kann annehmen, daß diese »erfolglosen Zieher« von Schlechtwetterfronten aufs Meer hinausgetrieben werden, wo sie nach einiger Zeit ermattet umkommen. Normalerweise dürften diese Vögel über Land ziehen, wahrscheinlich der Küstenlinie entlang.

Diese Hypothese wird durch Direktbeobachtungen gut untermauert. Eingangs wurde festgestellt, daß sich etwa die Hälfte der hier betrachteten nordamerikanischen Zugvögel aus Waldsängern zusammensetzt (rund 50 Millionen Exemplare!). Diese überwintern auf den Karibischen Inseln und in Mittel- sowie im nördlichen Südamerika und sind darauf programmiert, den genannten »Bogenflug« über freies Meer durchzuführen. Entsprechend findet man sie bei Beobachtungen vom Schiff aus auch längs der gesamten Route verteilt. Ammerfinken und andere, etwa gleich schwere Arten überwintern dagegen in den südlichen USA. Sie sind darauf programmiert, beim Zug über Land zu fliegen. Über

See findet man sie nur in relativer Landnähe, etwa in dem Kreis, der sich zwischen Kap Cod und Wallops-Island einschmiegt. Weiter südlich kommen sie nicht vor; was dort hingetrieben worden ist, ist längst ermattet und ins Meer gestürzt. Meeresforscher berichten, daß Tiefseefische häufig Vogelfedern im Magen haben!

Mit diesen Beobachtungen im Einklang sind Messungen der Flugeigengeschwindigkeit von Vögeln über dem Meer. Hat diese in Landnähe (Kap Cod) noch eine breite Verteilung, so wird sie über den Bermudas, Antigua und Barbados immer schmäler. Man kann daraus schließen, daß die »zu langsamen« Flieger ebensowenig das Ziel erreicht haben und ins Meer gestürzt sind wie die »zu schnellen«. Wie die Leistungs-Fluggeschwindigkeits-Kurve auf Seite 143 zeigt, existierten ausgeprägte Geschwindigkeitsoptima für Zugvögel. Nur solche, die in der Evolution darauf abgestimmt sind, im extremen Langstreckenflug unter bestmöglicher Nutzung der Treibstoffreserven die Optimalgeschwindigkeit einzuhalten, haben auf dieser mörderischen Route über die Saragossa-See eine Chance! Interessanterweise verschiebt sich das Mittel der Flugeigengeschwindigkeit über verschiedenen »Meßstationen« zwischen Kap Cod und Tobago kaum, wohl aber die Flughöhe.

Vögel, die über Land fliegen, vor allem kleine Vögel, bevorzugen meist geringe Flughöhen um oder unter 1 km. Beim Seeweg steigen die Flughöhen. Über den Bermudas liegen sie bei 1–2 Kilometer, über Antigua bereits zwischen 3 und 6 Kilometer (Maximum 6,5 Kilometer). Größere Flughöhen werden wahrscheinlich

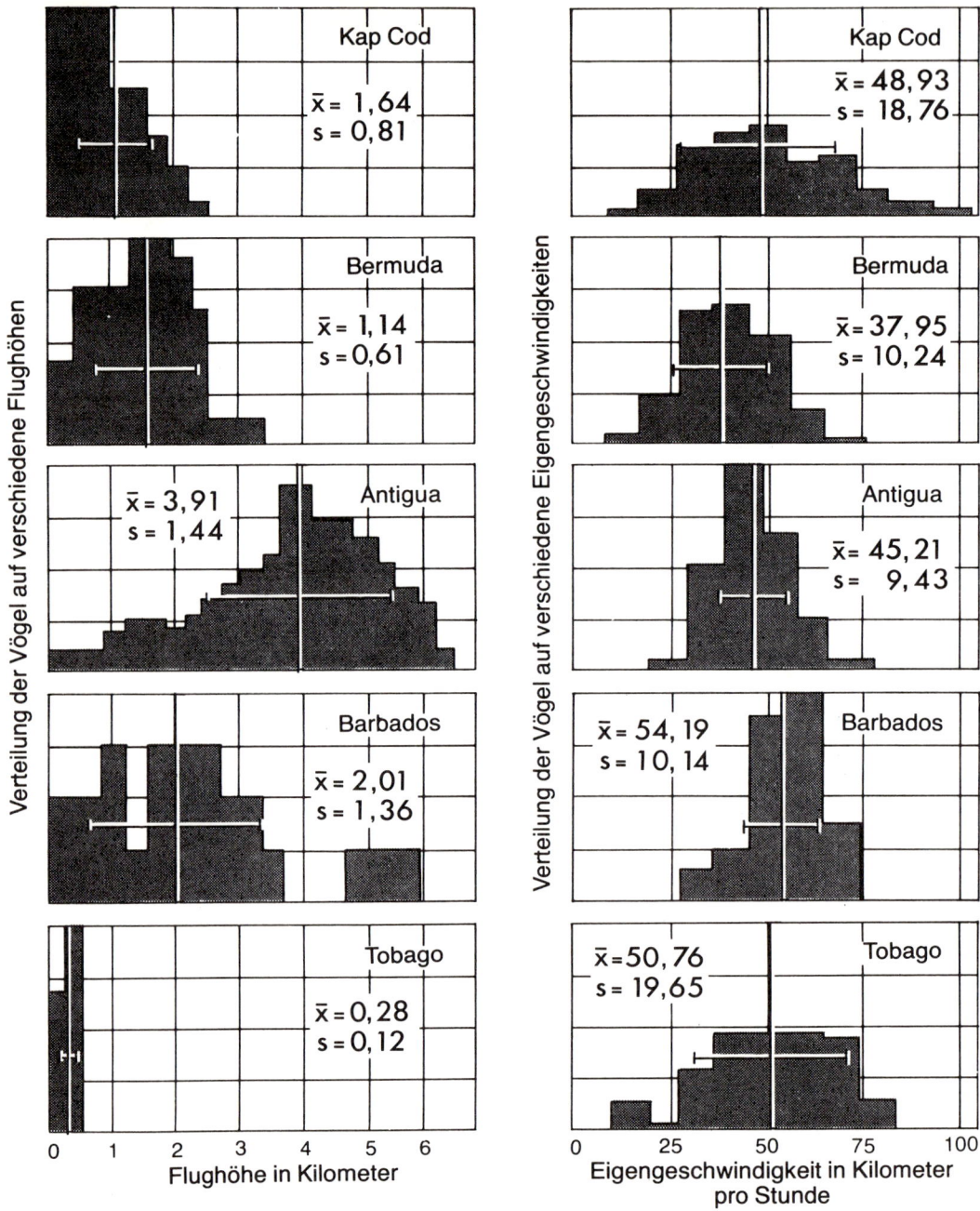

Die Verteilung sowohl der Fluggeschwindigkeiten als auch der Flughöhen ändert sich beim Trans-Karibik-Flug von Kleinvögeln in charakteristischer Weise; x̄ (zentrale Senkrechte) Mittelwert, s (horizontaler Balken) ± Standardabweichung

deshalb aufgesucht, weil dort günstigere Winde wehen als in niederen Lagen. Wurden über Antigua starke Züge in Höhen von etwa vier Kilometern beobachtet, so herrschten unter vier Kilometer Höhe Ost-Südost-Winde, die für die Vögel also sehr ungünstig gewesen wären und »überflogen« wurden.

In 6,5 Kilometer Höhe ist die Lufttemperatur um null Grad. Das muß kein Nachteil sein, kann angesichts der großen Wärmeabgabe des mit höchster Dauerleistung arbeitenden Flugmotors sogar vorteilhaft sein. Auch der verringerte Sauerstoffpartialdruck – in dieser Höhe herrscht etwa die Hälfte des Wertes auf Meereshöhe – muß kein unbedingter Nachteil sein, wie auf Seite 170 näher erläutert wird. Die Vogellungen sind auf beste Sauerstoffnutzung auch bei geringem $O_2$-Partialdruck evoluiert.

Trotz der vielfältigen Anpassungen, von der Lungenphysiologie bis zu den Orientierungsmechanismen und den außerordentlich verläßlich arbeitenden Muskelmaschinerien, bleibt der Langstreckenflug, ein Flug von mehreren tausend Kilometern über den Atlantik, ein riskantes Unternehmen, immer wieder eine Sache auf Leben und Tod. Warum überhaupt fliegen die »echten Zieher« die Bermuda-Route und nicht die Landroute über Miami, Kuba, Puerto-Rico und die übrigen Inseln nach Südamerika?

Die erstere Route ist um 2800 Kilometer (rund 47%) kürzer als der genannte Landweg. Außerdem führt der »Landschlenker« durch ungünstigere Winde als der »Meeresschlenker«, so daß auf zweierlei Weise Energie gespart werden kann. Schließlich haben Zugvögel über dem Meer keine biologischen Feinde, ganz im Gegensatz zu langsam ziehenden Landvögeln: Manche Greife brüten in unwirtlichen Regionen gerade zur Zugzeit, weil ihnen dann die Beute in genügender Menge sozusagen vor der Haustür vorbeifliegt.

Daß die gefährliche Langstrecken-Route über See summa summarum größere Vorteile hat als die Landroute, zeigt sich aus der schlichten Tatsache, daß sie überhaupt existiert. Allerdings schaffen sie nur höchstangepaßte Spezialisten.

Die oben angesprochenen Vogelfedern in den Mägen von Tiefseefischen stammen selten von hochspezialisierten Zugvögeln, sie kommen fast ausschließlich von nicht angepaßten Arten, die offensichtlich durch widrige Großwetterlagen aufs offene Meer hinausgetrieben worden sind.

## Flughöhen beim Vogelzug

Vögel sind von Meereshöhe bis in die höchsten Berge verbreitet. In Tibet, im Durchschnitt 5000 m hoch, leben etwa 500 Vogelarten; davon sind an die 400 Brutvögel. Große Höhen scheinen den Vögeln also nichts auszumachen. Fliegen Zugvögel in großen Höhen?

Die mittlere Höhe beim Vogelzug kann äußerst unterschiedlich sein. Es wurden schon Langstreckenflüge beobachtet, die nur in knapp 10 m Meereshöhe abliefen. So nahe den Wellen fliegen Turteltauben und Ortolane, um zwei Beispiele herauszugreifen. Das »Hauptverkehrsband« zieht sich in Höhen zwischen 600 und 900 m hin. Durch Radarbeobachtungen wurden Limicolen aber auch schon in 5000 m Zughöhe über England und 6000 m Höhe über Nordamerika festgestellt. Ein klassisches Beispiel stammt von Alexander von Humboldt, der einen Kondor über dem 6000 Meter hohen Cotopaxi der Anden kreisen sah. Einige weitere Beobachtungen: Mauersegler in 4700 Metern Höhe, Möwen in 5000 m, tibetanische Kolkraben in 6400 Metern Höhe.

Regelmäßige Himalaja-Überquerer sind Gänse, Enten und Limicolen. Sie fliegen 7000 bis 8000 m hoch.

In den Jahren 1922 bis 1924 fand eine britische Mount-Everest-Expedition mit hervorragenden Vogelkennern statt. Von den zahlreichen Höhenflugberichten sind diese vielleicht die verläßlichsten. Sie fanden Pieper, Rotschwänzchen, Tauben, Krähen, Wiedehopfe, Braunellen, Lämmergeier und Alpendohlen in Höhen über 6100 m; Lämmergeier in 7300 m, Alpenkrähen gar in 8200 m! Zu den höchsten, tatsächlich nachgewiesenen Flughöhen gehören Beobachtungen an Gänsen in 9000 m Höhe über dem indischen Dehra Dun. Vielleicht ist die letzte Zahl der Höhenweltrekord für aktiv aufsteigende Vögel überhaupt. In den siebziger Jahren wurde ein Geier (Gymnogyps rüppelli) in das Triebwerk eines Verkehrsflugzeugs gesaugt, bei einer Höhe von über 11 km. Sehr wahrscheinlich aber war der Geier in thermischen Aufwinden so weit hochgekurvt.

Heutzutage fürchtet man Unfälle durch Vögel, die in die Triebwerke von Düsenjets eingesaugt werden. Früher hatte man mehr Angst davor, daß beim Zusammenstoß mit

einem Vogel die Kanzelscheibe zertrümmert werden könnte. Rechnet man für einen Hökkerschwan mit einer Körpermasse von zehn Kilogramm mit einer Relativgeschwindigkeit zum Flugzeug von 430 Stundenkilometern, so wirkt auf die Windschutzscheibe ein durchschnittlicher Aufprall-Druck von 300 kg/cm$^2$! Nach zahlreichen derartigen Unfällen wurden die Schutzscheiben abgeflacht, verdickt und in mehreren Komponenten aufgebaut. Heute hört man nichts mehr von dieser Gefahr. Da ich schon bei einer historischen Einblende bin: Zu Beginn des Ersten Weltkriegs konnten beispielsweise aufprallende Adler den damaligen Flugzeugen durchaus noch gefährlich werden. Es sollen sogar welche zum Angriff abgerichtet worden sein. In Frankreich herrschten Bedenken: »Kein Flugzeug und vor allem kein Luftschiff könnte sich einem solchen Angriff widersetzen. Angesichts der Fluggeschwindigkeit eines Adlers und der Kraft seines Schnabels und seiner Klauen kann eine Schar gut abgerichteter Adler die bestausgerüstete Luftflotte zweifellos in wenigen Sekunden vernichten (Lane).« Tempora mutantur!

## Höhenflugbedingungen

Für den Flug ist es nun weder physikalisch noch energetisch gleichgültig, in welcher Höhe sich ein Vogel bewegt. Auf 5000 m Höhe ist die Atmosphäre nur noch 63 % so dicht wie auf Meereshöhe. Da der Auftrieb der Dichte proportional ist, muß der Vogel schneller fliegen, um denselben Auftrieb zu erreichen, im genannten Fall um 26 %. Damit steigt auch die nötige Stoffwechselleistung, wie Ward-Smith deutlich macht. Für eine größere Stoffwechselleistung muß der Vogel in der Zeiteinheit proportional mehr Sauerstoff aufnehmen. Der Sauerstoffpartialdruck ist in dieser Höhe aber ebenfalls verringert. Auf Meereshöhe beträgt der Luftdruck 760 mm Quecksilbersäule (um eine historische Einheit einmal zu verwenden), in 6000 m Höhe gerade noch halb soviel, nämlich 380 mm Quecksilbersäule. Da Sauerstoff in der gesamten Atmosphäre den gleichen Volumenanteil hat, knapp 21 %, beträgt sein Partialdruck (bei trockener Luft) auf Meereshöhe etwa 160 mm Quecksilbersäule, auf Meereshöhe rund 80 mm. Obwohl der Vogel beim Höhenflug zur Erzeugung eines bestimmten Hubs (beim Geradeausflug bekanntlich so groß wie sein Gewicht) mehr Sauerstoff aufnehmen muß, steht ihm relativ weniger zur Verfügung. Das scheint ihm aber wenig auszumachen.

Setzt man unter einer Glasglocke Mäuse und Sperlinge durch Herauspumpen von Luft unter Höhenbedingungen, so fallen die Mäuse bei 5000 bis 7000 simulierten Höhenmetern in Zuckungen; Sperlinge hüpfen weiter munter herum.

## Simulierte Höhenflüge

Der amerikanische Biologe Torre Bueno simulierte den Höhenflug mittels eines geschlossenen Windkanals, in dem unterschiedliche barometrische Drücke einstellbar waren. In diesem Kanal flogen Stare unter simulierten Höhen zwischen 0 und 3500 m, und zwar 20 bis 30 Minuten. Es zeigte sich, daß die

Vögel bei unterschiedlichen simulierten Höhen auch durchaus unterschiedlich reagierten. Mit zunehmender Meereshöhe nahm beispielsweise die Flügelschlagfrequenz von durchschnittlich 10,3 Schwingungen pro Sekunde auf Seehöhe auf 9,5 Schwingungen in 3000 m Höhe ab, was gegen die oben diskutierte Leistungssteigerung zu sprechen scheint. Gleichzeitig nahm allerdings die Flügelschlagamplitude von 108° auf Meereshöhe auf 135° in 3 km Höhe zu, wobei der eigentliche Sprung zwischen 1 und 2 km Höhe stattfand. Zudem vergrößerten die Vögel ihren Winkel zwischen Körperlängsachse und Anströmung und erzeugten auf die Weise höheren Auftrieb. Bei Seehöhe war der Winkel 6,5°, in zwei Kilometern Höhe dagegen fast doppelt so groß, 12,5°. Mit weiterer Höhe nahm er wieder leicht ab.

Es scheint also tatsächlich so zu sein, daß die Vögel in größerer Flughöhe mehr Energie ausgeben, um den Auftriebsverlust infolge der geringeren Luftdichte wettzumachen. Dies tun sie nicht durch eine erhöhte Schlagfrequenz (wahrscheinlich sprechen Schwingungsresonanz-Gründe dagegen), sondern durch eine sehr starke Erhöhung der Schlagamplitude und gleichzeitig der Rumpfschräglage zur Erzeugung eines höheren Rumpfauftriebsanteils. Die Torre-Buenoschen Stare flogen mit einer Geschwindigkeit von 13 m s$^{-1}$ (etwa 50 km h$^{-1}$), die Vögel mit einer Durchschnittsmasse von 0,08 kg gaben auf Seehöhe (bei einem respiratorischen Quotienten von 0,7) im Durchschnitt 12 Watt an Stoffwechselleistung aus. Bei 3,5 km Höhe, der größten Höhe, unter der sie noch flogen (wenngleich schon mit Zeichen von Streß, unter Hecheln und häufigen Landeversuchen), betrug der Meßwert für die Stoffwechselleistung rund 13,5 Watt. Trotzdem die Zahl (erwartungsgemäß) höher lag, war sie statistisch nicht von dem Wert auf Seehöhe unterscheidbar. Der Star scheint in gewisser Weise eine Besonderheit darzustellen. Mißt man seine Stoffwechselleistung beim Flug auf Seehöhe zwischen den beiden Geschwindigkeitsextremen von rund 8 und rund 18 m s$^{-1}$ (etwa 30 bis 65 Stundenkilometer), so ergibt sich seltsamerweise mit rund 9,5 Watt kaum eine Veränderung; nur bei den größten Geschwindigkeiten steigt die Kurve ganz leicht an, aber wieder statistisch nicht signifikant. Woher bezieht der Star seine notwendige größere Leistung? Die Frage bleibt momentan offen. Vielleicht steigen die Muskelwirkungsgrade an.

Immerhin bleibt festzustellen, daß es die Vögel auf irgendeine Weise fertigbringen, auch in sehr großer Höhe den stoffwechselphysiologisch nötigen Sauerstoff aufzunehmen, trotz vergleichsweise geringer Sauerstoffpartialdrücke.

Offensichtlich ist ihre »Durchströmlunge« – im Gegensatz zur »Sacklunge« der Säugetiere – für diesen Zweck besser geeignet.

## Konstruktionseigentümlichkeiten der Vogellunge

Anders als die Säugerlunge arbeitet die Vogellunge nämlich nach dem Gegenstromprinzip, wie man es vom chemischen Rückflußkühler her kennt und wie es in der Biologie reichlich verwendet wird, um hohe Konzentrationsgradienten trotz geringer Differenzen

aufrechtzuerhalten: Fischkieme, Wärmerückgewinnung im Bein von Enten, die auf dem Eis stehen, in ähnlicher Weise Wärmerückgewinnung an den Flossen von Walen und Delphinen. Bei der Einatmung (Abb. Seite 172) strömt die Luft in der angezeichneten Richtung durch die Lunge (das angezeichnete dünne Röhrenwerk entspricht den Parabronchien, stark mit Blutkapillaren umsponnenen parallelen Luftröhren, in denen der Gasaustausch stattfindet) und weiter in die Luftsäcke, die sich unter der Haut hinziehen, bis hinein in manche Knochen. In der Ausatmungsphase entleeren sich die Luftsäcke durch den Parabronchialapparat, und zwar wiederum in derselben Richtung. Bei den Säugetieren ist es ja anders: Da wechselt der Luftstrom bei Ein- und Ausatmung die Richtung. Wie es der Vogel fertigbringt, eine immer gleiche Richtung einzustellen, und das ganz ohne Ventile in seinem Atemapparat, ist noch weitgehend sein Geheimnis. Nötig ist die immer gleiche Richtung aber für das Ge-

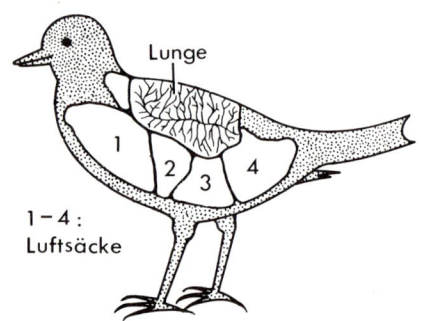

Halbschematische Lagedarstellung der Lunge und Luftsäcke bei Vögeln. Bezeichnung der durchnumerierten Luftsäcke in der nächsten Abbildung

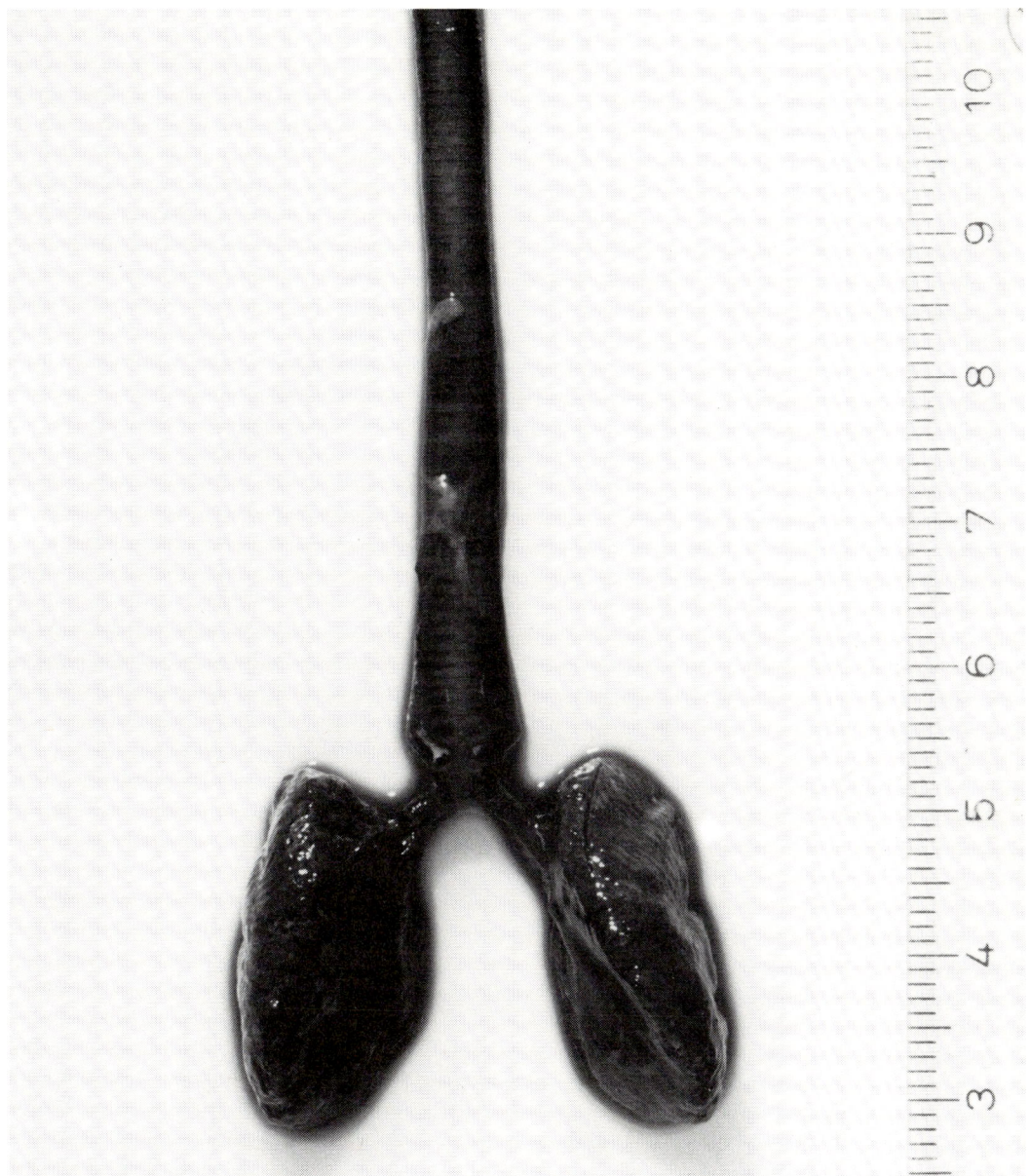

Die Luftröhre (Trachea) der Haustaube und ihre Verzweigung in die beiden »Durchströmlungen«. Die anschließenden Luftsäcke, die sich weit unter der Haut hinziehen und teils bis in die hohlen Knochen reichen, sind
präparatorisch nicht darstellbar. Maßstab = cm. (Angelica Jahner präp.)

genstromprinzip. Strömt die Luft in der untenstehenden Zeichnung von rechts nach links, so bewegt sich das Blut von links nach rechts. Lägen die beiden Ströme gleich, würden sich die Sauerstoffdrücke in Blut und Luft rasch auf einem mittleren Niveau angleichen, und dann könnte kein weiterer Sauerstoff mehr von der Luft ins Blut diffundieren, ob-

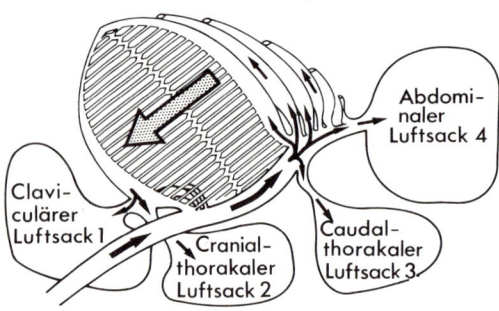

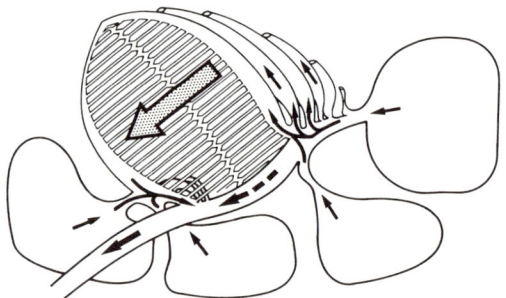

Strömungsverhältnisse in Lunge und Luftsäcken bei Einatmung und Ausatmung. Man beachte, daß in beiden Atemphasen die Lunge in gleicher Richtung durchströmt wird

wohl noch genügend da wäre. Im entgegengesetzten Fall bleibt stets ein Unterschied da, so daß die Luft mehr Sauerstoff abgeben und das Blut mehr Sauerstoff aufnehmen kann. Daher wohl die Höhenflugrekorde bei Vögeln, zu denen noch ein abschließendes Beispiel gebracht werden soll.

Die an sich überhaupt nicht höhenangepaßte Gans Anser indicus fliegt auf ihrer Zugroute von Indien zu den Brutregionen im südlichen Zentralasien über den Himalaja! Einige Vögel sind exakt über dem Mount Everest (Höhe 8848 m) beobachtet worden, einer Höhe, die kein Mensch oder anderer Säuger ohne Atemgerät in Ruhe, geschweige denn bei so heftiger mechanischer Arbeit aushält. Offensichtlich zeigt die Vogellunge mit dem Gegenstromprinzip und anderen funktionsmorphologisch-physiologischen Eigentümlichkeiten gerade bei den Höhenflügen der Vögel ihren wahren Vorteil. Die Atmungsphysiologen P. Scheid und J. Piiper haben – scherzhaft – ausgerechnet, was passieren würde, wenn die »Sacklunge« des Menschen durch eine Gegenstromlunge nach Art des Vogels ersetzt würde. Der so berechnete Kunstmensch könnte noch bei einem Sauerstoffpartialdruck existieren, der um 5 mm Hg geringer ist als derjenige Minimaldruck, den der Normalmensch aushält. Damit könnte er sich theoretisch noch in Höhen von 9600 m ohne Sauerstoffgerät aufhalten, das sind mehr, als der Mount Everest mißt. Da Vögel, zum Beispiel die genannte Anser indicus, aber selbst bei simulierten Höhen von 11 600 m voll aktiv sein können, müssen sie wohl noch andere Geheimnisse der Höhenanpassung aufweisen.

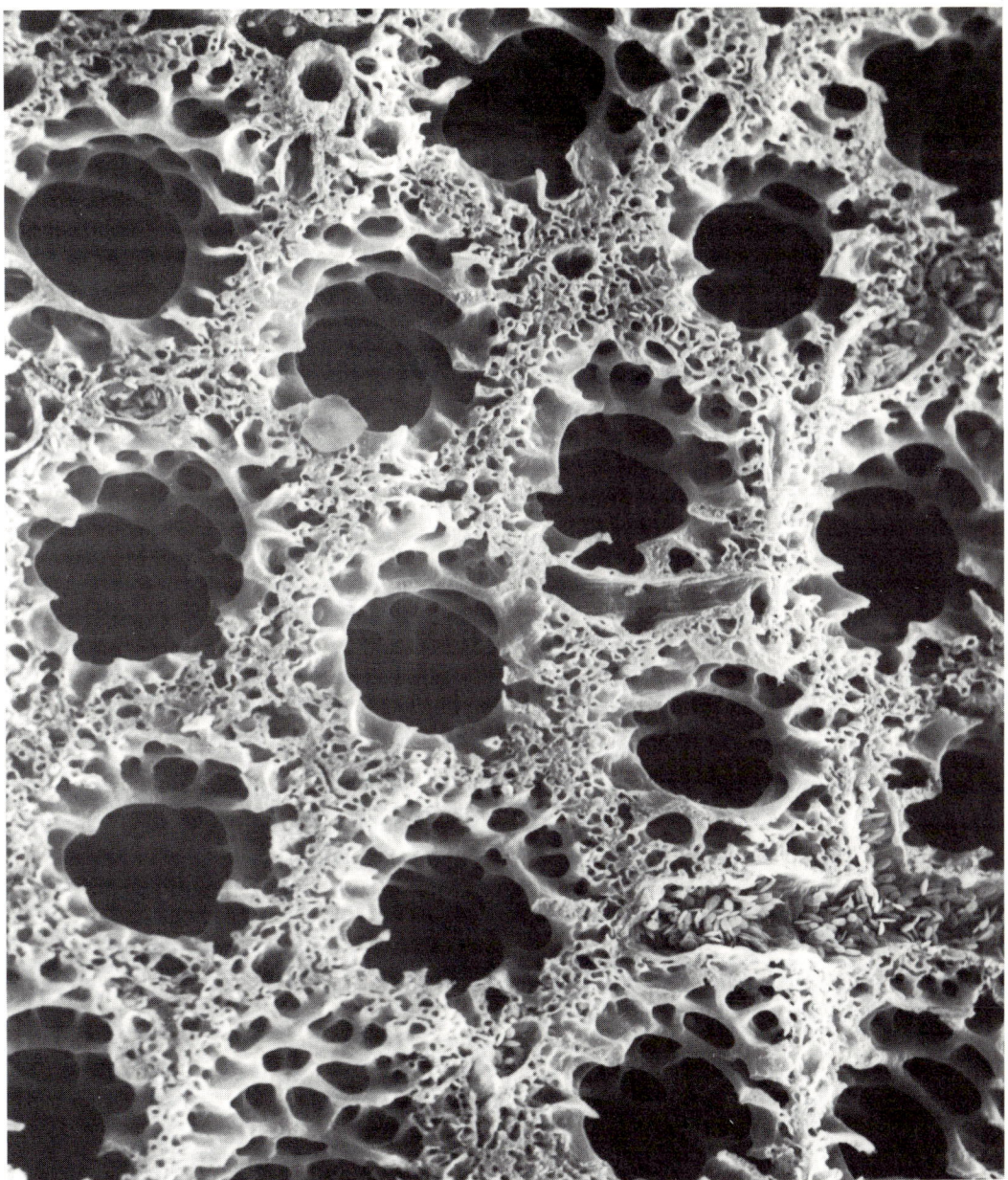

Die Abbildung zeigt eine rasterelektronenmikroskopische Darstellung eines Querschnitts durch die Parabronchialregion einer Vogellunge. Die Aufnahme wurde im anatomischen Institut der Universität Gießen gefertigt.

Orientierung

## Orientierungsmöglichkeiten

Wonach orientieren sich Zugvögel? Heutzutage, nachdem sehr viel über diese Problematik gearbeitet worden ist, stellt man die Frage besser anders herum: Wonach orientieren sie sich eigentlich nicht? Man hat lernen müssen, daß es offensichtlich kaum eine physikalische Umweltqualität gibt, nach der sich die Zugvögel *nicht* orientieren – immer vorausgesetzt, daß sie diese Qualität mit ihren Sinnesorganen registrieren können. Im folgenden kurzgefaßt einige Beispiele für nachgewiesene und für mögliche Mechanismen. Die Art ihres Zusammenspiels – und dieses kann recht komplex sein; unter manchen Bedingungen überwiegt eine dieser Qualitäten alle anderen weitaus – soll hier nicht diskutiert werden. Schmidt-Koenig hat gerade diesen letzteren Fragen ein lesenswertes Buch gewidmet.

## Sonnenkompaßorientierung

Die Sonne »geht im Osten auf und im Westen unter«. Mittags durchläuft sie die Nord-Süd-Linie. Ein Tag entspricht einer vollen Erdumdrehung (360 Grad), eine Stunde also 15 Grad. Vergleicht man mit einer genau gehenden Uhr, so läßt sich die Himmelsrichtung ohne weiteres bestimmen. Um elf Uhr vormittags ist Norden 15 Grad »links« von der

Sonne, um ein Uhr nachmittags 15 Grad »rechts« davon. Hätte der Vogel eine Art »innere Uhr«, so könnte er über die Beobachtung des Sonnenstandes die Kompaßrichtungen auffinden.

Genau das ist der Fall, wie viele Forscher gezeigt haben. Dazu zwei klassische Beispiele.

Europäische Stare können beim Frühjahrszug nordwestlich wandern: In einem Rundkäfig gehalten, tendierten sie bei einem Versuch dazu, in diese Richtung aufzufliegen. Die Abflugrichtung bildet mit der im Osten aufgehenden Sonne einen Winkel von ungefähr 160 Grad. Der deutsche Biologe G. Kramer machte in den frühen fünfziger Jahren folgenden Versuch. Über Spiegel lenkte er das Licht der aufgehenden Sonne um 90 Grad ab. Die Stare flogen daraufhin um 160 Grad versetzt zur für sie sichtbaren Sonnenrichtung ab, nun also nach Südwesten. Sie orientieren ihre Zugrichtung also nach der Sonne.

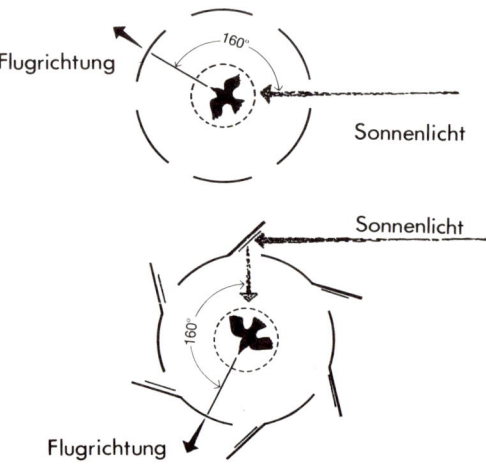

Auf den vorstehenden Seiten ist ein Nachtzug mit Sternenorientierung bei amerikanischen Kleinvögeln dargestellt; die gegenüberstehende Abbildung zeigt den klassischen Versuch zum Nachweis der Sonnenorientierung durch Kramer

Der englische Biologe G. V. T. Matthews fand heraus, daß mittags aufgelassene Tauben bei bedecktem Himmel schlecht, bei gut sichtbarer Sonne dagegen problemlos zu ihrem Taubenschlag nach Cambridge zurückflogen. Wiederholte er das Experiment am Vormittag und am Abend, ergaben sich gleiche Ergebnisse. Man kann daraus schließen, daß die Vögel eine »innere Uhr« besitzen (eine »circadiane innere Uhr«), über die sie die tageszeitlich unterschiedliche Lage der Nordrichtung zum Sonnenstand herausrechnen. Besonders überzeugende Versuche zur Sonnenkompaßorientierung stammen von Schmidt-Koenig, und zwar aus den Jahren 1958 und 1961. Insgesamt ist damit der Sonnenkompaß für das Heimfinden gut dokumentiert. Ob er auch beim Zug eine so große Rolle spielt, wissen wir (noch) nicht. Wie aber ist es mit Nachtziehern, die die Sonne nicht sehen können?

## Sternkompaßorientierung

Der schnellwandernde und sich verändernde Mond scheint für eine Orientierung weniger geeignet als der Fixsternenhimmel. (Zur Zeit laufende Versuche an sizilianischen Bienen lassen die Vorstellung einer Mondkompaßorientierung allerdings wieder aufleben.) Angenommen, der Vogel könnte die Richtung zum Polarstern, um die sich das Himmelsgewölbe zu drehen scheint, erkennen. Dann hätte er eine Präferenzlinie nach Norden, die unabhängig von der Nachtzeit wäre. Er bräuchte dann auch keine innere Uhr, wie sie für den Sonnenkompaß unerläßlich ist.

Das deutsche Forscherehepaar E. G. F. und E. M. Sauer zog Ende der fünfziger Jahre Grasmücken unter dem künstlichen Himmel eines Planetariums auf. Im Planetarium kann man die Sternbilder so simulieren, wie sie sich aus jeder beliebigen geographischen Breite und zu jeder beliebigen Nacht darstellen. Die untersuchten Grasmücken ziehen auf dem Herbstzug von Norddeutschland nach Afrika, zunächst in südöstlicher Richtung zum Bosporus. In einem Rundkäfig unter natürlichem Sternenhimmel schwirren sie im Frühherbst in südöstlicher Richtung, im Frühjahr in nordwestlicher. Analoges tun sie im Planetarium. Unter einem künstlichen Herbsthimmel schwirren sie nach Südosten, unter einem künstlichen Frühjahrshimmel nach Nordwesten. Sie scheinen sich also nach den Sternen zu orientieren, einen Sternkompaß zu besitzen. (Bei diesen Versuchen könnten aber auch endogene Richtungsänderungen eine Rolle gespielt haben.)

Auf ihrem Weg nach Afrika machen die Grasmücken am Bosporus einen Knick und ziehen dann weiter in mehr südlicher Richtung. Bietet man ihnen im Planetarium den Himmel Norddeutschlands, so schwirren sie nach Südosten. Verändert man dann die Lage und zeigt ihnen den Himmel über dem Bosporus, verändert sich auch ihre Schwirrichtung mehr nach Süden. Bietet man ihnen anschließend den Himmel Afrikas, so hören sie nach einiger Zeit ganz mit dem Schwirren auf, als ob sie im Zielgebiet angelangt wären (und sterben freilich auch bald darauf). Zahlreiche weitere Versuche, durchgeführt zum Beispiel von dem amerikanischen Forscher S. T. Emlen in den 60er Jahren, korrigierten manche

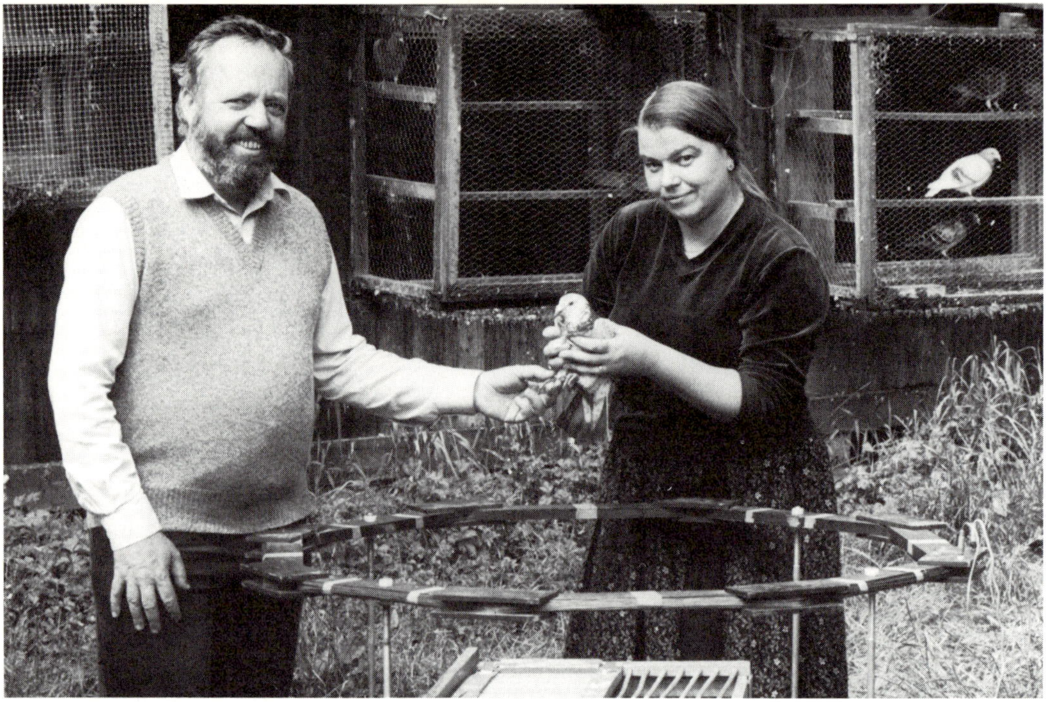

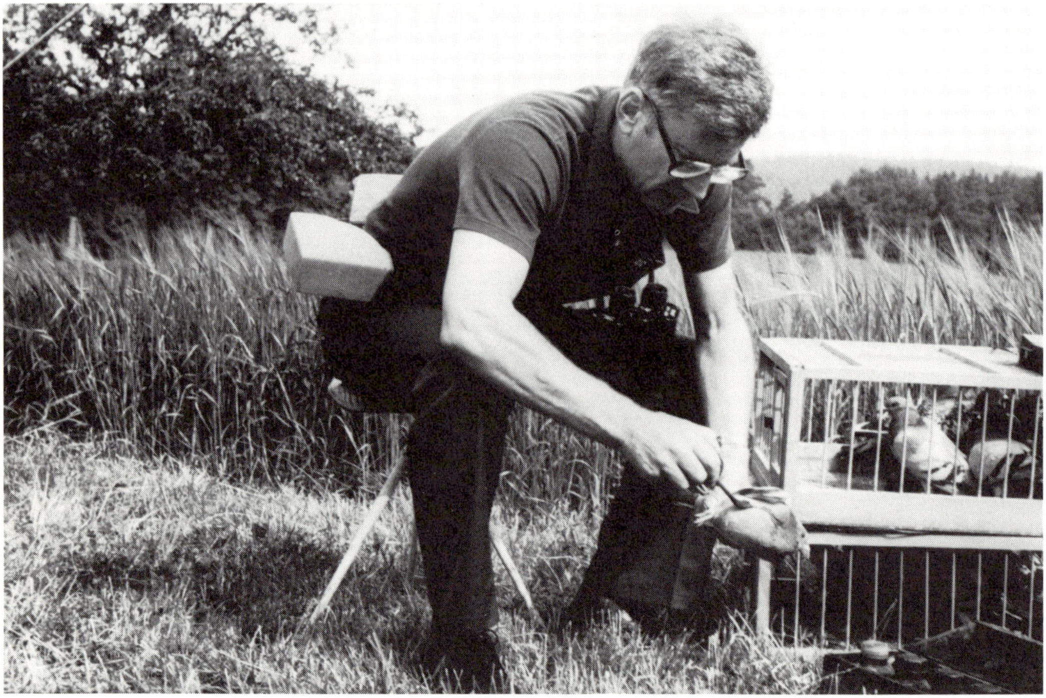

zu detaillierte Schlüsse. Demnach ist – im Gegensatz zur Sauerschen Annahme – eine »innere Uhr« nicht beteiligt. Wesentliche Ergebnisse stammen weiter von den deutschen Forschern Gwinner und Wiltschko. Es konnte gezeigt werden, daß Vögel tatsächlich die »Rotationsachse« des Himmelsgewölbes durch Beobachtung »erlernen« und sich danach richten, beim Herbstzug von der ungefähren Region des Polarsterns (also nach Süden) wegziehen, beim Frühjahrszug dagegen in umgekehrter Richtung. Läßt man den Planetariumshimmel um einen anderen Stern rotieren, etwa um einen Zentralstern des Orion, so lernen handaufgezogene Jungfinken tatsächlich diese Richtung als imaginäre Drehachse des Himmelsgewölbes und fliegen beim Herbstzug vom Orion weg, beim Frühjahrszug zum Orion hin. Solche und zahlreiche andere Beobachtungen zeigen, daß sich der Zugvogel nach einer Art Sternkompaß richtet, wozu er Richtungen zu bestimmten Sternbildkonstellationen (und damit auch die letzteren) erlernen und wiedererkennen muß.

Es erscheint sehr sinnvoll, daß Vögel von Jugend an jeweils Sternbilder und Rotationsachsen für einen Sternkompaß neu erlernen müssen. Weder die Bilder noch die Achsen bleiben im Laufe der Jahrtausende konstant. Wegen der Präzession der Erdachse wird beispielsweise in 13 000 Jahren nicht mehr der Polarstern, sondern die Wega (die unter 43 Grad zum Polarstern steht) den Himmelspol

Die Fotos auf der gegenüberstehenden Seite zeigen oben das Ehepaar Wiltschko bei der Demonstration von magnetfeldinduzierenden Spulen, unten den Vogelzugforscher Schmidt-Koenig bei Untersuchungen zum Heimkehren von Brieftauben im Gelände

bilden. Wenn jede Vogelgeneration ihre neue Richtung lernt, wird der Effekt der Präzession »unterlaufen«.

Zurück zu den Tagziehern. Was macht ein solcher Vogel, wenn er die Sonne nicht sieht? Aufgelassene Brieftauben erscheinen in solchen Fällen vielfach (eine Zeitlang) desorientiert (richten sich aber dann nach dem weiter unten besprochenen Magnetkompaß). Von Bienen weiß man, daß sie sich auch bei verdeckter Sonne orientieren können, solange sie nur ein Stückchen klaren Himmel sehen. Sie erkennen damit ein Stück des für unser Auge unsichtbaren Polarisationsmusters am Himmel, das in ähnlicher Weise wie die Sonne tagesperiodisch wandert und mit Hilfe einer inneren Uhr die Basis für eine Nord-Süd-Koordinate geben kann. Können sich auch Vögel nach polarisiertem Licht richten?

## Orientierung nach polarisiertem Licht

Das Polarisationsmuster am Himmel ist am stärksten im Ultraviolettbereich (UV-Licht) ausgeprägt. Die Basis für die Erkennung polarisierten Lichts sollte also eine UV-Empfindlichkeit des Auges sein.

In den späten 70er Jahren hat M. L. Kreithen gezeigt, daß Tauben tatsächlich UV-Licht wahrnehmen können, etwa gleich gut wie Bienen. Derselbe Autor hat mit derselben Methode (»Herzfrequenzdressur«) gezeigt, daß Tauben auch auf polarisiertes Licht reagieren, also die Schwingungsebene des Lichtes wahrnehmen können. Mit einer anderen Meßmethode wurden diese Befunde von De-

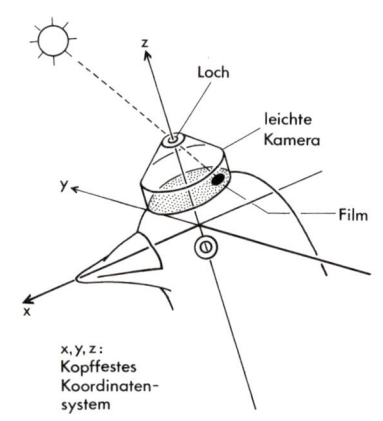

x, y, z:
Kopffestes
Koordinaten-
system

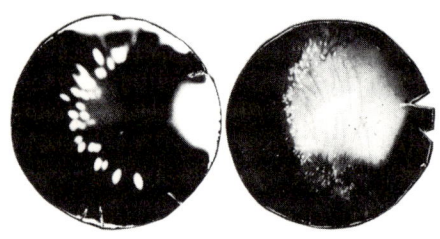

Anlandende Taube mit der Köhlerschen »Kopfkamera«, darunter Schema der Kopfkamera (Lochkamera-
Prinzip), darunter zwei entwickelte kreisförmige Plan-
filme

lius bestätigt. Doch sind sie zur Zeit nur als
Laborbefunde akzeptiert; niemand weiß, ob
auch Tauben das tun, was bei Bienen längst
bestätigt ist, ob sie nämlich das Muster polarisierten Himmelslichts als Kompaßrichtung
verwenden, wenn sie die Sonne nicht sehen
können.

Wenn man davon ausgeht, daß die heimflie-
gende Taube bereits die erste Minute nach
dem Start zur Grundorientierung und -navi-
gation benutzt (Wallraff hat gezeigt, daß sie
bereits in den ersten 20 Sekunden orientiert
sind; vermutlich können sie die Richtung
auch bereits im Sitzen bestimmen), müßte
man fordern, daß sie zwischendurch den Kopf
stillhält, nicht dauernd hin- und herblickt.
Der Fernmeldespezialist K. L. Köhler, ein
begeisterter Amateurforscher, kam auf die
originelle Idee, der Taube eine kleine Loch-
kamera auf den Kopf zu setzen, deren einfa-
cher Verschluß etwa eine Minute nach dem
Start zumachte. Auf dem entwickelten Planfilm kann man bei Kopfbewegungen Wischer,
beim Kopfstillhalten kräftige Schwärzungen
des Sonnenabbilds sehen. Tatsächlich scheinen die Tiere kurz nach dem Auflassen immer
wieder sekundenlang den Kopf ganz stillzu-
halten. Sie könnten dabei charakteristische
Geländemarken fixieren, zum Beispiel Berge
(was nach Schmidt-Koenigs Experimenten
mit den »trüben Haftschalen« keine notwendige Voraussetzung für ein Heimfindevermö-
gen wäre) oder aber in dieser Zeit andere
Messungen machen, zum Beispiel die Vertikale bestimmen oder den inneren Magnetkompaß ablesen.

Auf der Suche nach anderen physikalischen
Effekten, die als Orientierungshilfe benutz-

bar wären, wenn die Sonne nicht sichtbar ist, ist man auch auf das Erdmagnetfeld gekommen. Durch die Untersuchungen von Lindauer und seiner Schule weiß man ja, daß die Orientierungskünstlerin »Honigbiene« das Erdmagnetfeld in sehr feinfühliger Weise mitbenutzt.

## Erdmagnetfeldorientierung

Wie aus der Abbildung links unten deutlich wird, kann man (unter bestimmten Randbedingungen) aus der Inklination, also der Neigung der magnetischen Feldlinie relativ zur Erdoberfläche, rückschließen, auf welcher geographischen Breite man sich befindet. Die Inklinationswinkel nehmen vom magnetischen Äquator zum magnetischen Pol zu; in gleicher Richtung steigen auch die magnetischen Feldstärken. Die Basis für eine Magnetfeldnavigation wäre also gegeben.

Der amerikanische Biologe W. Keeton hat folgendes Experiment gemacht. Zwei Gruppen von Brieftauben, jede Gruppe mit Alt- und Jungvögeln, erhielten eine kleine stabförmige Last auf den Rumpf geklebt. Bei der einen Gruppe war dies ein Stabmagnet, bei der anderen ein gleich schweres Messingstäbchen. Wurden die beiden Gruppen bei Sonnenhimmel aufgelassen, kehrten alle Individuen der Altvögel zum heimatlichen Schlag

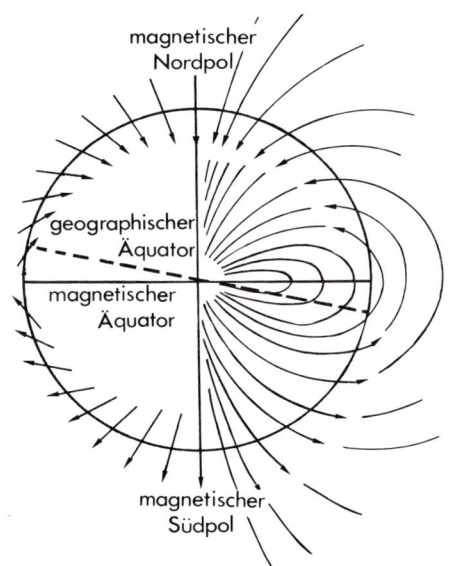

Schema der unterschiedlichen magnetischen Inklination mit zunehmender »magnetischer Breite«

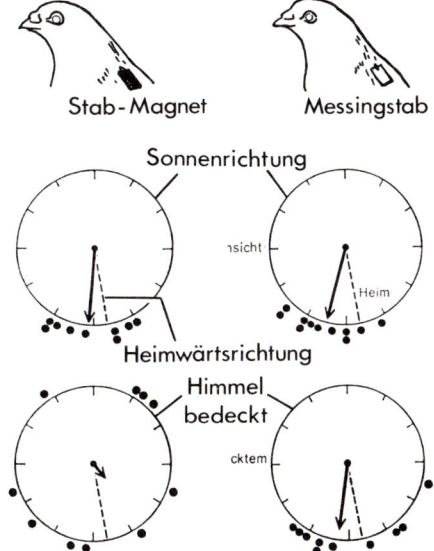

Keetons Stabmagnetversuch. Links Versuch, rechts Kontrolle

zurück: Sonnenkompaßorientierung. (Die Jungvögel waren desorientiert; sie hatten den Sonnenkompaß noch nicht erlernt.) Bei stark bedecktem Himmel dagegen ergab sich folgendes: Die Gruppe mit den Messingstäbchen kehrte, wenn auch nach weitaus längerer Zeit und sehr auseinandergezogen, zum Schlag zurück. Von der Gruppe mit den Magnetstäbchen kehrten die Jungtauben überhaupt nicht zurück, die alten Tauben zwar zum größeren Teil, aber nach längerer Zeit und offensichtlich vielen Irrflügen.

Die Versuche ließen vermuten, daß die Brieftauben irgendeinen Sensor für das Erdmagnetfeld in der Kopfregion haben. Von einem kleinen Stabmagneten würde das schwache Erdmagnetfeld vollständig überdeckt, der Sensor also genasführt werden.

Seit einigen Jahren ist bekannt, daß oberhalb der Augen im Hautgewebe der Tauben Magnetitkristalle vorkommen. Vielleicht ist das die Basis für den Erdmagnetsensor?

Die amerikanischen Biologen C. Walcott, J. L. Gould und der Geologe J. L. Kirschvink haben bereits 1979 in Taubenköpfen magnetisches Material gefunden, und zwar stets einseitig, lokalisiert auf einem nur wenige mm$^2$ großen Gewebefleck über dem knöchernen Schädel. Der Fleck enthält neben Nervenfasern und Bindegewebe ungefähr zehn bis hundert Millionen winzig kleine elektronendichte Strukturen, die als Magnetitkristalle (magnetisierbares Eisenoxid) gedeutet werden können. Sie enthalten jedenfalls überwiegend Eisen. Auch Honigbienen, Napfschnecken und sogar Bakterien der Seeböden, also Organismen, deren Orientierung zum Erdmagnetfeld ebenfalls bekannt ist, enthalten solche Ma-

gnetitkristalle. Man kann sich mehrere Möglichkeiten der Nutzung vorstellen; vielleicht werden die feinen »Rückstellkräfte« gemessen, die diese Kristalle bei ihrer Orientierung zum Erdmagnetfeld im umgebenden Gewebe induzieren. Es gibt neuerdings allerdings auch elektrophysiologische Befunde von Semm aus dem Jahre 1984, die eine Verkopplung der Magnetfeldwahrnehmung mit dem optischen System nahelegen. Vielleicht beruht der Primärprozeß auf einer Art Resonanz mit angeregten Rhodopsinmolekülen (Leash, 1977)? Man darf auf weitere Ergebnisse gespannt sein.

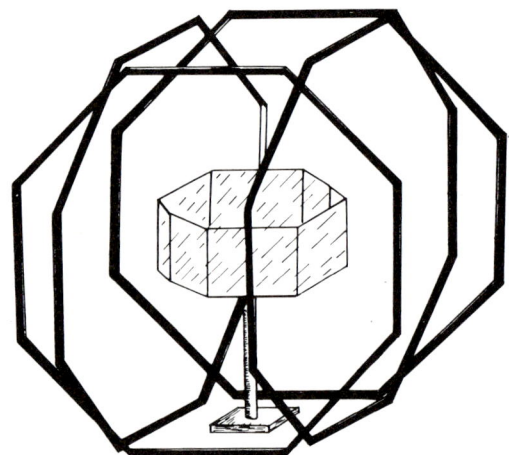

Oben: Schema des von den Wiltschkos verwendeten achteckigen Käfigs mit 2 × 2 achteckigen Magnetspulen. Rechts: Orientierung von Rotkehlchen im Erdmagnetfeld und in künstlichen Magnetfeldern. Lange Pfeile: Magnetfeldrichtung, Dreiecke: Orientierungsereignisse

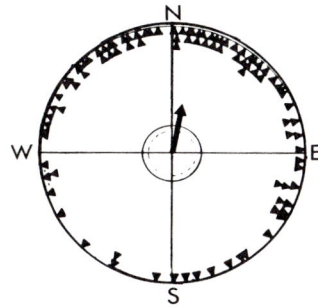

Im lokalen Erdmagnetfeld

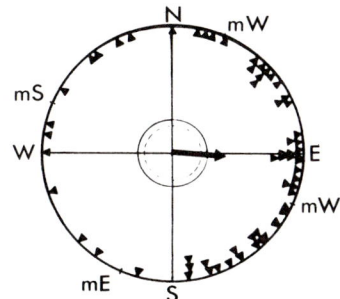

magnetisch Nord nach OSO gedreht
0,43 Gauss, mN=112°, Incl. 42°

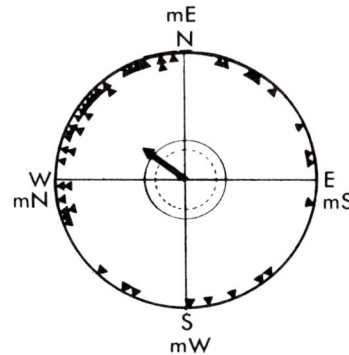

magnetisch Nord nach W gedreht
0,54 Gauss, mN= 270°, Incl. 37°

Wie das deutsche Forscherehepaar R. und W. Wiltschko festgestellt hat – die Wiltschkos experimentieren seit Ende der 60er Jahre über die Frage der Erdmagnetfeldorientierung von Tauben und Rotkehlchen –, ist nicht die Polarität, sondern die Inklination des Erdmagnetfelds der richtungweisende »Zeiger«. Da das Erdmagnetfeld, von Schwankungen in geologischen Zeiträumen abgesehen, geostationär ist, bedürfen die Vögel zu seiner Nutzung auch keiner inneren Uhr. Die Wiltschkos experimentierten unter anderem mit achteckigen Käfigen im Zentrum zweier senkrecht zueinander orientierter Paare großer Helmholz-Spulen. Damit können beliebige Magnetfelder künstlich erzeugt werden. Man kann damit das Erdmagnetfeld kompensieren oder auch künstliche Magnetfelder fast beliebiger Größe und Richtung wirken lassen. Erzeugt man künstliche Magnetfelder gleicher Größe wie das Erdmagnetfeld (0,45 Gauss), aber unterschiedlicher Richtung, so orientieren sich zugunruhige Rotkehlchen nach einiger Eingewöhnungszeit im Mittel nach der neuen Richtung, wie die nebenstehenden Abbildungen zeigen. Damit war eine Magnetfeldorientierung sauber nachgewiesen.

Wie wirken nun Sonnenkompaß, Sternkompaß und Magnetkompaß zusammen? Ist die Sonne sichtbar, benutzen die Tauben »der Einfachheit halber« den Sonnenkompaß. Bei bedecktem Himmel benutzen sie den Magnetkompaß, in der Nacht den Sternkompaß. Eine Reihe von Versuchen weisen darauf hin, daß der Magnetkompaß offensichtlich der primäre ist, dasjenige Instrument, nach dem Sonnen- und Sternkompaß geeicht oder – wie es der Vogelzugforscher K.

Schmidt-Koenig ausgedrückt hat – »einge-
nordet« werden.
Auf irgendeine Weise ist es den Vögeln offensichtlich möglich, die Sonnen- und Sternkom-
paßkoordinaten nach denjenigen des Ma-
gnetkompasses auszurichten. Nachdem die
beiden ersteren eingeeicht worden sind – so
meint Wiltschko –, werden sie nach Möglichkeit vorzugsweise benutzt, offensichtlich deshalb, weil sie leichter »abzulesen« sind.
Nach so vielen raffinierten »Kompassen« die
fast trivial erscheinende Frage: Spielen nicht
die »ganz normalen« Augen auch eine Rolle?
Erkennt eine Brieftaube die Umgebung visu-
ell, und braucht sie diese Information zum
Heimfinden?

## Optische Orientierung

Der deutsche Vogelzugforscher Schmidt-
Koenig hat Brieftauben »trübe Haftschalen«
aufgesetzt. Nach dem Auflassen flogen sie
relativ zielgerichtet zum heimischen Schlag
zurück. Sie benutzten dabei mit großer
Wahrscheinlichkeit den Magnetfeldkompaß,
machten also im wörtlichsten Sinn einen
»Blindflug«. In der Nähe des Schlages allerdings gingen sie zu Boden und mußten von
Hand aufgenommen werden. Nach Entfernung der trüben Haftschalen flogen sie die
letzten wenigen hundert Meter gezielt zum
Schlag.
Für die Fernorientierung scheinen die Augen
also keine essentielle Rolle zu spielen, wohl
aber für die Nahorientierung in der heimischen Umgebung.
Die heimische Umwelt ist auch durch einen

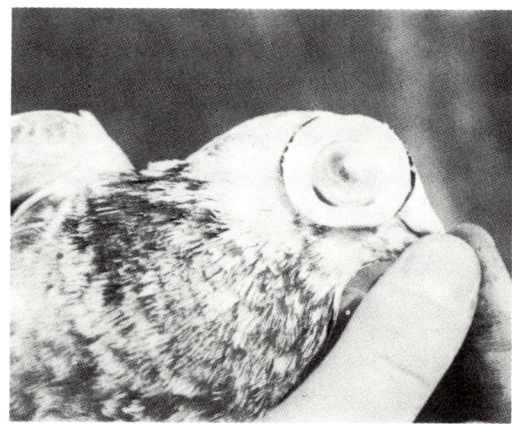

Aufsetzen und Orientierung »trüber Haftschalen« für
einen Brieftauben-Heimfindeversuch durch Schmidt-
Koenig

typischen, vertrauten Geruch gekennzeichnet. Vögel gelten aber als schlechte Riecher.
Orientieren sie sich vielleicht trotzdem auch
nach dem Geruch?

# Geruchsorientierung

Der italienische Forscher F. Papi hat gezeigt, daß Geruchsorientierung wirklich eine Rolle spielt, so unwahrscheinlich das auch klingen mag.

Nach Papi leben die Tauben in ihrem Schlag in einer Umwelt von »Duftfeldern«, die von charakteristischen Winden herbeigetragen werden. Wenn die Taube lernen könnte, woher im Durchschnitt welcher Duft kommt, könnte sie sich eine »Duftkarte« ihrer Umwelt anlernen, die sie bei der Heimorientierung benutzen könnte. Zahlreiche, oft recht raffinierte Versuche haben Hinweise für eine solche Duftorientierung gebracht, aber keine allgemein akzeptierten schlagenden Beweise. Außerdem scheinen sich die italienischen Tauben um Pisa herum eher nach Duftmarken zu orientieren als beispielsweise amerikanische, mit denen die Versuche wiederholt worden sind – vielleicht rassebedingt, vielleicht auch deshalb, weil die italienische Flora vielfältigere und stärkere Duftfelder erzeugen kann.

In einem länglichen Doppelkäfig mit je einem Ventilator am Ende bekamen zwei Taubengruppen Luft mit beigemengten Gerüchten angeboten. Bei der ersten Gruppe kam zur Hälfte der Versuchszeit Terpentingeruch vom Norden und Olivengeruch vom Süden, bei der zweiten Gruppe war es umgekehrt. Angenommen, man nimmt nun eine Taube heraus, tupft ihr einen Tropfen Olivenöl auf den Oberschnabel und läßt sie in einiger Entfernung von der Voliere frei. Gehörte sie zur ersten Gruppe, hätte sie assoziieren können, daß Olivengeruch vom Süden kommt, sie also nach Norden fliegen müsse, um ihren heimischen Schlag mit den Versuchseinrichtungen wieder zu erreichen. Mit einem Terpentintröpfchen am Schnabel hätte sie nach Süden fliegen müssen. Bei einer Taube aus der zweiten Gruppe wäre die umgekehrte Zugtendenz zu erwarten gewesen. Tatsächlich verhielten sich die Tauben nach Auflassung einer Voliere etwa 25 km östlich vom Versuchsschlag wie erwartet. Nach einiger Zeit merkten sie aber, daß sie in die falsche Richtung flogen und kamen nach Umwegen doch zum Schlag zurück.

Bei Flugexperimenten wurden den Tauben

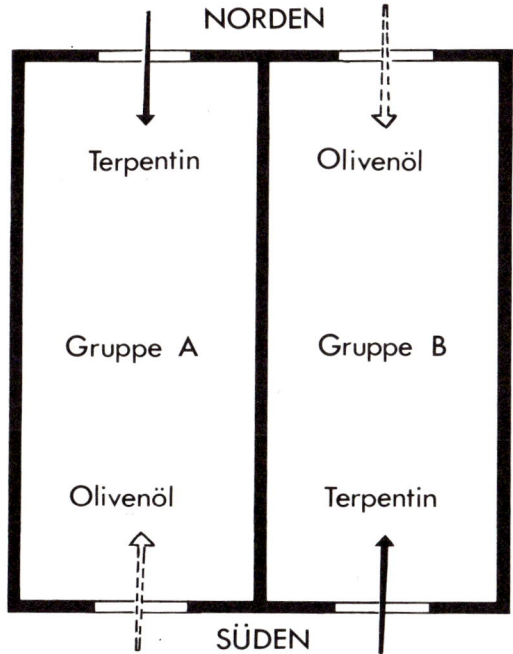

**NORDEN**

Terpentin

Olivenöl

Gruppe A

Gruppe B

Olivenöl

Terpentin

**SÜDEN**

Typischer »Geruchsversuch« von Papi; Beschreibung im Text

oft ziemlich drastische Beeinflussungen in der Nasenregion zugemutet. Aus diesen und anderen Gründen wird die Geruchsorientierung noch nicht allgemein akzeptiert.

Wenn so absonderliche Reize wie Gerüche möglicherweise schon eine Rolle spielen, soll es dann nicht noch exotischere geben, die bei der Orientierung und Navigation eine Rolle spielen könnten? Wie wäre es mit Schallreizen?

## Infraschallorientierung

Ballonfahrer berichten, wie außerordentlich weit technischer oder natürlicher Schall tragen kann. Aus 1 km Höhe hört man ohne weiteres noch das Wellenrauschen am Meeresufer bei schwacher Brandung. Fliegende Vögel würden solche Geräusche allerdings wahrscheinlich gar nicht hören, sondern durch das eigene Fluggeräusch überdecken. Dies gilt nicht unbedingt für Infraschall, sehr niederfrequente Schallwellen, beispielsweise mit nur einer Schwingung pro Sekunde oder gar mit einer Schwingung pro zehn Sekunden. M. Kreithen hat mit der sogenannten Herzfrequenzmethode herausbekommen, daß Tauben noch extrem niederfrequente Schallschwingungen von 0,06 Hz (d. h. eine Schwingung pro 17 Sekunden) regelrecht »hören« können. Operiert man ihnen den schalleitenden Mittelohrapparat oder aber die Innenohrstrukturen heraus, so reagieren sie auch auf diese niederen Frequenzen nicht mehr. Sie scheinen dies also tatsächlich mit dem Ohr aufzunehmen.

Infraschall wird auf der Erde häufiger erzeugt, als man annimmt: Meeresbrandung, windumstrichene Gebirgskämme, großräumige Luftturbulenzen, Tiefdruckgebiete, Gewitter und anderes mehr können solchen niederfrequenten Schall erzeugen. Wichtig ist, daß sich diese Art von Schall auf der Erde Hunderte und Tausende von Kilometern ohne sonderliche Dämpfung ausbreiten kann. So könnte eine Taube beispielsweise den Infraschall der Brandung an der englischen Atlantikküste theoretisch von München aus hören. Die Richtung des für sie vielleicht charakteristischen Schalls könnte sie möglicherweise durch Triangulation unter Benutzung des Dopplereffekts (die scheinbare Schallfrequenz steigt beim Hinbewegen auf die Schaltquelle und sinkt beim Wegbewegen; man vergleiche vorbeifahrende Feuerwehrautos!) bestimmen. Sehr groß kann der Effekt von Infraschall auf die Heimfindenavigation freilich nicht sein, denn Tauben mit herausoperiertem Innenohr finden noch problemlos zum Heimatschlag zurück.

Wenn die Schallfrequenz tatsächlich gleich Null ist, hat man immer noch einen statischen Luftdruck, der sich bekanntlich mit der Höhe ändert.

Können Vögel möglicherweise auch den statischen Luftdruck messen und damit ihre Flughöhe bestimmen?

## Orientierung nach dem absoluten Luftdruck

Kreithen hat mit der sogenannten Methode (die auf der Änderung des Herzschlags einer Taube beruht, sobald ihr ein Ereignis geboten wird, das sie vorher durch Lernvorgänge mit einer für sie positiven oder negativen Erfahrung gekoppelt hat) nachgewiesen, daß Tauben noch auf Druckunterschiede von 1 mbar reagieren. Würden sie diese Fähigkeit beim freien Flug einsetzen, könnten sie noch Höhenunterschiede von 10 m genau messen – zweifellos eine für die Einhaltung einer bestimmten Flughöhe wichtige Fähigkeit. Hätte der Zugvogel auch noch (erlernte oder ererbte) Information darüber, daß in bestimmten Höhen zu bestimmten Zeiten bestimmte Windrichtungen vorherrschen, so könnte er sich auf seinen Reisen durch aktives Aufsuchen bestimmter Höhenlagen von kräftigen Winden problemlos verfrachten lassen. So machen es ja auch die Piloten der Verkehrsflugzeuge auf den großen Transkontinentalstrecken.

Der argentinische Zoologe J. Delius hat Hinweise dafür gebracht, daß das sogenannte Vitalische Organ, ein Bläschen im Innenohr, möglicherweise das »biologische Barometer« darstellt, das für solche Sinnesleistungen zu fordern wäre.

So scheint sich das zu bestätigen, was eingangs als Denkmöglichkeit genannt wurde: Es gibt offensichtlich kaum einen physikalischen Parameter in der Umwelt einer heimfliegenden Taube oder eines Zugvogels, der nicht irgendwann und irgendwie zur Orientierung und Navigation ausgenutzt wird.

Sonnenkompaß, Sternkompaß und der möglicherweise allesbeherrschende Magnetkompaß sind solide nachgewiesen. Die Möglichkeit, Geruchsquellen, polarisiertes Licht und Infraschall sowie Luftdruckschwankungen oder auch den absoluten Luftdruck zu messen und orientierungsmäßig mitzuverrechnen, deuten sich an.

Daß erfahrene Zugvögel optische Markierungen wie charakteristische Berge, Gebirgskämme, Küstenlinien, Flüsse benutzen, kann man wohl ebenso voraussetzen wie die Möglichkeit, daß sie nach ein- oder mehrmaligem Durchmessen ihrer Zugstrecke gelernt haben, in welcher Jahreszeit und Höhe günstige Windverhältnisse liegen, daß man Gewitterfronten »umfahren« muß und anderes mehr.

So werden die zunächst phänomenal und verblüffend erscheinenden Heimfinde- und Orientierungsleistungen unserer Vögel mehr und mehr verständlich.

Je mehr die Forschung bringt, so finde ich, desto faszinierender wird das Bild. Den Schleier des Unglaublichen und Wunderbaren freilich, der die Tatsache umgibt, daß viele Millionen von Vögeln auf dieser Erde im Jahresrhythmus punktgenau Ziele ansteuern, die Zehntausende von Kilometern auseinanderliegen, wird man wohl nie vollständig lüften können.

## Aufnahmegeräte

Als Aufnahmegerät empfiehlt sich selbstredend eine Kleinbildspiegelreflex mit Anschlußmöglichkeit für Winder oder Motor. Ich fotografiere mit Olympusgeräten. Der Winder schafft etwa zwei, der Motor etwa fünf Bilder pro Sekunde. Es gibt heute auch (sehr teure) Spezialgeräte, die bis etwa zwölf Bilder pro Sekunde leisten. Wer an Bildszenen interessiert ist, kann sich auch überlegen, ob er nicht mit 16-mm-Negativfilm arbeiten sollte und mit einer 16-mm-Kamera mit Sektorenblende (Bolex, Pathe, Beaulieu). Arbeitet man beispielsweise mit acht Bildern pro Sekunde und schließt die Sektorenblende auf 18° (ein Zehntel des Halbkreises und damit etwa die geringstmögliche Stellung), so gibt sich eine Einzelbildbelichtungszeit von 1/160 Sekunde. Bei vierundzwanzig Bildern pro Sekunde erreicht man mit dieser Einstellung etwa 1/500 Sekunde, was für die meisten Zwecke ausreicht. Aus den Negativ-Filmbildchen lassen sich ohne weiteres 9 × 10 Vergrößerungen herstellen (Minox-Vergrößerungsgerät empfehlenswert) und zu Bildserien zusammenstellen.

## Brennweiten

Welche Brennweite sollte man für die Vogelfotografie benutzen? An der Kleinbildspiegelreflex dürfte 20 cm das Minimum sein. Ich fotografiere gerne mit Brennweiten von 50 bis 60 cm aus der Hand, was einiges Einüben braucht; man muß die Ausrichtung der Kamera im Schlaf beherrschen, um einen nahen, schnell bewegten Gegenstand sofort ins Zentrum zu kriegen. Mit diesen langen Brennweiten wird gerne das Novoflex-Schnellschußgerät verwendet. Dieses Gerät ist allerdings recht groß, unhandlich, windempfindlich und sieht martialisch aus wie ein Maschinengewehr. Ich erinnere mich an eine der ersten Exkursionen ins Donaudelta, als die meisten Teilnehmer am Zoll ihre »fotografischen MGs« auspacken mußten; die Rumänen waren geradezu bleich geworden, als sie die Koffer durchleuchteten. In der Zwischenzeit haben sie sich wohl daran gewöhnt, da das Novoflex 400 in Schnellschußhalterung am Trageriemen so etwa zur Standardausrüstung der Vogelfotografen gehört, die alljährlich das Donaudelta bevölkern. Einen Vorteil haben diese Geräte: Man kann über die Springblende kleinere Blendenöffnungen für die Aufnahme wählen und damit größere Tiefenschärfe erreichen, wenn man mit höchstempfindlichen Filmen arbeitet. Die große Einstellblende 5,6 ist recht gut für die Schärfenwahl; eine Blendung auf 11 im Moment der Aufnahme, bei einer Belichtungszeit von 1/1000 Sekunde, reicht bei hellem Wolkenhintergrund und 27-DIN-Film noch gut aus. Kritisch wird es bei diesigem Wetter; auch der »strahlend blaue« wolkenlose Himmel ist gar nicht so gut, was Belichtungszeiten anbelangt. Bei dem heutigen Standardfilm von 21 DIN und einer Standardblende 8 wird sich kaum mehr als 1/100 bis 1/200 Sekunde ergeben – da darf man sich nicht täuschen lassen: Es wird nur ein kleiner Ausschnitt ohne sonderliche lichtreflektierende Teile fotografiert. Und diese recht lange Belichtungszeit reicht oft schon nicht mehr aus, fliegende Vö-

## Spiegel-Teleobjektive

Persönlich bevorzuge ich langbrennweitige Spiegelobjektive, beispielsweise die monolithisch-katadioptrischen Systeme von Vivitar. Je nach Brennweite hat man feste Blenden zwischen 5,6 und 11. Das 60-cm-Objektiv mit Blende 8, leider nicht auf die Nähe einstellbar, zeichnet gestochen scharf, doch ist auch bei bester Erfahrung ein großer Ausschuß unvermeidlich, weil die Schärfentiefe so gering ist. Mit einiger Übung kann man auch fliegende Vögel nachfokussieren. Ich empfinde dafür Schnellschußobjektive als weniger geeignet, weil man damit nicht feinfühlig scharf stellen kann; beim Loslassen schnappt das Ganze wieder auseinander. Besonders gut scharfstellen läßt sich mit Spiegelteles von geringem Hub.

## Fotojagd

Tierfotografie ist ja immer auch Jagdbefriedigung. Man muß ein Tier nicht schießen und präparieren, um es zu besitzen; mit dem gelungenen Foto besitzt man es genauso. Da die Aufnahme fliegender Vögel zum schwierigsten Kapitel der Tierfotografie gehört und ein gerüttelt Maß an Erfahrung, Reaktionsschnelligkeit und, eben, »Jagdinstinkt« voraussetzt, befriedigen gute Ergebnisse auch ungemein. Wenn ich Flugaufnahmen mache, geht es mir ausnahmslos um die Dokumenta-

Bienenfresser-Aufnahmen (vgl. Seite 190/1) des Verfassers mit einem 60-cm-Spiegel-Vivitar. Im Hintergrund Lößabhänge, in denen die Bienenfresser am Murighiol-See brüten

gel einigermaßen scharf auf den Film zu bannen. Es ist deshalb immer günstig, nach einem hellen Wolkenhintergrund Ausschau zu halten.

Die Flugfotos von Bienenfressern (Merops apiaster) auf den beiden folgenden Seiten wurden nahe dem Murighiol-See in Rumänen aufgenommen

tion bestimmter Bewegungsvorgänge oder um die Aufnahme von Bildserien, aus denen bestimmte Einzelheiten der Flugsteuerung etc. ablesbar sind. Und trotzdem ist selbst dabei nicht abzustreiten, daß das Jagdfieber eine Rolle spielt. Der Vorteil dieser unblutigen Jagd liegt eben darin, daß man die Tiere nicht beeinträchtigt und ihnen nicht schadet. Sie ist deshalb als hohe Kunst der Tierfotografie (zusammen mit der Makropirsch) auch und gerade heute noch zu empfehlen.

Man kann sich dabei an einen sitzenden Vogel heranpirschen, die Kamera im Visier und die Hand an der Scharfeinstellung, und im Moment des Abfliegens auslösen. In Kenntnis der üblichen Flugdistanz (die nicht nur artspezifisch ist, sondern sich auch nach den Umweltgegebenheiten richtet) braucht man dabei nicht allzu zimperlich vorzugehen. Der sitzende Vogel hat einen sowieso längst erspäht. Ein Turmfalke auf einem Telegrafenmast wird einen vielleicht 30 m herankommen lassen, der Drosselrohrsänger an den Schilfhalmen vielleicht 8–10 m, der Feldsperling am Holunderstrauch vielleicht 5 m. Im Moment des Abflugs gut zu fotografieren sind auch Enten, besonders an winterlichen Teichen. Hier bewährt sich ein Helfer. Er stellt sich etwa 20 bis 30 m entfernt auf und wirft einige Brotkrümel ins Wasser. Enten oder Bläßrallen werden entweder hinrudern oder kurz auffliegen und können dabei fotografiert werden. Die phantastischsten Flugmanöver kann man einfangen, wenn man mit der Bodenseefähre zwischen Konstanz und Meersburg hin- und herfährt und einen Helfer hat, der den Lachmöwen Brotstückchen zuwirft.

# Ansitz

Ansitz vom Tarnzelt aus wird bei Flugaufnahmen kaum möglich oder nötig sein. Ausnahmen mögen gegeben sein bei der Anlandung von Greifen am Horst, doch wird der Nichtspezialist dafür (und das ist gut so) heutzutage kaum mehr die Möglichkeit bekommen. Die Ansitzmethode empfiehlt sich aber sehr, wenn lokale »Leitlinien« vorhanden sind. So gibt es beispielsweise am Überlinger See eine Felswand, den Martinsfelsen, an der regelmäßig Turmfalken und Schwarze Milane im Aufwind entlangstreichen. Eine günstige Lage unter überhängenden Baumzweigen, aber mit freier Sicht, unauffällige braune oder grüne Kleidung und »gestaltauflösendes« Gestrüpp hinter dem Beobachter sichern den Erfolg, zumal dann, wenn man die angleitenden Vögel aus größerer Entfernung schon beobachten und sich auf sie einstellen kann. Milane können so aus nächster Nähe aufgenommen werden. Sie kommen freilich nur gelegentlich vorbei. Die in der Nähe nistenden Turmfalken allerdings meiden den Punkt, sobald sie den Fotografen ausgemacht haben.

Auch manche Küstenvögel patrouillieren Leitlinien ab und sind immer wieder an denselben Punkten zu finden. So fliegen Seeschwalben gerne an Prielen entlang oder an Kleingewässern, wie brackigen Tümpeln, über denen sie rüttelnd in der Luft stehen, bevor sie im Sturzflug abtauchen und auf einen Fisch stoßen. Man hat damit genügend Zeit, scharfzustellen und kann die Kamera beim Sturzflug mitreißen und mit dem Motordrive Bildserien bis zum Eintauchen schießen. Günstiger für eine wissenschaftliche

Analyse des Flugverhaltens sind allerdings Filmaufnahmen.

Die Ansitzmethode empfiehlt sich also an aufwindinduzierenden Hängen im Binnenland oder auch an Waldrändern, die gerne als Leitlinien genommen werden, ferner am Meeresstrand an Dünenkämmen, am Ufer von Seen und Flüssen. Mauersegler kann man bisweilen besonders gut vom Balkon aus fotografieren, wenn sie in den Häuserschluchten der Städte dahinrasen, oder von Aussichtstürmen, die sie gerne umkreisen.

In den Lößabhängen um den Murighiol-See im rumänischen Donaugebiet nisten neben Blauraken und Dohlen immer noch viele Bienenfresser. Für Flugstudien dringend benötigte Aufnahmen vom Angleiten und Kurvenziehen entstanden einfach dadurch, daß ich mich etwas außerhalb der Flugdistanz auf eine Abbruchkante setzte, von den Vögeln voll beobachtbar, und die Flugmanöver mit der Motorkamera in Einzelbildschaltung verfolgte. Obwohl die Vögel noch nicht fütterten und damit der Anfluginstinkt nicht so stark war, kümmerten sie sich nach einer guten halben Stunde nicht mehr um den seltsamen Gast.

## Pirsch

Die Pirschmethode ist jagdlicher und aufregender, aber weniger von Erfolg gekrönt. Die Ausbeute ist stark vom Zufall abhängig, und wenn etwas auffliegt, reicht oft die Zeit nicht, die Kamera einzustellen. Gut anpirschen kann man sich an Fasanen, beispielsweise hinter Hecken und Bodenwellen.

Ähnliches gilt für Graureiher. Hier braucht

man sich allerdings gar nicht erst zu verbergen; die Vögel bemerken einen sowieso. Man geht sehr langsam im geeigneten Winkel auf sie zu; ob und wann sie abstreichen wollen, merkt man ihnen genau an. In solchen Fällen bewährt sich sehr auch ein Helfer, der sich mit dem Fotografen abstimmt. Man kann in günstiger Schußposition verharren, und der Helfer, der weiter gar nichts tun muß, als in geeigneter Entfernung vorbeizulaufen, veranlaßt den Vogel zum Abflug, der bei geeigneter Planung genau in die Linse des Fotografen weisen kann. Selbstredend wird man Tiere auf diese Weise nicht dauernd stören, sondern nur hie und da einmal im geeigneten Moment zum Abflug bringen.

Diese Überlegung sollte sich wie ein roter Faden durch alle Aktivitäten ziehen: Es ist alles zu unterlassen, was ein zu fotografierendes Tier in »unphysiologischen Zugzwang« bringt. Dazu gehört beispielsweise auch das

Im Flug sich putzender Weißstorch

Aufscheuchen von Vögeln, die bei großer
Kälte aufgeplustert dasitzen.

Bei konzentrierter Beobachtung der Mattscheibe kann man die schönsten »Zufallser-
gebnisse« erreichen. Dazu zwei Beispiele.

Ein Weißstorch am Neusiedler See, den ich
beim langsamen Flug auf der Mattscheibe lange verfolgte, machte plötzlich eine Putzbewe-
gung mit seinem Schnabel gegen die Körper-
unterseite. Das Bild dokumentiert eine seltsa-
me Flugakrobatik, die man dem Adebar
kaum zugetraut hätte.

Im Gebiet der rumänischen Donaumündung
hausen noch einige wenige Seeadlerpaare.
Beim Kreisen werden sie gerne von Krähen
attackiert. Die im richtigen Moment ausgelö-
ste Aufnahme zeigt, wie die Krähe im Begriff
ist, auf dem riesigen »Luftbrett« des See-
adlers richtiggehend zu landen, und wie klein
dieser Vogel im Vergleich zur mächtigen
Spannweite des Adlers ist. – Merken Sie was?
Aussagekräftige Bilder müssen das Ziel sein.
»Schöne« Aufnahmen gibt es genug.

Auf Seeadler »anlandende« Krähe. Das Bild ist fotografisch alles andere als »schön«, dafür aber im Grö-
ßenvergleich instruktiv und verhaltensbiologisch aus-
sagekräftig.

## 1 Abbaugleichungen und respiratorische Quotienten (RQ) für Flugtreibstoffe

Die biologischen Flugtreibstoffe − Kohlenhydrate und Fette − enthalten Kohlenstoff (C)-, Wasserstoff (H)- und Sauerstoffmoleküle (O). Sie werden mit aufgenommenem Luftsauerstoff ($O_2$) zu Kohlendioxid ($CO_2$) und Wasser ($H_2O$) oxidiert, wobei Energie frei wird:

1. Kohlenhydrat (Beispiel: Glukose; Strukturformel S. 86):
   $$C_6 H_{12} O_6 + 6\,O_2 \rightarrow 6\,CO_2 + 6\,H_2O + \text{Energie}$$

2. Fett (Beispiel: Triplamitylglycerid; Strukturformel S. 86):
   $$2\,C_{51} H_{98} O_6 + 145\,O_2 \rightarrow 98\,H_2O + 102\,CO_2 + \text{Energie}$$

Bei Gasen sind Molmassen und Volumina einander eindeutig zugeordnet (Anhang 2, unten). Man arbeitet deshalb gern mit den (leichter meßbaren) Volumina. (Zur Umrechnung auf STPD-Bedingungen s. Lb.) Den Quotienten aus dem in der Zeiteinheit ausgeatmeten Volumen $CO_2$, bezeichnet als $\dot{V}_{CO_2}$, und dem gleichzeitig eingeatmeten Sauerstoffvolumen, bezeichnet als $\dot{V}_{O_2}$, bezeichne ich hier einmal als Atemgasquotient, $AQ = \dot{V}_{CO_2}/\dot{V}_{O_2}$. Der entsprechende Quotient für die im Stoffwechsel biochemisch-stöchiometrisch umgesetzten Gasvolumina heißt Respiratorischer Quotient, RQ. Wird kein $CO_2$ im Blut gebunden bzw. freigesetzt (steady state − Zustand), so sind die beiden Kenngrößen gleich; $AQ = RQ$, und $RQ = \dot{V}_{CO_2}/\dot{V}_{O_2}$. Dies ist im allgemeinen bereits wenige Minuten nach Beginn einer kontinuierlichen Arbeitsleistung der Fall. Für die obigen Beispiele gilt dann:

1. $RQ_{\text{Kohlenhydrat}} = \dfrac{\dot{V}_{CO_2}}{\dot{V}_{O_2}} = \left(\dfrac{V_{CO_2}}{V_{O_2}}\right)_{\text{im selben Zeitraum gemessen}}$;

   er muß sein (vgl. Anhang 6) $\dfrac{6}{6} = 1{,}00$

2. $RQ_{\text{Fett}}$ wird analog $\dfrac{102}{145} = 0{,}70$.

Man kann also aus der Größe des gemessenen RQ auf den verbrannten Treibstoff schließen: $0{,}70 < RQ < 1{,}00$; $0{,}70$: Fett, $1{,}00$: Kohlenhydrat, dazwischen Fett-Kohlenhydrat-Mischungen (Eiweiße sind bei Vögeln im physiologischen Fall auszuschließen), deren Anteile man aus Tabellen entnehmen kann.

## 2 Massenverhältnisse bei der Verbrennung von Flugtreibstoffen

Mit den Atomgewichten 12 für C, 1 für H, 16 für O und den daraus aufsummierten Molekulargewichten (1 Mol $CO_2$ entspricht zum Beispiel $1 \cdot 12$ g $+ 2 \cdot 16$ g $= 44$ g) lassen sich die Abbaugleichungen von Anhang 1 stöchiometrisch, das heißt massenbeziehungsmäßig, ansetzen:

1. $(6 \cdot 12 + 12 \cdot 1 + 6 \cdot 16)\,C_6H_{12}O_6 + 6 \cdot 2 \cdot 16\,O_2 \rightarrow 6 \cdot (2 \cdot 1 + 16)\,H_2O + 6\,(12 + 2 \cdot 16)\,CO_2$;
   $180$ g $C_6H_{12}O_6 + 192$ g $O_2 \rightarrow 108$ g $H_2O + 264$ g $CO_2$; analog:

2. $1612$ g $C_{51} H_{98} O_6 + 4640$ g $O_2 \rightarrow 1764$ g $H_2O + 4488$ g $CO_2$.

Es läßt sich nun berechnen, welche Sauerstoffmenge zur vollständigen Verbrennung von 1 g Flugtreibstoff nötig ist. Diese kann man in Gramm oder Mol (Anzahl der »Molekulargewichte in Gramm«) oder (über das Molarvolumen von 22,4 Litern) in Liter oder Milliliter angeben:

1. Zur Verbrennung von 1 g Glukose sind nötig:
   $192/180 = 1,07$ g $O_2$ bzw. $1,07/32 = 0,033$ Mol $O_2$ bzw. $0,033 \cdot 22,4$ l $O_2 = 0,7392$ l $O_2 = 739$ ml $O_2$.

2. Zur Verbrennung von 1 g Tripalmitylglycerid sind nötig:
   $4640/1612 = 2,88$ g $O_2$ bzw. $2,88/32 = 0,090$ Mol $O_2$ bzw. $0,090 \cdot 22,4$ l $O_2 = 2,016$ l $O_2 = 2016$ ml $O_2$.

Fette sind Gemische unterschiedlicher Glyceride mit unterschiedlichen Fettsäuren. Für ein Glyzerid mit drei Ölsäureresten, ein Triolein, verhalten sich die $CO_2$- zu $O_2$-Werte beispielsweise wie 57 zu 80 (RQ = $0,\overline{72}$). In Anhang 6 ist damit weitergerechnet.

## 3 Welche Energie und welche Leistung setzt eingeatmeter Luftsauerstoff aus Flugtreibstoffen frei?

Verbrennungsversuche in Kalorimetern haben gezeigt, daß Kohlenhydrate einen Energiegehalt von etwa 17,6 kJ (Kilojoule) pro Gramm aufweisen (1 kJ $\triangleq$ 0,2388 kcal), Fette durchschnittlich etwa 39,0 kJ pro Gramm. Die »Verbrennungswerte« im Organismus sind für diese beiden Stoffklassen praktisch identisch mit den Kalorimeterwerten. Im Vergleich mit den Werten von Anhang 2 ergeben sich somit die folgenden »Kalorischen Äquivalente«, das heißt Energiemengen, die 1 ml eingeatmeter Luftsauerstoff aus Flugtreibstoffen freisetzen kann:

1. Kohlenhydrat-Treibstoff: 17,6 kJ/739 ml = 0,0238 kJ/ml $O_2$.

2. Fett-Treibstoff: 39,0 kJ/2016 ml = 0,0194 kJ/ml $O_2$.

Die pro Zeiteinheit ausgegebene Energie wird physikalisch als Leistung bezeichnet. 1 Joule, ausgegeben in 1 Sekunde, entspricht 1 Watt; 1J/1s = 1 W. Aus dem in der Zeiteinheit aufgenommenen (eingeatmeten) Volumen Luftsauerstoff läßt sich daher auf die Stoffwechselleistung schließen; gemessen wird gerne in Millilitern pro Stunde:

1. Kohlenhydrat-Treibstoff: 1 ml $O_2$/1h $\triangleq$ 0,0238 kJ/1h $\triangleq$
   $\triangleq$ 0,0238 $\cdot$ 1000 J/3600 s $\triangleq$ 0,00661 W $\triangleq$ 6,61 mW (Milliwatt).

2. Fett-Treibstoff: 1 ml $O_2$/1h $\triangleq$ 0,0194 $\cdot$ 1000/3600 mW = 5,36 mW.

Sofern man die Art des verbrannten Flugtreibstoffs kennt − und diese erhält man aus dem RQ −, kann man also über die volumetrische Messung der Sauerstoffaufnahme (in beliebigen Einheiten, vgl. das Nomogramm auf S. 88) die Stoffwechselleistung berechnen.

## 4 Massenverlust-Betrachtungen

Ein Flugzeug wird wegen des Treibstoffverbrauchs mit längerer Flugzeit leichter. Gilt die eindeutige Zuordnung »Massenverlust = Treibstoffverbrauch« auch für den fliegenden Vogel? Es gilt die Beziehung

$$\dot{m}_K = \dot{m}_N + \dot{m}_W + \dot{m}_{Ko} + \dot{m}_F$$

($\dot{m}$ Massenverlust $= [m_{\text{vor Flugbeginn}} - m_{\text{nach Flugende}}]$/Flugzeit; m Masse;
Indices: K Körper, N Netto, W Wasser, Ko Kot, F Federn). Zu den einzelnen Summanden ist folgendes zu sagen.

Der Körpermassenverlust $\dot{m}_K$ kann durch Wägung des Tieres vor und nach einer definierten Flugzeit bestimmt werden.

Der Netto-Massenverlust $\dot{m}_N$ ist gleich der Differenz zwischen dem Massenverlust durch verbrauchten Treibstoff und dem Massengewinn durch aufgenommenes $O_2$, jeweils abhängig vom RQ:
$\dot{m}_N (RQ) = (\dot{m}_{Tr} - \dot{m}_{(ox)H_2O}) (RQ) = (\dot{m}_{CO_2} - \dot{m}_{O_2}) (RQ)$; vergl. die Betrachtung in Anhang 5. Bei einem RQ von $0,\overline{72}$ ist $\dot{m}_N$ gleich Null, vergl. Anhang 6.

Der Wasserverlust $\dot{m}_W$ bezieht sich auf die gesamte Verlustmöglichkeit durch Expiration (ausgeatmeter Wasserdampf) und eventuellen Wasserverlust über die Haut.

Der Kotverlust $\dot{m}_{Ko}$ kann im Experiment durch Verkleben der Kloake gleich Null gehalten oder durch Auffangen und Sofortwägung berücksichtigt werden.

Der Federnverlust $\dot{m}_F$ kann im Experiment kontrolliert und gegebenenfalls berücksichtigt werden (Auffangen am ersten Turbulenzsieb des Windkanals); im allgemeinen ist er gleich Null.

Somit reduziert sich der Ansatz. Die Überlegung ist in Anhang 7 weitergeführt.

## 5 Zur Formulierung des Massenverlustes

Mit der Abkürzung m für Masse und Tr für Treibstoff kann man die stöchiometrischen Abbaugleichungen von Anhang 2 allgemein so ansetzen: $m_{Tr} + m_{O_2} = m_{CO_2} + m_{H_2O}$. Hat der Vogel bei Flugbeginn eine bestimmte Treibstoffmasse $m_{Tr}$, so kann man gedanklich trennen: Bei Flugende beträgt die Masse nach $O_2$-Aufnahme formal $m_{Tr} + m_{O_2}$, nach Umwandlung formal $m_{CO_2} + m_{H_2O}$, nach $CO_2$-Abgabe $m_{H_2O}$. Der Netto-Massenverlust ist dann $\dot{m}_N = (m_{Tr} = m_{H_2O})$/Flugzeit. Aus der obigen Gleichung folgt: $m_{H_2O} = m_{Tr} + m_{O_2} - m_{CO_2}$. Eingesetzt: $\dot{m}_N = (m_{Tr} - (m_{Tr} + m_{O_2} - m_{CO_2}))$/Flugzeit $= (m_{CO_2} - m_{O_2})$/Flugzeit.

## 6 RQ, bei dem der Nettomassenverlust gleich Null wird

Bei welchem Treibstoffgemisch ist die Masse des eingeatmeten Sauerstoffs, $m_{O_2}$, gleich der Masse des ausgeatmeten Kohlendioxids, $m_{CO_2}$? Mit einem Nettomassenverlust gleich Null, $m_{CO_2} - m_{O_2} = 0$, (d.h. $m_{CO_2} = m_{O_2}$ oder $m_{CO_2}/m_{O_2} = 1$) würde der Vogel bilanzmäßig weder leichter noch schwerer werden.

1. Rechnung für Kohlenhydrattreibstoff (Beispiel: Glukose):

$$RQ_{Glukose} = \left(\frac{\dot{V}_{CO_2}}{\dot{V}_{O_2}}\right)_{Glukose} = \frac{V \text{ von } 6 \text{ mol } CO_2}{V \text{ von } 6 \text{ mol } O_2} = \frac{V_{CO_2}}{V_{O_2}} = 1,0000;$$

$$\frac{6 \text{ mol } CO_2}{6 \text{ mol } O_2} \triangleq \frac{6 \cdot 44 = 264 \text{ g } CO_2}{6 \cdot 32 = 192 \text{ g } O_2}; \text{ für } \frac{m_{CO_2}}{m_{O_2}} = 1 \text{ gilt } \frac{264 \text{ g } CO_2}{x \cdot 192 \text{ g } O_2} = 1;$$

$$x = 264 : 192 = 1,375; \text{ für } \frac{m_{CO_2}}{m_{O_2}} = 1 \text{ gilt } \frac{V \text{ von } 6 \text{ mol } CO_2}{V \text{ von } 1,375 \cdot 6 \text{ mol } O_2} = \frac{V_{CO_2}}{1,375 V_{O_2}} = \frac{6}{1,375 \cdot 6} = 0,\overline{72};$$

2. Rechnung für Fett-Treibstoff (Beispiel: Triolein):

$$RQ_{Triolin} = \frac{57}{80} = 0,7125; \frac{2508 \text{ g } CO_2}{x \cdot 2560 \text{ g } O_2} = 1;$$

$$x = 2508 : 2560 = 0,9796875 \; ; \; \frac{57}{80 \cdot 0,9796875} = 0,\overline{72} \; ;$$

Ein RQ von 0,70 bedeutete reine Fettverbrennung. Der Fall, daß der Vogel – allein bezogen auf den $O_2$ und $CO_2$-Austausch – nicht leichter und nicht schwerer wird, der Massenverlust aber vollständig auf Wasserverlust zurückzuführen ist, tritt also bei nahezu reiner Fettverbrennung ein. (Bei RQ $> 0,\overline{72}$ wäre Massenverlust, bei RQ $< 0,\overline{72}$ Massenzunahme gegeben).

## 7 Massenverlustbedingungen beim Langstreckenflug

Im Normalfall ist $\dot{m}_F = 0$ und $\dot{m}_{Ko} = 0$. Der nicht direkt meßbare Wasserverlust berechnet sich damit zu $\dot{m}_W = \dot{m}_K - \dot{m}_N$ ($\dot{m}_K$ gemessen durch Wägung, $\dot{m}_N$ berechnet aus Respirationsmessungen). Nach dem Einfliegen ($\geq 3/4$ h) fliegen die Windkanaltauben, ebenso wie die Zugvögel, praktisch mit reinem Fetttreibstoff, sehr nahe RQ = 0,70, so daß die Bedingung $\dot{m}_N = 0$ sehr gut erfüllt ist, Daraus folgt:

$$\dot{m}_W = \dot{m}_K.$$

In diesem Stationärfall ist der wägbare Körpermassenverlust also allein auf den Wasserverlust zurückzuführen. Nur für den Fall, daß Wasser weder im Gewebe gespeichert noch aus dem Gewebe abgezogen wird (Austrocknung, Dehyradation, Exsikkation) wird der Wasserverlust vollständig durch das beim Treibstoffabbau entstehende Oxidationswasser (Anhang 1 und 2) gedeckt. In diesem Fall könnte der Vogel so lange fliegen, wie Treibstoff vorhanden ist. Wasserabgabe ist andererseits aber nötig zur Wärmeabführung. Berechnungen, unter welchen Bedingungen das im Stoffwechsel entstehende Oxidationswasser zur vollständigen Wärmeabführung ausreicht, stehen im Anhang 11.

## 8 Wärme, Wärmeproduktion und Wärmeabgabe

Wärme H ist eine Energieform und wird deshalb in Energieeinheiten gemessen (J (Joule), früher cal (Kalorien); 1 J = 0,2388 cal). Als Wärmeproduktion H wird die in der Zeiteinheit t gebildete, als Wärmeabgabe die in der Zeiteinheit t abgeführte Wärme bezeichnet, z. B. $\dot{H}_p = H/t$. Beide haben die Dimension einer Leistung (= Energie/Zeit) und werden in W (Watt) gemessen; 1 W = 1 J/1s.
Beim Langstreckenflug ist die Körpertemperatur eines Vogels konstant. Dann muß sein: Wärmeproduktion = Wärmeabgabe. Die Wärmeproduktion ist aus Respirationsmessungen berechenbar; sie beträgt (bei einem Muskelwirkungsgrad von $\eta = 0,25$) drei Viertel der Stoffwechselleistung (vgl. Anhang 11, Teil 6). Die gleichgroße Wärmeabgabe setzt sich aus einem evaporativen Anteil $\dot{H}_{ev}$ (Wasserverdunstung) und einem nicht-evaporativen Anteil $\dot{H}_{ne}$ (Konvektion, Radiation) zusammen: $\dot{H}_p = \dot{H}_{ev} + \dot{H}_{ne}$. Der Wert für $\dot{H}_{ne}$ läßt sich meßtechnisch kaum erfassen. Gelingt es aber, $\dot{H}_{ev}$ (über die Bestimmung des abgegebenen Wassers) zu messen, so läßt sich $\dot{H}_{ne}$ berechnen nach $\dot{H}_p - \dot{H}_{ev}$. Meist beschränkt man sich auf die Berechnung des evaporativen Anteils an der gesamten Wärmeproduktion (gleich Wärmeabfuhr), $\dot{H}_{ev}/\dot{H}_p$, weil dieser den gefährlichsten Anteil darstellt: Austrocknungsgefahr! Es wird verständlich, daß ein Vogel zunächst versucht, durch allerlei verhaltensphysiologische Tricks (vgl. Beineinstellungen, Abb. S. 103) den nichtevaporativen Anteil $\dot{H}_{ne}$ möglichst hoch zu halten. Erst wenn dies aus physikalischen Gründen nicht mehr möglich ist – und mit steigender Umgebungstemperatur wird es immer schwieriger, vgl. Anhang 12 –, schaltet er mehr und mehr auf den riskanteren Anteil $\dot{H}_{ev}$ um.

## 9 Wärmedurchgangszahl

Diese auch in der Bauphysik wichtige Kenngröße ist definiert als die pro Zeiteinheit und Temperatureinheit (T) durch die Oberflächeneinheit eines Körpers fließende Wärmeenergie: Wärmedurchgangszahl = Energie/ (Zeit · Oberfläche · Temperatur). Da Energie/Zeit = Leistung (P) und da die − schwer bestimmbare − Oberfläche bei geometrisch ähnlichen Körpern der $^{2}/_{3}$-Potenz der − leicht meßbaren − Masse (M) proportional ist, ergibt sich:

$$C = P\, M^{-(2/3)}\, T^{-1}; \text{ Einheit W kg}^{-(2/3)}\, C^{-1}, \text{ urspr. W m}^{-2}\, C^{-1}.$$

Im Interesse geringer Wärmeverluste sollte C bei Baumaterialien möglichst klein sein. Beim Vogel kann man, je nach der Bezugswärme, Durchgangszahlen $C_g$, $C_{ne}$, $C_{ev}$ (g gesamt, ne nichtevaporativ, ev evaporativ; vergl. Anhang 8) definieren. Im Interesse einer möglichst hohen Wärmeabfuhr auf die »ungefährliche« (vergl. Anhang 8) Weise wird der Vogel versuchen, $C_{ne}$ möglichst hoch zu halten (Abb. S. 103).

## 10 Verdampfungswärme und evaporativer Wärmeverlust

Die Verdampfungswärme (Dimension: Energie pro Masse) von Wasser beträgt $\lambda$ = 2,4 kJ g$^{-1}$; ein Gramm verdampftes Wasser vermag eine Wärmeenergie von 2,4 kJ abzuführen. Dann ist der evaporative Wärmeverlust (die durch ausgeatmeten Wasserdampf in der Zeiteinheit abgegebene Wärmeenergie; Dimension: Energie/Zeit = Leistung) $\dot{H}_{ev} = \lambda \cdot \dot{m}_W$. Mißt man $\lambda$ in J g$^{-1}$ und $\dot{m}_W$ in g s$^{-1}$, so erhält man $\dot{H}_{ev}$ in J s$^{-1}$ = W (Watt).

## 11 Wieviel Prozent der produktiven Wärme können durch vollständige Verdampfung des Oxidationswassers abgeführt werden?

Die gewünschte Zahl sei durch eine sechsstufige Überlegung abgeleitet.

1. Der Energiegehalt beträgt für Kohlenhydrat KH (Beispiel: Glukose) 17,6 kJ g$^{-1}$, für Fett (Beispiel: Tripalmitylglycerid) 39,0 kJ g$^{-1}$.

2. Beim vollständigen Abbau von 1 g KH entstehen 108/180 = 0,60 g Oxidationswasser, beim vollständigen Fettabbau 936/884 = 1,06 g Oxidationswasser.

3. Bezogen auf die Sekunde ergeben sich die folgenden Werte:
   1 g KH s$^{-1}$ entspricht einer Stoffwechselleistung von 17,6 kJ s$^{-1}$ =
   = 17,6 kW und einer Oxidationswasserproduktion von 0,60 g s$^{-1}$.
   1 g Fett s$^{-1}$ entspricht einer Stoffwechselleistung von 39,0 kJ s$^{-1}$ =
   = 39,0 kW und einer Oxidationswasserproduktion von 1,60 g s$^{-1}$.

4. Die Wärmeabfuhr (unter der Voraussetzung, daß das produzierte Oxidationswasser vollständig verdampft) beträgt dann für KH 0,60 g s$^{-1}$ · 2,4 kJ g$^{-1}$ = 1,44 kW, für Fett 1,06 g s$^{-1}$ · 2,4 kJ g$^{-1}$ = 2,544 kW.

5. Die Wärmeabfuhr durch Oxidationswasserverdampfung, $\dot{H}_{ox}$ (kW) in Prozent der Stoffwechselleistung $P_{stoffw}$ (kW) beträgt dann bei KH-Verbrennung $\frac{144\text{ kW}}{17,6\text{ kW}} \cdot 100 = 8,2\%$, bei Fettverbrennung $\frac{2,544\text{ kW}}{39,0\text{ kW}} \cdot 100 = 6,5\%$.

6. Mit einem Muskelwirkungsgrad von $\eta = 0,25$ beläuft sich die Wärmeproduktion auf $P_{wärme} = (1 - \eta) \cdot P_{stoffw} = 0,75 \cdot P_{stoffw}$. Durch Oxidationswasserverdampfung könnte dabei bei KH-Verbrennung $8,2/0,75 = 10,9\%$ der produzierten Wärme abgeführt werden, bei Fett-Verbrennung (Dauerflugbedingungen, Vogelzug) $6,5/0,75 = 8,7\%$.

## 12  Abhängigkeit der Wärmeabfuhrmechanismen von der Umgebungstemperatur

Die Wärmeabfuhr durch Strahlung kann beim fliegenden Vogel vernachlässigt werden. Mit höherer Außentemperatur sinkt die Abfuhrmöglichkeit durch Konvektion, da diese der Differenz zwischen Außen- bzw. Umgebungstemperatur $T_u$ und Oberflächentemperatur $T_o$ des wärmeabgebenden Elements proportional ist: $Q = C \cdot \Delta T$ ($Q$ Wärmedurchgang ($W\,m^{-2}$), $C$ Wärmedurchgangszahl ($W\,m^{-2}\,C^{-1}$), $\Delta T = T_o - T_u$).
Bei $T_u \geq T_o$ kann Konvektion keine Rolle mehr spielen. Damit wird zum einen verständlich, daß bei höherer $T_u$ (d.h. geringerem $\Delta T$) ein hohes $Q$ nur noch durch ein hohes $C$ aufrechterhalten werden kann; die Abbildung auf S. 103 zeigt, daß $C_{ne}$ tatsächlich bei steigender $T_u$ größer eingestellt wird. Doch deckt dies nur einen kleinen Teil des Wärmeabfuhrbedarfs. Deshalb müssen mit steigender $T_u$ verstärkt evaporative Kühlungseffekte eingesetzt werden, die nicht von $\Delta T$ (sondern von den Differenzen im Wasserdampfpartialdruck) abhängig sind.

Bis zu Temperaturen $T_u < + 5$ °C übernimmt nach der Abbildung auf S. 108 und nach Anhang 11 das ausgeatmete, sowieso anfallende Oxidationswasser die Wärmeabfuhr vollständig. Bei höherer $T_u$ muß für die Wärmeabfuhr mehr Wasser abgegeben werden als nachgeliefert wird, und die damit beginnende Austrocknung (Dehydratation) setzt, wie im Text beschrieben, den Flugzeiten und Flugstrecken Grenzen.

# Literatur

Es sind im wesentlichen Werke zitiert, auf die sich Text oder Bilder direkt beziehen oder die im Text angesprochen sind. Außerdem sind einige zusammenfassende Darstellungen mit aufgenommen worden. Die Abkürzung BIONA-report 3 bedeutet: Nachtigall, W. (ed.), BIONA-report 3: Bird flight – Vogelflug. Publ. Akad. Wiss. Lit. Mainz; Fischer, Stuttgart 1985.

Abel, O. (1919): Die Stämme der Wirbeltiere. Vereinigung Wiss. Verlage, Berlin, Leipzig

Aulie, A. (1971): Body temperatures in pigeons und budgerigars during sustained flight. Comp. Biochem. Physiol. 39 A; 173–176

Aymar, G. C. (1936): Bird flight. Dodd, Mead

Bairlein, F., P. Beck, W. Feiler and U. Querner (1983): Autumn weights of palaearctic passerine migrants in the Sahara. Ibis 125; 404–407

Bairlein, F., P. Beck, W. Feiler and U. Querner (1984): Herbstbeobachtungen paläarktischer Zugvögel in der algerischen Sahara. Vogelwelt 105; 1–9

Bairlein, F. (1985): Body weights and fat deposition of palaearctic passerine migrants in the central Sahara. Oecologia 66; 141–146

Bairlein, F. (1985): Untersuchungen zum herbstlichen Vogelzug in der algerischen Sahara (abstract). J. Ornithol. 126; 348

Bairlein, F. (1985): Efficiency of food utilization during fat deposition in the long-distance migratory garden warbler Sylvia borin. Oecologia 68; 118–125

Bairlein, F. (1985): Offene Fragen der Erforschung des Zuges paläarktischer Vogelarten in Afrika. Vogelwarte 33; 144–155

Bairlein, F. (1985): Autumn migration of Palaearctic water birds across the Algerian Sahara. Avocetta 9; 63–72

Bairlein, F. (1985): Observations de la migration des rapaces palearctique dans le Sahara algerien. Alauda 53; 140–144

Bairlein, F. (1985): Red-breasted flycatcher (Ficedula parva) in the central Sahara. Le Gerfaut 75; 101–103

Bairlein, F. (1986): Regulation des Körpergewichtes und der Nahrungsaufnahme bei der Gartengrasmücke (Sylvia borin B., Aves). Verh. Dtsch. Zool. Ges. 79; 382

Bairlein, F. (1987): Nutritional requirements for maintainance of body weight and fat deposition in the long-distance migratory garden warbler Sylvia borin (Boddaert). Comp. Biochem. Physiol. 86A; 337–347

Baker, R. R. (1984): Bird navigation. Hodder & Stoughton, Dunton Green

Berger, M. (1985): Sauerstoffverbrauch von Kolibris (Colibri coruscans und C. thalassinus) beim Horizontalflug. BIONA 3, 307–314

Berger, M. and J.S. Hart (1974): Physiology and energetics of flight. In: D.S. Farner und J.R. King (eds.): Avian biology IV. Acad. Press, San Francisco

Berthold, P. (1964): Über den Fortpflanzungszyklus südwest-deutscher Stare (Sturnus vulgaris L.) und über bedingende Faktoren der Brutreife beim Star. Vogelwarte 22; 236–275

Berthold, P. (1973): Relationships between migratory restlessness und migration distance in six Sylvia species. –Ibis 155, 594–599

Berthold, P. (1978): Concept of endogenous control of migration in warblers. In: Animal Migration, Navigation, and Homing. K. Schmidt-Koenig and W. T. Keeton eds. 275–282, Springer, Berlin, Heidelberg, New York

Berthold, P., E. Gwinner, H. Klein und P. Westrich (1972): Beziehungen zwischen Zugunruhe und Zugablauf bei Garten- und Mönchsgrasmücke (Sylvia borin und S. atricapilla). Z. Tierpsychol. 30, 26–35

Berthold, P. (1979): Über die photoperiodische Synchronisation circannualer Rhythmen bei Grasmücken (Sylvia). Vogelwarte 30; 7–10

Berthold, P. (1979): Beziehungen zwischen Zugunruhe und Zug bei der Sperbergrasmücke Sylvia nisoria: eine ökophysiologische Untersuchung. Vogelwarte 30; 77–84

Berthold, P. (1980): Beziehungen zwischen Nachtunruhe und Zugverhalten bei der Brillengrasmücke Sylvia conspicillata. Vogelwarte 30; 276–277

Biebach, H. (1985): Sahara stopover in migratory fly-catchers: fat and food affect the time program. Experientia 41; 695–697

Biebach, H. (1987): Ecophysiology of resting willow warblers (Phylloscopus trochilus) crossing the Sahara. ACTA 19th Int. Ornith. Congr., Ottawa, in press

Biebach, H., W. Friedrich and G. Heine (1986): Interaction of body mass, fat, foraging and stopover period in trans-Sahara migrating passerine birds. Oecologia 69; 370–379

Biebach, H., H. Wegner and J. Habersetzer (1985): Measuring migratory restlessness in captive birds by an ultrasonic system. Experientia 41; 411–412

Biesel, W., und W. Nachtigall (1987): Pigeon flight in a wind tunnel. IV. Thermoregulation and water homeostasis. J. Comp. Physiol. B 157; 117–128

Bilo, D. (1970): Zur Methodik der kinematischen und aerodynamischen Analyse des Kleinvogelfluges. Verh. Dtsch. Zool. Ges. Köln; 136–141

Bilo, D. (1971): Flugbiophysik von Kleinvögeln. I. Kinematik und Aerodynamik des Flügelabschlages beim Haussperling (Passer domesticus L.) Z. Vergl. Physiol. 71; 382–454

Bilo, D., and W. Nachtigall (1985): Movements of a sparrow's wings during free flight in a wind tunnel, demonstrated by stereoscopic anaglyphic prints from high speed rotating-disc camera photographs. BIONA 3, 161–170

Borrelli, J.A. (1685): De motu animalium. Angeli Barnabi 2. ed. Glugd Batav.

Bramwell, C.D. (1971): Aerodynamics of Pteranodon. J. Linn. Soc. (Biol.), 3, 313–328

Butler, P.J. (1985): Telemetry from free flying birds. BIONA 3, 391–396

Butler, P.J., N.H. West and D.R. Jones (1977): Respiratory and cardiovascular responses of the pigeon to sustained level flight in a wind tunnel. J. Exp. Biol. 71; 7–26

Cayley, G. (1809, 1810): On aerial navigation (Parts I, II, III). Nicholson's J. 24: 164–174; 25: 81–87; 25: 161–169

Duncker, H.-R., and M. Güntert (1985): The quantitative design of the avian respiratory system – from hummingbird to mute swan. BIONA 3, 361–378

Emlen, S.T., and J.T. Emlen (1966): A technique for recording migratory orientation of captive birds. Auk 83; 361–367

Fedccia, A. (1981): Es geschah im Jura Meer. Gerstenberg, Hildesheim

Füller, E., U. Kowalski and R. Wiltschko (1983): Orientation of homing pigeons: Compass orientation vs. piloting by familiar landmarks. J. Comp. Physiol. 153; 55–58

Greenewalt, C.H. (1962): Dimensional relationships in flying animals. Smiths. misc. Collns. 144 (2)

Gwinner, E. (1969): Untersuchungen zur Jahresperiodik von Laubsängern. J. Ornithol. 110; 1–21

Gwinner, E. (1972): Endogenous timing factors in bird migration. – In: Animal Orientation and Navigation. S.R. Galler, K. Schmidt-Koenig, G.J. Jacobs and R.E. Belleville, eds. NASA SP–262 US Govt. Printing Office, Washington D.C., 321–338

Gwinner, E., and W. Wiltschko (1978): Endogenously controlled changes in migratory direction of the garden warbler, Silvia borin. J. Comp. Physiol. 125; 267–273

Gwinner, E., H. Biebach and I. von Kries (1985): Food availability affects migratory restlessness in caged garden warblers (Sylvia borin). Naturwissenschaften 72; 51–52

Hertel, H. (1963): Biologie und Technik. Struktur, Form, Bewegung. Krausskopf, Mainz

Herzog, K. (1968): Anatomie und Flugbiologie der Vögel, G. Fischer, Stuttgart

Hirth, K.-D., und W. Nachtigall (1985): Temperaturmessungen an frei in einem Windkanal fliegenden Tauben (Columba liv. var. dom.). BIONA 3, 415–428

Hirth, K.D., W. Biesel and W. Nachtigall (1987): Pigeon flight in a wind tunnel. III. Regulation of the body temperature. J. Comp. Physiol. B 157; 111–116

v. Holst, E. (1943): Über »künstliche Vögel« als Mittel zum Studium des Vogelflugs. J. Orn.91; 406–447

v. Holst, E., und D. Küchemann (1941): Biologische und aerodynamische Probleme des Tierflugs. Naturwiss. 29; 348–362

Hummel, D. (1973): Die Leistungsersparnis beim Verbandsflug (Ein aerodynamischer Beitrag zur Diskussion über den Winkelflug einiger Zugvögel). J. Orn. 114; 259–282

Idrac, M.P. (1924): Etude théoretique des manœvres des albatros par vent croissant avec l'altitude. C.R. hebd. Séances Acad. Sci., Paris 179; 1136–1139

Jameson, W. (1958): The wandering albatross. Hart-Davis, London

Johnston, D.W., and McFarlane, R.W. (1967). Migration und bio-energetics of flight in the Pacific golden plover. Condor 69; 156–168

Klinke, R., and L. Schermuly (1986): Inner Ear Mechanics of the Crocodilian and Avian Basilar Papillae in Comparison to Neuronal Data. Hearing Research 22; 183–184, Elsevier

Köhler, K. L. (1978): Do pigeons use their eyes for navigation? A new technique! In: Animal Migration, Navigation, and Homing. K. Schmidt-Koenig and W.T. Keeton, eds. Springer Verlag, Berlin, Heidelberg, New York, 55–64

Kramer, G. (1949): Über Richtungstendenzen bei der nächtlichen Zugunruhe gekäfigter Vögel. In: Ornithologie als biologische Wissenschaft. E. Mayr and E. Schüz, eds. Heidelberg

Kramer, G. (1950): Orientierte Zugaktivität gekäfigter Singvögel. Naturwiss. 37, 188

Kreithen, M. L. (1978): Sensory mechanisms for animal orientation – can any new ones be discovered? In: Animal Migration, Navigation, and Homing. K. Schmidt-Koenig and W. T. Keeton, eds. Springer Verlag, Berlin, Heidelberg, New York, 25–34

Kreithen, M.L., and D.B. Quine (1979): Infrasound Detection by the Homing Pigeon: Behavioral Audiogramm J. Comp. Physiol. 129, 1–4

Kresling, B. (1985): Bewegungsphysiologie vor 100 Jahren: Einige Aspekte der Arbeiten von E. J. Marey aus der »Station physiologique« in Paris. BIONA 3, 171–194

Krüger, C. (1940): Der fliegende Vogel in der antiken Kunst bis zur klassischen Zeit. Diss. ohne Daten, Quackenbrück

Küttner, J. (1947): Über die Flugtechnik einiger Hochgebirgsvögel, Kosmos, 384–389

Leash, M.J.M. (1977): A physicochemical mechanism for magnetic field detection by migrating birds and homing pigeons. Nature (London) 267; 144–145

Leonardo da Vinci (1505): Sul volo degli uccelli. Florenz

Lilienthal, O. (1889): Der Vogelflug als Grundlage der Fliegekunst. Gärtner, Berlin

Lingen Großer Atlas der Erde (1980), Lingen, Köln

Lippisch, A. (1936): Schwingenflug. Der Segelflieger 11; 11–12

Lippisch, A. (1940): Die Gesetzmäßigkeiten des Vogelflugs. Der Biologe 9; 133–146

Mac Cready, P. (1984): Quetzalcoatlus northropi Project: Executive summary, delivered to Smithsonian Institution, Dec. 1984

Marey, E. J. (1890): Physiologie du movement. Le vol des oiseaux. Masson, Paris

Matthews, G.V.T. (1961): »Nonsense« orientation in mallards (Anas platyrhynchos) and its relation to experiments on bird navigation. Ibis 103a; 211–230

Matthews, G.V.T. (1971): Vogelflug. Goldmann, München

Moreau, R. E. (1961): Problems of Mediterranean-Saharan migration. Ibis 103a, 373–427 and 580–623

Moreau, R.E., and R.M. Dolp (1970): Fat, water, weights and winglengths of autumn migrants in transit on the north-west coast of Egypt. Ibis 112; 209–228

Nachtigall, W. (1971): Biotechnik. Quelle & Meyer, Heidelberg

Nachtigall, W. (1984): Vogelflugforschung in Deutschland. J. Orn. 125; 157–187

Nachtigall, W. (1985): Warum die Vögel fliegen. Rasch und Röhring, Hamburg

Nachtigall, W. (ed.) (1985): BIONA-report 3, Bird flight – Vogelflug. Publ. Akad. Wiss. Lit. Mainz, Fischer, Stuttgart

Nachtigall, W. (1987): Flugmaschine Taube. Naturwiss. Rundschau 40 (5), 178–184

Nachtigall, W., und B. Kempf (1971): Vergleichende Untersuchungen zur flugbiologischen Funktion der Alula spuria (»Daumenfittich«) bei Vögeln. I. Der Daumenfittich als Hochauftriebserzeuger. Z. Vergl. Physiol. 71; 326–341

Nachtigall W., and H.-J. Rothe (1978): Eine Methode, Tauben für den freien Flug im Windkanal zu trainieren. Naturwissenschaften 65; 266

Nachtigall W., W. Biesel, H.-J. Rothe and K.-D. Hirth (1987): Gas exchange, energetics and thermoregulation of pigeons during wind tunnel flight. In:

M.K. Grieshaber (Hrsg.): Stoffwechsel unter Extrembedingungen. Zool. Beitr. 30 (1–3), 49–63

Nisbet, J.C.T. (1963): Measurements with radar at the height of nocturnal migration over Cape Cod, Massachusetts. Bird-Banding 34; 57–67

Nisbet, I.C.T., W. H. Drury, W. H. and J. Baird (1963): Weight loss during migration. I. Deposition and consumption of fat by the blackpoll warbler Dendroica striata. Bird-Banding 34; 107–138

Odum, E. P., and C. E. Connell (1956): Lipid levels in migrating birds. Science 123, 892–894

Oehme, H. (1985): Möglichkeiten und Grenzen der Flugleistungsbestimmung unter Verwendung aerodynamisch begründeter Rechenmodelle. BIONA 3, 231–254

Papi, F. (1976): The olfactory navigation system of homing pigeons. Verh. Deut. Zool. Ges. 1976; 184–205

Papi F., L. Fiore, V. Fiaschi and S. Benvenuti (1972): Olfaction and homing in pigeons. Monitore Zool. Ital. (N.S.) 6; 85–95

Pennycuick, C.J. (1960): Gliding flight of the fulmar petrel. J. Exp. Biol. 37; 330–338

Pennycuick, C.J. (1968a): A wind-tunnel study of gliding flight in the pigeon Columba livia. J. Exp. Biol. 49; 509–526

Pennycuick, C.J. (1968b): Power requirements for horizontal flight in the pigeon Columba livia. J. Exp. Biol. 49; 527–555

Pennycuick, C.J. (1969): The mechanics of bird migration. Ibis III; 525–556

Pennycuick, C.J. (1971a): Gliding flight of the white-backed vulture Gyps africanus. J. Exp. Biol. 55; 13–38

Pennycuick, C.J. (1971b): Control of gliding angle in Rüppell's griffon vulture Gyps rüppellii. J. Exp. Biol. 55; 39–46

Pennycuick, C.J. (1972a): Animal flight. Studies in biology no. 33. Arnold, London

Pennycuick, C.J. (1972b): Soaring behaviour and performance of some East African birds, observed from a motor-glider. Ibis 114; 178–218

Petter, G. (ed.) (1980): Die Wege der Zugvögel. Arena, Würzburg

Pijper, J., and P. Scheid: Airflow pathway in the avian respiratory tract. BIONA 3, 335–350

Polus, M. (1985): Quantitative and qualitative respiratory measurements on unrestrained free-flying pigeons by AMACS (Airborne Measuring And Control Systems). BIONA 3, 293–301

Raspet, A. (1950): Performance measurements of a soaring bird. Gliding 1; 145–151

Redaktion Life and L. Barnett (1961): Die Wunder des Lebens. Europ. Buchklub, Stuttgart, Zürich, Salzburg (Lizenzausgabe Knaur)

Rothe, H. J., and W. Nachtigall: Flight energetics and bird flight in a wind tunnel. BIONA 3, 283–296

Rothe, H.J., and W. Nachtigall (1987): Pigeon flight in a wind tunnel. I. Aspects of wind tunnel design, training methods and flight behaviour of different pigeon races. J. Comp. Physiol. B 157; 91-98

Rothe, H.J., W. Biesel and W. Nachtigall (1987): Pigeon flight in a wind tunnel. II. Gas exchange and power requirement. J. Comp. Physiol. B 157; 99–109

Rüppell, G. (1980): Vogelflug, Rowohlt, Hamburg

Sauer, E.G.F., and E.M. Sauer (1960): Star navigation of nocturnal migrating birds. The 1958 planetarium experiments. Cold Spring Harbor Symp. Quant. Biol. 25; 463–473

Sauer, F. (1957): Die Sternorientierung nächtlich ziehender Grasmücken (Sylvia atricapilla, borin und curruca). Z. Tierpsychol. 14; 29–70

Scheithauer, W. (1974): Kolibris – Fliegende Edelsteine. BLV, München

Schindler, J., P. Berthold und F. Bairlein (1981): Über den Einfluß simulierter Wetterbedingungen auf das endogene Zugzeitprogramm der Gartengrasmücke Sylvia borin. Vogelwarte 31; 14–32

Schmidt-Koenig, K. (1958): Experimentelle Einflußnahme auf die 24-Stunden-Periodik bei Brieftauben und deren Auswirkungen unter besonderer Berücksichtigung des Heimfindevermögens. Z. Tierpsychol. 15; 301–331

Schmidt-Koenig, K. (1961): Die Sonne als Kompaß im Heim-Orientierungssystem der Brieftauben. Z. Tierpsychol. 68; 221–244

Schmidt-Koenig, K. (1963): Sun compass orientation of pigeons upon equatorial and trans-equatorial displacement. Biol. Bull. 124; 311–321

Schmidt-Koenig, K. (1975): Migration and Homing in Animals. Springer, Berlin, Heidelberg, New York

Schmidt-Koenig, K. (1979); Avian Orientation and Navigation. Academic Press, London

Schmidt-Koenig, K., and W.T. Keeton (eds.) (1978): Animal Migration, Navigation, and Homing. Springer, Berlin, Heidelberg, New York

Schmidt-Koenig, K., and H.J. Schlichte (1972): Homing in pigeons with impaired vision. Proc. Nat. Acad. Sci. USA 69; 2446–2447

Schmidt-Koenig, K., and C. Walcott (1978): Tracks of pigeons homing with frosted lenses. Anim. Behav. 26; 480–486

Semm, P., D. Nohr, C. Demaine and W. Wiltschko (1984): Neural basis of the magnetic compass: Interaction of visual, magnetic and vestibular inputs in the pigeon's brain. J. Comp. Physiol. 155; 283–288

Slijper, E.J. (1950): De vliegkunst en het diernrijk. Brill, Leiden.

Stolpe, M., und K. Zimmer (1939): Der Vogelflug. Akad. Verlagsges., Leipzig.

Storer, J.H. (1948): The flight of birds analyzed through slowmotion photography, Cranbrook, Bloomfield

Torre-Bueno, J.R. (1976): Temperature regulation and heat dissipation during flight in birds. J. Exp. Biol. 65; 471–482

Torre-Bueno, J.R. (1985): The energetics of avian flight at high altitude. BIONA 3, 273–282

Tucker, V.A. (1966): Oxygen consumption of a flying bird. Science 154; 150–151

Tucker, V.A. (1968): Respiratory exchange and evaporative water loss in the flying Budgerigar. J. Exp. Biol. 48; 67–87

Tucker, V.A., and G.C. Parrott (1970): Aerodynamics of gliding flight in a falcon and other birds. J. Exp. Biol. 52; 345–367

Walcott, Ch., J.L. Gould and J.L. Kirschvink (1979); Pigeons have magnets. Science 205, 1027–1029

Wallraff, H.G. (1960): Können Grasmücken mit Hilfe des Sternenhimmels navigieren? Z. Tierpsychol. 17; 165–179

Wallraff, H.G. (1970): Über die Flugrichtungen verfrachteter Brieftauben in Abhängigkeit vom Heimatort und vom Ort der Freilassung. Z. Tierpsychol. 27; 303–351

Warnke, U. (1984): Avian flight formation with the aid of electromagnetic forces: A new theory for the formation alignment of migrating birds. J. Bioelectricity 3 (3), 493–508

Williams, T.C., and J.M. Williams (1978): Orientation of transatlantic migrants. In: Animal Migration, Navigation, and Homing. K. Schmidt-Koenig and W.T. Keeton (eds.). Springer, Berlin, Heidelberg, New York; 239–251

Williams, T.C., J.M. Williams, L.C. Ireland and J.M. Teal (1977): Autumnal bird migration over the western North Atlantic Ocean. Amer. Birds 31; 251–267

Williams, T.C., J.M. Williams, J.M. Teal and J.W. Kanwisher (1972): Tracking radar studies of bird migration. In: Animal Orientation and Navigation. S.R. Galler, K. Schmidt-Koenig, G.J. Jacobs and R.E. Belleville (eds.). NASA SP–262 US Govt. Printing Office, Washington D.C., 115–128

Wiltschko, W. (1968): Über den Einfluß statischer Magnetfelder auf die Zugorientierung der Rotkehlchen (Erithacus rubecula). Z. Tierpsychol. 25; 537–558

Wiltschko, W. (1973): Kompaßsysteme in der Orientierung von Zugvögeln. Akad. Wiss. Lit. Mainz, Reihe Inf. Org. II. Steiner, Wiesbaden

Wiltschko, W. (1978): Further analysis of the magnetic compass of migratory birds. In: Animal Migration, Navigation, and Homing. K. Schmidt-Koenig and W.T. Keeton (eds.). Springer, Berlin, Heidelberg, New York

Wiltschko, R. (1980): Die Sonnenorientierung der Vögel. I. Die Rolle der Sonne im Orientierungssystem und die Funktionsweise des Sonnenkompaß. J. Ornithol. 121; 121–143

Wiltschko, R. (1981): Die Sonnenorientierung der Vögel. II. Entwicklung des Sonnenkompaß und sein Stellenwert im Orientierungssystem. J. Ornithol. 122; 1–22

Wiltschko, W. (1982): The migratory orientation of Garden Warblers, Sylvia borin, in: (F. Papi and H.G. Wallraff, eds.), Avian Navigation, Springer, Berlin, 50–58

Wiltschko, W., and R. Wiltschko (1979): Wie stellen wir uns heute das Orientierungssystem der Vögel vor? Natur und Museum (Frankfurt a.M.) 109; 321–329

Wiltschko, R., and W. Wiltschko (1980): The process

of learning sun compass orientation in young homing pigeons. Naturwissenschaften 67; 512–514

Wiltschko, R., and W. Wiltschko (1981): The development of sun compass orientation in young homing pigeons. Behav. Ecol. Sociobiol. 9; 135–141

Wiltschko, R., and W. Wiltschko (1985a): Pigeon homing: Change in navigational strategy during ontogeny. Anim. Behav. 33; 583–590

Wiltschko, W., and R. Wiltschko (1985b): Interaction of different orientation cues. In: V.D. Ilyichev and V. M. Gavrilov (eds.). Acta XVIII Congr. Intern. Ornithol. Moskau 1982; 304–311

Wiltschko, W., and R. Wiltschko (1987): Cognitive maps and navigation in homing pigeons. In: P. Ellen and C. Thinus-Blanc (eds.). Cognitive Processes and Spatial Orientation in Animal and Man. Martinus Nijhoff, Dordrecht; 201–216

Wiltschko, W., E. Gwinner and R. Wiltschko (1980): The effect of celestial cues on the ontogeny of non-visual orientation in the Garden Warbler (Sylvia borin). Z. Tierpsychol. 53; 1–8

Wiltschko, W., D. Nohr, E. Füller and R. Wiltschko (1986): Pigeon homing: The use of magnetic information in position finding. In: G. Maret, N. Boccara and J. Kiepenheuer (eds.). Biophysical Effects of Steady Magnetic Fields. Springer, Berlin, Heidelberg, New York, 154–162

Wiltschko, W., R. Wiltschko, S.T. Emlen and N.J. Demong (1980): Nocturnal activity and orientation behavior during spring migration and early summer in the Indigo Bunting, Passerina cyanea. J. Comp. Physiol. 137; 47–49

Wiltschko, W., R. Wiltschko, M. Grüter and U. Kowalski (1987): Pigeon homing: Early experience determines what factors are used for navigation. Naturwissenschaften 74; 196–198

# Abbildungsnachweis

Abbildungen, bei denen kein Herkunftsnachweis angegeben ist, stammen von W. Nachtigall bzw. aus dem Bildarchiv der Arbeitsgruppe Nachtigall, Zoologisches Institut der Universität des Saarlandes. Im letzteren Fall sind die beteiligten Mitarbeiter im Text angeführt. In der Folge ist die Seite angegeben; r rechts, l links, o oben, u unten, nn nicht nachweisbar: 12/13 Borelli; 14 o Slijper, 14 u Goya; 16 Krüger; 17 nn, 18 nn; 19, 20 Leonardo da Vinci, 21 Borelli, 22, 23 Cayley, 25–30 Marey, 32 Penaud/Degen/Lilienthal, 33, 34, 37 Lilienthal, 40 Herzog, 41 v. Holst, 42, 43 Herzog, 44 Lippisch, 46 Zarnack, 47, 48 Bilo, 49, Tucker/Bilo/Pennycuick; 50 o Tucker, 51 Polus, 52/53 Pennycuick, 58 Hertel, 59, 61 Pennycuick, 56 Umz. nach Pennycuick, 68 nach Pennycuick verändert; 69 nach Storer, erg.; 70 Pennycuick, 72 Umz. nach Petter; 73, 74 Umz. nach Küttner, 75 Umz. nach Raspet; 76 Umkopie nach Aymar; 77 Umz. nach Pennycuick; 80/81 Kresling; 89 Rothe, 90 nn, 94 Rothe, 96, 99 Umz. nach Tucker, 98 Umz. nach Polus, 105 Pennycuick, 113 Zeit-Magazin (Foto Reinartz); 117 nach Fedcccia; 118 nach Hertel, 121 Umz. nach Fedccia; 122 nach Abel, 125 nach Berger, 126 Umz. nach Berger, 127 Umz. nach Tucker und nach Pennycuick, 141 l Aymar, r nn, erg; 130/131 Umz. nach Schmidt-Koenig, 133, 135 Umz. nach Petter, 136 Umz. nach Schmidt-Koenig; 137, 138 nach Lingen, Großer Atlas der Erde, veränd.; 139 nach Schmidt-Koenig, 155 nach versch. Autoren, 145 nach Dubs, 147 nach Schmidt-Koenig, 150 Umz. nach Berthold, veränd.; 151 o, u, 153, 154, 155 Umz. nach Bairlein, 156 nach Schmidt-Koenig, veränd.; 157 Umz. nach Bairlein, 160 Biebach, 161 Schmidt-Koenig, 163, 166 nach Williams und Williams, veränd. und erg.; 170, 171 nach Pijper, erg.; 172/173 Duncker, 174/175 Umkopie nach Knaur »Die Wunder des Lebens«, 132 Umz. nach Schmidt-Koenig; 178 o Wiltschko, u Schmidt-Koenig, 180 Umz. u. Umkopie nach Köhler und nach Rüppell; 181, 182, 183, Umz. nach Schmidt-Koenig, 184 Schmidt-Koenig